Charles Cordonnier · BLACK JACK

Charles Cordonnier

BLACK JACK

Spiel und Strategie

printul

CIP-Kurztitelaufnahme der Deutschen Bibliothek

Cordonnier, Charles:
Black Jack : Spiel u. Strategie / Charles Cordonnier. – München : printul, 1985.
ISBN 3–925575–01–4

4. Auflage 2002
3. Auflage 1997
2. Auflage 1993

Gesamtherstellung: Schoder Druck GmbH & Co. KG, 86368 Gersthofen
ISBN 3-925575-01-4

Die in diesem Buch vorgestellten Strategien sind nach bestem Wissen sorgfältig zusammengestellt und geprüft worden. Es muß aber ausdrücklich darauf hingewiesen werden, daß Black Jack ein Glücksspiel ist. Eine Haftung des Autors und des Verlages ist ausgeschlossen.

Für Svetlana

Before you start any game, you must
decide on three things: the rules,
the stakes and the quitting time.

Ancient Chinese saying

Bevor Sie irgendein Spiel beginnen,
haben Sie sich bezüglich dreier Dinge
zu entscheiden: der Regeln, der Einsätze
und der Aufgabezeit.

Altes chinesisches Sprichwort

Inhalt

Verzeichnis der Abbildungen

Verzeichnis der Zahlentafeln

Vorwort

Dieses Buch ist aus der Praxis des Black Jack-Spiels entstanden und für die Praxis dieses intellektuell reizvollen Entscheidungsspiels geschrieben. Ich möchte mit meinen Ausführungen zwei Personenkreise ansprechen:

- Diejenigen Black Jack-players, welche aufgrund ihrer Spielerfahrung sich eine Spielstrategie gebildet haben. Sie werden vielleicht überrascht sein, welche Spielzüge schon im Bereich des »draw or stand« angebracht sind, besonders aber, wie bereits geringfügige Änderungen der vom Casino gesetzten Spielregeln zu einer abweichenden Strategie für »split pairs« zwingen. Mögen die in dieser Schrift enthaltenen Strategieempfehlungen in Verbindung mit einer effizienten betting strategy dazu dienen, Ihre Erfolgschancen beim Spiel Black Jack zu vergrößern.

- Diejenigen Casino-Besucher, welche bisher aus Unkenntnis über die zweckdienlichen Spielzüge beim Black Jack diesem Glücksspiel mit guten Chancen ferngeblieben sind. Casino-Angestellte dürfen Ihnen nur Spielregeln erklären, aber nicht sagen, was Sie zu tun haben, um Ihr Spiel zu optimieren. Das können Sie diesem Buch entnehmen.

Ich möchte Ihnen eine in allgemein verständlicher Form gefaßte, aber wissenschaftlich fundierte eingehende Analyse des Spiels Black Jack bieten, der umfassende

- wahrscheinlichkeitstheoretische Untersuchungen,

- Computerrechnungen,

- entscheidungstheoretische Betrachtungen

zugrunde liegen. Befürchten Sie aber nicht, daß ich dadurch das Black Jack-Spiel seines eigenartigen Zaubers entledige; im Gegenteil, gerade das Wissen um die statistischen Zusammenhänge wird Sie immer wieder überraschen, auf welch verschlungenen Pfaden die Glücksgöttin Fortuna zu wandeln vermag. Um so mehr wird es Sie reizen, dieser launigen Dame mit den rationalen Waffen einer optimalen Spielstrategie zu begegnen.

Um sich hierfür zu rüsten, brauchen Sie nicht die in die Tiefe gehenden Strategiebegründungen dieses Buches zu studieren, sondern können sich zunächst darauf beschränken, die informativen Ausführungen über den Spielablauf und die kurzgefaßten Strategieempfehlungen zur Kenntnis zu nehmen. Bitte lassen Sie sich dabei nicht dadurch stören, daß zur Beschreibung des amerikanischen Spiels Black Jack die aus dem Ursprungsland stammenden englischsprachigen prägnanten Fachausdrücke verwandt werden. Sämtliche Spieltische in Europa, sei es Deutschland, Österreich, Frankreich oder Spanien, tragen die Spielregeln des Black Jack in der Herkunftssprache Englisch. Das in diesem Buch enthaltene Glossarium wird Sie auch schnell in die sprachliche Begriffswelt des Spiels Black Jack einführen.

Erst wenn Sie eine gewisse Spielerfahrung gewonnen haben, werden Sie sich fragen, warum soll ich nach den strikten Empfehlungen des vorliegenden Buches spielen und nicht in der schwankenden Weise, die Sie bei vielen Mitspielern am Black Jack-Tisch beobachten. Dann ist der Zeitpunkt gekommen, sich eingehender nach dem »Warum« zu erkundigen, das Ihnen die Begründungsteile dieses Buches aufzeigen wollen.

Für Ihr Black Jack-Spiel wünscht Ihnen viel Glück, good luck, bonne chance

Ihr Charles Cordonnier

Monte Carlo, im Herbst 1985

Vorwort zur 3.Auflage

Mit den obigen Wünschen heiße ich Sie auch zur Lektüre der 3.Auflage dieses Buches willkommen, das in dem Dutzend Jahren seit seinem Erstdruck nichts an Aktualität verloren hat. Deshalb begrüße ich auch die neuen Freunde des Black Jack recht herzlich. Das Buch wurde um einen Anhang „Fragen und Antworten" sowie um ein ausführliches Namen- und Sachregister erweitert.

Monte Carlo, im Frühjahr 1997 C.C.

1. Die optimale Spielweise für Black Jack

1.1 Vorbemerkung

In dem folgenden Abschnitt 1.2 sind die Strategieempfehlungen zusammengefaßt, die in den Abschnitten 7. bis 15.

- für den in Abschnitt 2. geschilderten Spielablauf,
- mit Hilfe der Fachausdrücke aus Abschnitt 3.,
- auf der Grundlage der wahrscheinlichkeitstheoretischen und entscheidungstheoretischen Betrachtungen der Abschnitte 4. und 5.,
- zur Vermeidung eines fehlerhaften Spiels gemäß Abschnitt 6.

schrittweise für das europäische Black Jack-Spiel entwickelt werden. Dessen Unterschiede gegenüber dem Black Jack-Spiel in den Vereinigten Staaten von Amerika (Atlantic City, Northern and Southern Nevada) zeigen die Ausblicke in Abschnitt 16.

Die Ausführungen in Abschnitt 17. sagen schließlich, weshalb ich Ihnen das in der amerikanischen Black Jack-Literatur viel gepriesene card counting über die hier angebotene »Basic Strategy« im optimalen Zusammenwirken mit einer entscheidungstheoretisch begründeten »Betting Strategy« hinaus nicht empfehle. Systematisch schließt sich damit der Ergebnisabschnitt 1.2 hinter Abschnitt 15. an, während die Abschnitte 16. und 17. der abgrenzenden Darstellung zum hier Vorgetragenen dienen.

Mit der Voranstellung der Ergebnisse im folgenden Abschnitt 1.2 verfolge ich die Ziele:

- Erfahrene Black Jack-players, denen die Casino-Usancen geläufig sind, sollen sich nicht durch lange Erklärungen und Begründungen hindurchfressen müssen, um zu den an sie gerichteten Strategieempfehlungen zu gelangen.

- Auch der Black Jack-Neuling soll sich nach Kenntnisnahme von den Informationen über den Spielablauf in Abschnitt 2. und der Fachausdrücke in Abschnitt 3. sofort der vorangestellten Strategieempfehlungen bedienen können, ohne genötigt zu sein, deren spätere Entwicklung im einzelnen verfolgen zu müssen.

- Schließlich möchte ich allen Lesern dieses Buches vorweg die Möglichkeit eröffnen, sich über die Strategieempfehlungen zu unterrichten, deren Ausarbeitung die Abschnitte 7. bis 15. gewidmet sind, bevor Sie den einzelnen Begründungen und Abgrenzungen nachgehen.

1.2 Strategieempfehlungen

Die nachfolgenden Strategieempfehlungen sind durchnumeriert. Auf sie wird kreuzweise unter Nennung ihrer Kennummern Bezug genommen.

E.1
Sobald Sie am Black Jack-Tisch eines Casinos Platz genommen haben, dessen Regeln Sie noch nicht kennen, fragen Sie den dealer,

a) ob mehrfaches »split pairs« erlaubt ist,

b) ob »double down after split pairs« zugelassen wird.

Werden beide Fragen mit »ja« beantwortet, so werden Ihnen die »Extended Rules« geboten. Wird die Frage a) bejaht, die Frage b) jedoch verneint, so haben Sie es mit den »Resplit Rules« zu tun. Erhalten Sie auf beide Fragen a) und b) die Antwort »nein«, so offeriert Ihnen das Casino die »Restrictive Rules«.

E.2
Besteht für Sie die Möglichkeit des alternativen Besuchs mehrerer Casinos mit verschiedenen Spielregeln, so gilt für diese die Vorzugsrangfolge:

a) Extended Rules

b) Resplit Rules

c) Restrictive Rules

E.3
Schöpfen Sie unter Beachtung der Strategieempfehlungen E.8, E.9 und E.10 sämtliche Möglichkeiten aus, die Ihnen von den Spielregeln eröffnet werden, Ihren stake durch »double down« und durch »split pairs«, bei den resplit rules durch »resplit« und zusätzlich bei den extended rules durch »double down after split pairs« zu erhöhen.

E.4
Die Strategieempfehlungen E.6 und E.7 für »draw or stand« sowie E.8 für »double down« gelten für die drei Spielregeln gemäß E.1 gleichermaßen. Unterschiedliche Strategieempfehlungen bestehen gemäß E.9 und E.10 bei den extended rules einerseits, sowie den resplit rules und den restrictive rules andererseits hinsichtlich des Spielzuges »split pairs«.

E.5
Als Gedächtnisstütze ist es dienlich, wenn Sie sich Strategietafeln gemäß den Vorbildern in den Abbildungen 4a und 4b anfertigen. Sie können auf diese Tafeln im Casino diskret einen Blick werfen, um sich der Strategie zu vergewissern. Sind Sie visuell veranlagt, so sollten Sie sich die Graphiken der Abbildungen 4a und 4b optisch einprägen.

Die Zahlen in den Kopfleisten der Tafeln der Abbildungen 4a und 4b zeigen den Wert der Karte aus »dealer shows«, gegen die der player spielt. Die Zahlen in den Vertikalspalten der Tafeln der Abbildungen 4a und 4b bedeuten die hand numbers des player bzw. nennen die pairs, für die split in Betracht gezogen wird. Die in den identischen oberen Tafeln der Abbildungen 4a und 4b schraffierten Felder zeigen die standing numbers des player mit folgender Maßgabe an:

– Die für hard hands weggelassenen Zeilen für die hand numbers 18 bis 21 sind ebenfalls durchgehend hard standing numbers.

- Entsprechendes gilt für soft hands hinsichtlich der Zeilen für die hand numbers 20 und 21, die ebenfalls durchgehend soft standing numbers darstellen.

Für weiße Felder der oberen Strategietafeln in den Abbildungen 4a und 4b ist strategisch stets »draw« geboten. Dasselbe gilt für alle in den oberen Strategietafeln der Abbildungen 4a und 4b nach unten hin weggelassenen hand numbers 11 bis 4 (hard hands) bzw. 17 bis 12 (soft hands).

Das gekreuzte Feld in den Abbildungen 4a und 4b bei der hard number 16 gegen 10 in »dealer shows« deutet auf die folgende Ausnahme hin: Umfaßt die hard hand mit der hand number 16 drei oder mehr Karten, so ist gegen 10 in dealer shows »stand« geboten.

Gemäß den unteren Tafeln der Abbildungen 4a und 4b, die sich im Bereich split pairs unterscheiden, hat man

- split pairs wahrzunehmen, wenn man in der Kombination der Zahl aus dealer shows und dem jeweiligen pair auf ein schraffiertes Feld stößt,

- double down auszuführen, wenn dies durch ein schraffiertes Feld im Bereich der hand numbers 9 bis 11 gegen die verschiedenen Werte aus dealer shows angezeigt wird.

Die vorstehend beschriebenen graphischen Strategieempfehlungen werden nachfolgend in E.6 bis E.10 verbal erklärt.

E.6
Verfügt der player über eine hard hand und ist nicht double down gemäß E.8 angebracht, oder sollte der player nicht split pairs gemäß E.9 bzw. E.10 wahrnehmen, so ist draw so lange geboten, bis die folgenden minimalen hard standing numbers erreicht oder überschritten werden:

Gegen eine Karte aus dealer shows

- mit den Werten 2 und 3:
  minimale hard standing number 13,

- mit den Werten 4, 5 und 6:
  minimale hard standing number 12,

- mit den Werten 7, 8, 9, 10, As:
  im allgemeinen minimale hard standing number 17,

- mit dem Wert 10:
  hard standing number 16, falls die hard hand drei oder mehr Karten umfaßt.

E.7
Hält der player eine soft hand, so ist draw so lange geboten, bis nicht die folgenden minimalen soft standing numbers erreicht oder überschritten werden:

Gegen eine Karte aus dealer shows

- mit den Werten 2 bis 8:
  minimale soft standing number 18.

- mit den Werten 9, 10, As:
  minimale soft standing number 19.

Entsteht durch das Befolgen dieser Strategie eine hard hand, so gilt für sie weiter E.6

E.8
Double down ist auf

- die hard numbers 10 und 11
  gegen 2 bis 9 aus dealer shows,

- die hard number 9
  gegen 3 bis 6 aus dealer shows

geboten.

E.9
Bei den extended rules hat man in Abhängigkeit von dem Wert der Karte aus dealer shows »split pairs« in den folgenden Fällen wahrzunehmen:

- split (A, A) gegen 2 bis 10,

- niemals split (10, 10),
- split (9, 9) gegen 2 bis 9 mit Ausnahme gegen 7,
- split (8, 8) gegen 2 bis 9,
- split (7, 7) gegen 2 bis 7,
- split (6, 6) gegen 2 bis 6,
- niemals split (5, 5),
- split (4, 4) nur gegen 5 und 6,
- split (3, 3) und (2, 2) gegen 2 bis 7.

E.10
Bei den resplit rules und den restrictive rules hat man in Abhängigkeit von dem Wert der Karte aus dealer shows »split pairs« in den folgenden Fällen wahrzunehmen:

- split (A, A) gegen 2 bis 10,
- niemals split (10, 10),
- split (9, 9) gegen 2 bis 9 mit Ausnahme gegen 7,
- split (8, 8) gegen 2 bis 9,
- split (7, 7) gegen 2 bis 7,
- split (6, 6) gegen 3 bis 6,
- niemals split (5, 5) und (4, 4),
- split (3, 3) und (2, 2) gegen 4 bis 7.

(Bitte beachten Sie durch Vergleich der Abbildungen 4a und 4b, welche split-

Möglichkeiten bei den resplit rules und den restrictive rules gegenüber den extended rules ausfallen.)

E.11

Setzen Sie während einer ganzen Spielfolge gemäß E.12 stets gleichbleibend große bets.

a) die einheitliche betsize ist nach oben durch die beiden Gesichtspunkte begrenzt:

aa) Sie dürfen keine innere Hemmung verspüren, gemäß den Empfehlungen in E.3, E.8, E.9 und E.10 Ihren stake durch double down und split pairs soweit wie möglich zu vergrößern; es darf in Ihnen nicht das beklemmende Gefühl aufkommen, in ein einziges Spiel einen zu großen Betrag zu investieren.

ab) Sie müssen finanziell in der Lage und psychologisch bereit sein, eine gemäß E.12 40 bets umfassende bankroll für eine Spielfolge zu riskieren, ohne daß deren eventueller Verlust Sie finanziell merklich tangiert, oder in Ihnen eine Frustration aufkommen läßt.

b) Ihr Einheits-bet sollte aber so groß bemessen sein, daß der gemäß E.12 empfohlene terminal gain von 10 bets in seiner finanziellen Höhe Ihnen ein befriedigendes Erfolgserlebnis vermittelt.

E.12

Durchlaufen Sie bei jedem Casino-Besuch eine durch die folgenden Kriterien begrenzte Spielfolge:

a) Kaufen Sie vor Beginn des Spiels Chips in Höhe einer bankroll von 40 bets.

b) Beenden Sie die Spielfolge, wenn Sie die gesamte bankroll gemäß a) verloren haben, es sei denn, die bankroll wird gerade während eines Spiels aufgebraucht, das Ihnen durch split pairs und/oder double down die Möglichkeit eröffnet, Ihren stake zu vergrößern. In diesem Falle hat E.3 Vorrang: Kaufen Sie so viele Chips hinzu, wie Sie zur Wahrung aller Spielchancen benötigen.

c) Hat sich Ihr Chip-Bestand gegenüber der bankroll gemäß a) um einen terminal gain von 10 bets oder mehr erhöht, so beenden Sie die Spielfolge. Ihr

Endgewinn kann infolge von Gewinnüberhängen aus BLACK JACK (Gewinn = 1,5 bets) oder aus einem abschließenden Mehrfachspiel (double down, split pairs) mehr als 10 bets betragen.

d) Ist Ihr Chip-Bestand durch zwischenzeitliche Verluste auf die Hälfte Ihrer bankroll gemäß a) – das sind 20 bets – oder darunter geschrumpft, so geben Sie das Gewinnziel gemäß c) auf und streben Sie statt dessen nur noch einen terminal gain von 0 bets an, der Ihnen die ungeschmälerte Erhaltung Ihrer bankroll gemäß a) und eventuell einen geringfügigen Überhanggewinn gewährt (vgl. den 2. Satz von c)).

e) Setzen Sie sich eine maximale Spieldauer von etwa 3½ Stunden, nach deren Ablauf Sie die Spielfolge unabhängig von dem bis dahin erreichten Spielergebnis beenden, falls die Spielfolge nicht vorzeitig durch die Kriterien b) bis d) beendet worden ist. Sie sollten zu einer maximalen Spieldauer von 3½ Stunden bereit sein, damit Sie bei einem Spielanzahl-Durchschnitt von 60 je Stunde etwa 200 Spiele wahrnehmen können. Eine größere Spielanzahl je Spielfolge ist nicht zu empfehlen.

f) Ihre Spielfolge kann aufgrund der Kriterien c) und d) nach relativ kurzer Zeit beendet sein. Es liegt dann nahe, eine weitere Spielfolge so zu beginnen, wie wenn Sie das Casino erneut besuchen würden. Bevor Sie sich zu diesem Schritt entschließen, rate ich Ihnen zu prüfen, ob die vom Casino gesetzte Öffnungszeit des Black Jack-Tisches Ihnen noch eine hinreichende Spieldauer gemäß e) von etwa 3½ Stunden ermöglicht. Ist das nicht gewährleistet, so verlegen Sie Ihre nächste Spielfolge besser auf einen erneuten Casino-Besuch, den Sie zweckmäßigerweise so früh beginnen, daß Ihnen eine hinreichende Maximalspieldauer gemäß e) offeriert wird.

Die vorstehenden Empfehlungen vermitteln Ihnen eine optimale Strategie für das Black Jack-Spiel in europäischen Casinos, mittels derer Sie jede Spielfolge mit einer positiven Einstellung anzugehen vermögen: Mit nahezu 60% Gewicht dürfen Sie erwarten, Ihren Casino-Besuch ohne finanziellen Verlust abzuschließen und mit etwa 50% Erwartungsgewicht werden Sie dem Casino den terminal gain von 10 bets abgewinnen.

2. Der Spielablauf

2.1 Vorbemerkung

Die Ausführungen dieses Hauptabschnittes 2. sind im wesentlichen für den Neuling am Black Jack-Tisch bestimmt. Sie erhalten mit den von den Casinos angebotenen, gedruckten, sehr gerafft formulierten Spielregeln eine unvollkommene und meist sogar irreführend unvollständige Information über den Spielablauf. Als Beleg für diese Feststellung verweise ich auf die Spielerklärungen von 3 Casinos des deutschsprachigen Raums (1), (2), (3), die nahezu gleich lauten, aus denen aber mit keinem Wort hervorgeht, daß in den 3 Casinos unterschiedliche Regeln, nämlich die restrictive rules, die resplit rules und die extended rules (vgl. die Strategieempfehlungen E.1 und E.2 in Abschnitt 1.2, sowie die nachfolgenden Abschnitte 2.13 bis 2.16) gelten. Des weiteren verschweigen die 3 zitierten Spielerklärungen übereinstimmend, daß der im Spiel verbliebene player gewinnt, falls der dealer busts (zu einer hand number über 21 gelangt). Die Spielerklärungen behaupten, es sei Ziel des player, seine hand number möglichst nahe an 21 zu bringen. Die Strategieempfehlung E.6 zeigt demgegenüber, daß es für den player in einer Reihe von Spielsituationen chancenreicher ist, mit hand numbers 12 oder 13, also weit entfernt von 21, auf weitere Karten zu verzichten, um den dealer zu schlagen.

Diese Erklärungslücken möchte ich mit den nachfolgenden ausführlichen Darlegungen schließen. Sie enthalten an den geeigneten Stellen einige praktische Hinweise, deren Beachtung auch für den erfahrenen player hilfreich sein können, um unliebsame Mißverständnisse mit dem dealer zu vermeiden, die ich in europäischen Casinos mehrfach beobachtet habe. Schließlich mögen die Spielflußdarstellungen anhand der Abbildungen 2a bis 2c in den Abschnitten 2.14 bis 2.16 von allgemeinem Interesse sein, um einen vertieften Einblick in die komplexe Struktur des kombinierten Glücks- und Entscheidungs-Spiels Black Jack zu gewinnen.

2.2 Dealer, Spieltisch, Chips, Spielkarten und players

Der dealer, so von mir für das amerikanische Spiel Black Jack in konsequenter Fortsetzung der englischsprachigen Fachausdrücke bezeichnet, in Europa dagegen wie für Roulette und Baccara indifferenziert »Croupier« genannt, bildet den einen Pol des Spiels. Die entgegengesetzten Pole sind die »players«, wie ich die Teilnehmer am Black Jack-Spiel nenne, weil mir der auch für andere Casino-Spiele gebräuchliche Ausdruck »Spieler« für Black Jack nicht passend erscheint. Zwischen dealer und players vollzieht sich im Wettkampf das Spiel Black Jack, wobei trotz weitgehender formaler Übereinstimmung der Spielregeln für dealer und players gewisse Waffenunterschiede bestehen.

Den players bietet das Black Jack-Spiel eine Reihe von in Abschnitt 2.4 aufgeführten, in den folgenden Abschnitten 2.5 bis 2.7 im einzelnen beschriebenen Spielentscheidungen, die sie zu ihres Glückes Schmied machen. Der dealer ist dagegen gemäß Abschnitt 2.10 an starre Regeln gebunden, die ihn, wie Humble/Cooper es ausdrücken, zu einer »menschlichen Maschine« formen (4). Das Gegengewicht bildet die in Abschnitt 2.8 beschriebene Spielregel »player busts«, welche die verwundbare Achillesferse des player ausmacht.

Trotz der Eigenschaft des dealer als »menschliche Maschine« bleibt der dealer ein Mensch mit entsprechenden Eigenschaften:

Der dealer

- vermag angeblich die players durch »cheating« (to cheat = betrügen) zu schädigen,
- dankt höflich für »tokes« (Trinkgelder),
- ist den players durch das laute Zählen der erreichten hand numbers behilflich,
- kann sich bei seinen Aktivitäten irren.

Das cheating wird in der amerikanischen Black Jack-Literatur teilweise sehr ausführlich behandelt (5), (6), (7), (8). Ich erwähne dies nur der Vollständigkeit halber, distanziere mich aber davon, die dealers mit einem solchen Odium zu diffamieren.

Die Croupiers eines europäischen Casinos erhalten ihr persönliches Einkommen aus dem Tronc, der aus den »tokes« der players gespeist wird. Mit dieser Information überlasse ich es Ihrer persönlichen Einstellung, inwieweit Sie den dealers, die Sie bei der Durchführung einer möglicherweise mehrere Stunden dauernden Spielfolge bedient haben, diese Dienstleistung mit einem oder mehreren tokes vergüten wollen. Erwarten Sie als Gegenleistung für toking vom dealer aber nicht mehr als ein stereotypes »Danke für die Angestellten«. Insbesondere dürfen Sie nicht damit rechnen, daß ein dealer sich durch den Empfang von tokes zu Unkorrektheiten zu Lasten des Casinos und zu Ihren Gunsten verleiten läßt (9). Sie sollten daraus aber nicht die Folgerung von Wong ziehen, der tokes kategorisch ablehnt (10).

Viele players geben während ihrer Spielfolge ein toke, wenn sie infolge der Zuteilung eines BLACK JACK (vgl. Abschnitt 2.9) das 1,5fache ihres bet gewinnen. Manche dealers fordern hierzu direkt heraus: Setzen Sie z. B. als bet ein Chip von 20 DM, so erhalten Sie für BLACK JACK als Vergütung ein Chip im Wert von 20 DM und 2 Chips von je 5 DM. Hierin liegt die stillschweigende Aufforderung des dealer, ihm 1 Chip von 5 DM als toke zu spendieren. Verfolgen Sie eine »betting strategy« der in Abschnitt 14. beschriebenen Art, so würde durch dieses toke Ihre Gewinn- und Verlustrechnung gestört, die eine Fortschreibung Ihres gain in Einheiten von 0,5 bets annimmt.

Eine pikante Art des in Amerika weitgehend üblichen, aber auch in Europa anzutreffenden toking besteht darin, dem dealer das toke nicht direkt zu geben, sondern ein bet für ihn zu setzen. Wie das spieltechnisch zu geschehen hat, sage ich am Schluß dieses Abschnittes nach der Beschreibung der normalen bet-Plazierung. Das Wesen dieser Art des toking besteht darin, daß der player das für den dealer gesetzte bet in jedem Falle aufgibt: Verliert das betreffende Spiel, so kassiert der dealer das für ihn gesetzte bet dankend zugunsten des Casinos. Gewinnt der player, so vermehrt der dealer das für ihn gesetzte bet um ein Gewinn-bet und vereinnahmt beide bets als toke. Solche dealer-bets werden i. a. auch unterhalb des vorgeschriebenen Minimaleinsatzes zugelassen, weil ja das reguläre bet des player dieser Einsatzbedingung genügt.

Ich erwarte vom dealer auch ohne zwischenzeitliches toking eine korrekte Bedienung. Deshalb gebe ich in der Regel ein toke erst am Schluß einer Spielfolge. Bei Befolgen einer betting strategy gemäß Abschnitt 14. verbleibt häufig ein Spitzenbetrag an Chips, aus dem ich das toke bestreite.

Ein höflicher dealer sagt in europäischen Casinos jedem player die von diesem während des Spiels erreichten hand numbers an, um dem player die Entscheidungen für »draw or stand« (vgl. Abschnitt 2.5) zu erleichtern. Des weiteren dürfen Sie erwarten, daß der dealer Sie auf die Möglichkeit des double down (vgl. Abschnitt 2.6) und des split pairs (vgl. Abschnitt 2.7) hinweist, falls Ihnen eine entsprechende hand zufällt.

Trotz des lauten Zählens der hand numbers durch den dealer rate ich Ihnen, selbst mitzuzählen, um Mißverständnisse, die sich zu Ihren Lasten auswirken, zu vermeiden. Das gilt insbesondere, wenn Sie im fremdsprachigen Ausland spielen und die Landessprache gar nicht oder nur unzulänglich verstehen. Sind Sie sich in einem Augenblick über Ihre momentane hand number nicht sicher – das kann vorkommen, wenn sich eine soft hand in eine hard hand verwandelt (vgl. Abschnitt 2.5) –, so erfragen Sie beim dealer mit den Worten »Which number?« Ihre hand number. Sie werden im allgemeinen ebenfalls in englisch die gewünschte Auskunft erhalten, um sicher weiterspielen zu können.

Wenn ich mich am Anfang meiner Ausführungen über den dealer strikt dagegen ausgesprochen habe, diesem ein mögliches cheating zu unterstellen, so lehren meine Erfahrungen allerdings, daß in europäischen Casinos immer wieder Mißverständnisse zwischen dem dealer und den players vorkommen. Während des Spiels selbst sind diese meist auf nicht eindeutig bekundete Spielentscheidungen der players zurückzuführen. Ich rate Ihnen deshalb an, sich eindeutig zu äußern, um dem dealer nicht einen Entschuldigungsgrund für ein fehlerhaftes dealing zu liefern.

Fehler des dealers werden manchmal beim Auszahlen verzeichnet. Beachten Sie genau die standing number des dealer und Ihre eigene standing number, um selbst feststellen zu können, ob Ihre hand gewonnen oder verloren hat, oder ob »stand off« zustande gekommen ist. Diese Empfehlung gilt insbesondere, wenn Sie durch split pairs zu mehreren hands mit unterschiedlichen standing numbers gelangt sind, die manchmal zum Teil verlieren, zum Teil gewinnen und für die zum Teil stand off gegeben ist.

An dieser Stelle ist auf eine am Spiel scheinbar unbeteiligte Person hinzuweisen, die in europäischen Casinos die Aufsicht über einen oder über zwei Black Jack-Tische führt. Es ist dies der seitwärts auf einem erhöhten Stuhl sitzende Chefcroupier. Er registriert das Wechseln von Geldbeträgen in Chips durch den dealer, entscheidet bei Mißverständnissen zwischen player und dealer und überwacht den dealer beim Auszahlen nach Ablauf jedes Spiels. Dabei kommt es vor, daß der Chefcroupier Irrtümer des dealer korrigiert. Das sind nicht immer Fehler zu Lasten des Casinos, sondern der Chefcroupier greift manchmal zugunsten eines benachteiligten player ein. Es ist Ihnen jedoch anzuraten, sich nicht auf den Chefcroupier zu verlassen, sondern – wie schon empfohlen – selbst darauf zu achten, daß dem dealer kein Irrtum zu Ihrem Nachteil unterläuft.

Räumlich steht zwischen dem dealer und den players der Spieltisch, der schematisch in Abbildung 1 wiedergegeben ist. Der Tisch ist mit strapazierfähigem grünen Filz überzogen, auf welchem in roter, schwarzer und gelber Markierung

- die wichtigsten Regeln des Black Jack-Spiels geschrieben sind,
- eine innere Leiste für die insurance-Einsätze bestimmt ist,
- 7 boxes den players zur Plazierung ihrer stakes dienen.

Des weiteren stehen auf dem Spieltisch die im folgenden beschriebenen Spielutensilien bzw. sind in den Spieltisch versenkt eingelassen.

Die Währung im Spielcasino bilden die Chips, die vom dealer als Treuhänder des Casinos im »Chip Tray« verwaltet werden. Im deutschen Sprachgebrauch heißen die Chips »Stücke«. Für das Black Jack-Spiel in Deutschland sind Chips im Wert von 5, 10, 20, 50, 100 und 500 DM gebräuchlich. 20 DM-Chips heißen im Spielerjargon »Louis«. Chips mit höheren Werten können Sie beim dealer einwechseln bzw. gegen eine entsprechende Anzahl niederwertigerer Chips erhalten, wenn Sie Ihren Gewinn in großen Stücken komprimieren wollen.

Falls Sie nicht schon an der Kasse des Casinos Zentralbankgeld in Chips getauscht haben, können Sie das am Spieltisch tun. Die hingegebenen Banknoten deponiert der dealer durch den rechts neben ihm befindlichen »Currency Slot« und händigt Ihnen den Gegenwert in Chips der gewünschten Stückelung aus. Besitzen Sie nach Ihrer Spielfolge noch Chips, so können Sie diese nur an der Casino-Kasse in Zentralbankgeld zurücktauschen; für solches ist der Currency Slot eine Einbahnstraße in Richtung Casino.

In Form von Chips dem dealer zugute gekommene tokes finden ihren Weg durch den »Toke Slot« links vom dealer.

Auf einem kleinen Schild »Minimum Bet Sign« ist vermerkt, welche betsize an dem jeweiligen Tisch minimal und maximal gesetzt werden kann. Das Minimum beträgt in deutschen Casinos i. a. 10 DM, an manchen Tischen aber auch 20 DM. Als maximale betsize ist in Deutschland meist 500 DM zugelassen. Informationen über die bet-Möglichkeiten in europäischen Casinos vermittelt Ihnen der Casino-Index (12).

Die für das Black Jack-Spiel verwendeten Karten zieht der dealer aus dem »Shoe«, im deutschen Sprachgebrauch »Schlitten« genannt. Nach ihrem Gebrauch in einem Black Jack-Spiel werden die Karten »burned«, womit ihre Ablage in dem rechts vom dealer stehenden »Discard Tray« bezeichnet wird.

In den europäischen Casinos wird Black Jack durchweg mit 6 Kartendecks von je 52 Karten gespielt. Mir sind in Europa nur wenige Casinos bekannt, die 4 und 5 oder auch 7 und 8 Kartendecks benutzen. Es wird deshalb ohne Berücksichtigung dieser Ausnahmen von dem Regelfall des »6 deck-game« ausgegangen. Jedes der 6 Kartendecks von je 52 Karten setzt sich aus je 4 × 13 Karten mit den Kartenarten Pik, Karo, Kreuz und Herz zusammen. Diese 13 Karten sind

– 2 bis 9	(8 Karten)
– 10, König, Dame, Bube	(4 Karten)
– As	(1 Karte)

Die Bilder König, Dame, Bube werden beim Black Jack-Spiel wie die Zahlkarte »10« mit dem Wert 10 gezählt, so daß nach der obigen Aufstellung unter 13 Karten 4mal der Kartenwert 10 vorkommt. Die Karte As wird als 1, aber auch als 11 gezählt. Eingehende Informationen über diese alternative Zählart enthält der Abschnitt 2.5.

Beim Black Jack-Spiel besitzt die Kartenfarbe keine differenzierende Bedeutung, es kommt ausschließlich auf den Kartenwert an.

Gemäß diesen Informationen enthält der Schlitten vor der Spielaufnahme einen Kartenpack mit insgesamt 6 × 52 = 312 Karten. Unter ihnen befinden sich

- je 6 × 4 = 24 Karten mit den Werten 2 bis 9,
- 6 × 4 × 4 = 96 Karten mit dem Wert 10,
- 6 × 4 = 24 Asse.

Bevor das Spiel an einem Black Jack-Tisch beginnt, legt der dealer die 6 Kartendecks im Halbkreis offen auf dem Spieltisch aus und prüft unter den Augen der interessierten players, ob alle Karten vorhanden sind. Das ist für den späteren Spielablauf wichtig, denn das Fehlen der einen oder anderen Karte vermag die Chancen des Casinos und der players nach oben oder unten zu verschieben (13).

Vor Aufnahme des Spiels am Black Jack-Tisch mischt der dealer die 312 Karten und bittet danach den player auf der »First Base«, mit einer roten Plastikkarte, »Joker« genannt, den gemischten Kartenstapel zu schneiden. Entsprechend diesem Schnitt wird der vordere Teil des Kartenstapels vom dealer hinter die letzte Karte gesteckt, so daß der joker obenauf zu liegen kommt. Nunmehr steckt der dealer den joker so in den mit den Kartenrückseiten (down face) nach vorne gelagerten Kartenpack, daß etwa ⅓ aller Karten, das sind rd. 100 Karten, hinten abgesperrt werden. In dieser Formation wird der Kartenstapel in den Schlitten gelegt und ist nunmehr für das Black Jack-Spiel bereit.

Erreicht der dealer während eines späteren einzelnen Black Jack-Spiels beim dealing der Karten den joker, so erhält diesen jeweils derjenige player ausgehändigt, an welchen die nächste Karte ausgegeben wird. Das im Gang befindliche Spiel wird mit den folgenden, noch im Schlitten befindlichen Karten abgeschlossen. Ist dieses Spiel beendet, so entnimmt der dealer die im Schlitten verbliebenen Restkarten und die burned cards aus dem Discard Tray, mischt den gesamten Kartenpack erneut und läßt den gemischten Stapel nunmehr von dem player mit dem joker in der oben beschriebenen Weise schneiden. Danach werden die Karten wie vor dem ersten Spiel in den Schlitten gelegt, um erneut dem Black Jack-Spiel zu dienen.

Nach dem Mischen des Kartenpacks durch den dealer hat das Schneiden durch einen player die Wirkung eines zusätzlichen Mischsteps. Man darf deshalb sagen, daß das Schneiden Einfluß auf die Reihenfolge der für die nächsten Spiele bereit stehenden Karten ausübt und damit den Verlauf dieser Spiele wesentlich beeinflußt. Damit werden allerdings die in Abschnitt 4.1 zu behandelnden Wahrscheinlichkeiten für das Erscheinen von bestimmten Karten aus dem Kartenstapel nicht im geringsten berührt. Trotzdem wirkt der schneidende player am Glück der nachfolgenden Black Jack-Spiele mit. Es ist deshalb eine häufig geübte Usance der Höflichkeit, daß der player, dem durch Zufallen des joker das Schneiden zusteht, diese Aktivität einer Dame unter den am Spieltisch sitzenden players überläßt.

Rechnet man damit, daß bei einem mit 7 players voll besetzten Spieltisch jeder von diesen und zusätzlich auch der dealer im Durchschnitt 2,5 Karten je Black Jack-Spiel beansprucht, so werden je Spiel im Mittel

$$8 \times 2{,}5 = 20 \text{ Karten}$$

ausgegeben. Bei etwas mehr als 200 Karten bis zum joker sind diese nach etwa 10 Black Jack-Spielen ausgegeben. Man kann somit davon ausgehen, daß im Mittel zwischen zwei Mischvorgängen etwa 10 Black Jack-Spiele abgewickelt werden.

Das Sperren eines Restkartenstapels durch den dealer ist eine Maßnahme der Casinos gegen das in Abschnitt 17. behandelte »card counting«. Ausschließlich für Systemspieler, welche mit dieser Methode arbeiten, hat es auf den Spielerfolg Einfluß, ob der dealer mehr oder weniger viele Karten sperrt (14), (15).

Abbildung 1 zeigt zu den 7 boxes entsprechend viele Sitzplätze für die players. Der erste Platz, links vom dealer, wird die »First Base« genannt. Der siebente Platz, rechts neben dem dealer, trägt den Namen »Third Base«. Auf die Bedeutung dieses Platzes im Black Jack-Spiel wird in Abschnitt 6.3 eingegangen.

Grundsätzlich brauchen zum Black Jack-Spiel nicht alle 7 Plätze mit players besetzt zu sein. Sitzt nur 1 player dem dealer gegenüber, so spricht die amerikanische Fachliteratur von »head on« (16). Diese Idealsituation eines sehr schnellen Spielablaufs mit bis zu 200 Einzelspielen je Stunde findet man in europäischen Casinos nur vereinzelt und temporär. In manchen Casinos ist diese Konstellation überhaupt nicht zugelassen. Das Black Jack-Spiel wird in diesen Casinos nur aufgenommen und fortgesetzt, wenn und solange 3 players gegen den dealer spielen. Die mir von einem leitenden Casino-Angestellten hierfür gegebene Begründung, es solle damit eine unlautere Kooperation zwischen dem dealer und dem head on-player unterbunden werden, ist nicht glaubhaft. Vielmehr richtet sich diese Maßnahme gegen das card counting, dessen Effizienz mit der Zahl der players stark rückläufig ist (17). Aus diesem Grunde sorgen die europäischen Casinos wohl auch durch die Beschränkung der in Betrieb genommenen Black Jack-Tische dafür, daß diese nach Möglichkeit voll mit 7 players besetzt sind.

Jeder der auf den Plätzen First Base bis Third Base sitzenden 7 players plaziert seinen Primäreinsatz, bet genannt, vor Beginn jedes Spiels in der vor ihm befindlichen box des Spieltisches. Außer diesen eigentlichen players dürfen in europäischen Casinos auch weitere uneigentliche players, die keinen Sitzplatz mehr gefunden haben, in derselben box durch Plazieren eines zusätzlichen bet sich am Black Jack-Spiel beteiligen. In den meisten Casinos ist die Anzahl der bets pro box auf 3 beschränkt, es gibt aber leider auch Casinos, welche die Anzahl der bets in einer box nicht begrenzen, was später bei der Auszahlung zu Mißverständnissen zwischen dem dealer und den players sowie zwischen diesen untereinander führen kann. Die uneigentlichen players, die in einer box mitsetzen, haben gemäß den übereinstimmenden Regeln der Casinos kein Mitspracherecht bezüglich der Spielentscheidungen des vor einer box sitzenden player, sie haben dessen Spielzüge ohne Kritik zu akzeptieren. Aus diesem Grunde muß ich Ihnen dringend davon abraten, in der box eines fremden player, dessen Spielweise Sie nicht kennen, mitzumachen. Sie spielen dann in Ungewißheit. Das ist ein fehlerhaftes Spiel, auf das ich in Abschnitt 6.4 eingehen werde.

Aus den vorstehenden Gründen gehe ich im folgenden stets davon aus, daß Sie ausschließlich dann Black Jack spielen, wenn Sie durch Inanspruchnahme eines Sitzplatzes am Black Jack-Tisch die Entscheidungsgewalt über eine box auszuüben vermögen. In diesem Falle sollten Sie Ihr bet stets in der Mitte Ihrer box plazieren. Achten Sie darauf, daß uneigentliche players, die in Ihrer box mitsetzen, ihr bet auf der rechten oder linken Begrenzungsecke ihrer box plazieren, damit deren bets deutlich erkennbar von Ihrem bet getrennt sind. Eine solche Trennung ist besonders dann geboten, wenn es infolge split pairs zu einem aus mehreren bets bestehenden stake kommt. Diese Empfehlungen haben große Bedeutung für das Auszahlen nach Ende des Spiels. Manche dealers nehmen es dann mit der Zuordnung der ausgezahlten, zu den einzelnen stakes gehörenden Gewinnen nicht sehr genau. Reklamiert ein sich benachteiligt fühlender player, so erhält er die Antwort des dealer, er habe die betreffende box voll ausbezahlt, welche Einzelzahlungen auf die players dieser box entfallen, ginge ihn als dealer nichts an.

Ist der Black Jack-Tisch nicht mit 7 players voll besetzt, so besteht für Sie die Möglichkeit, als eigentlicher player mehrere boxes mit bets zu belegen und entsprechend mehrere hands zu spielen. Im Gegensatz zu amerikanischen Casinos verschärfen europäische Casinos in diesem Falle nicht die Bestimmungen bezüglich der minimalen betsize. Für ein solches Spiel werden Sie in europäischen Casinos jedoch selten Gelegenheit haben. Die europäischen Casinos beschränken in der Regel die Anzahl der jeweils betriebenen Black Jack-Tische derart, daß diese meist mit players voll- und überbesetzt sind. Das ist der wesentliche Grund, weshalb ich in diesem Buch das Spiel auf mehrere hands durch einen einzigen player nicht systematisch weiterverfolge. Lediglich in Abschnitt 4.2 werde ich darauf hinweisen, welche wahrscheinlichkeitstheoretischen Auswirkungen es hat, wenn ein player statt für die Verdopplung seiner betsize sich für das Spielen auf zwei hands entscheidet.

Wollen Sie ein bet für den dealer spielen, um diesem ein toke zukommen zu lassen, so plazieren Sie dieses bet auf der dem dealer zugewandten oberen Begrenzungslinie Ihrer box. Der erfahrene dealer weiß, was das zu bedeuten hat. Sie brauchen ihn deshalb i. a. nicht darauf aufmerksam zu machen, daß dieses bet für ihn spielt. Kommt es im Zuge des betreffenden Spiels zu einer Erhöhung Ihres stake durch double down oder durch split pairs, so brauchen Sie in Europa das für den dealer bestimmte bet nicht zu vermehren. Es bleibt als einfaches Spiel bestehen. Mit dem vorstehend beschriebenen Plazieren der bets in den boxes haben die players die Voraussetzung für das dealing geschaffen, dessen erster Step im folgenden Abschnitt behandelt wird.

2.3 Der erste Step des dealing

Der dealer gibt den players von links nach rechts, beginnend mit dem player auf der First Base und endend mit dem player auf der Third Base je eine Karte aus dem Schlitten, die mit der Wertseite nach oben (face up) links vor die box des einzelnen player gelegt wird.

Danach plaziert der dealer vor sich ebenfalls eine offene Karte. Diese für die Spielentscheidungen der players maßgebende Karte wird als »dealer shows« oder auch »dealer's upcard« bezeichnet.

Als nächstes erhalten die players von links nach rechts, also wiederum von der First Base bis zur Third Base, je eine zweite offene Karte zugeteilt. In machen Casinos schließt der dealer diese zweite Runde des ersten dealing step damit ab, daß er neben seine offene Karte »dealer shows« eine zweite Karte verdeckt (down face) legt.

Der vorstehend beschriebene erste dealing step hat die folgende Situation entstehen lassen:

In jeder Box liegt das bet des player. Zu jeder Box gehören jetzt zwei Spielkarten. Vor dem dealer sehen die players die Karte »dealer shows«.

2.4 Die Spielentscheidungen der players

Nach Erreichen des am Schluß des voraufgegangenen Abschnittes beschriebenen Status setzen die Spielentscheidungen der players ein, die in diesem Abschnitt vorweg aufgelistet werden sollen, bevor sie in den nachfolgenden Abschnitten 2.5 bis 2.7 im einzelnen erklärt werden.

Spieltechnisch verlaufen die Spielentscheidungen der players allgemein wie folgt:

Der dealer fragt die players von links nach rechts, beginnend mit dem player auf der First Base und endend mit dem player auf der Third Base, welche Spielentscheidungen sie zu treffen wünschen. Der dealer geht dabei erst dann zum nächsten player über, wenn die Kartenfolge des am Zuge befindlichen player durch Erreichen der von diesem player gewünschten standing number (vgl. Abschnitt 2.5) oder durch das Eintreten von »player busts« (vgl. Abschnitt 2.8) ihr Ende gefunden hat.

Beachten Sie aber: Der dealer deutet häufig seine Frage nur mit einem schnellen Tippen seines Zeigefingers auf das grüne Tuch des Spieltisches vor Ihrer box an, wobei der dealer kurz die hand number Ihrer Karten murmelt. Der dealer geht blitzschnell zum nächsten player über, wenn er meint, daß Sie nach den üblichen Spielusancen keine Karte mehr wünschen. In den Abschnitten 8.2 und 8.3 werden Sie jedoch für einzelne Situationen Spielentscheidungen kennenlernen, gemäß denen Sie noch Karten zu ziehen haben, wenn ein über das Black Jack-Spiel nicht gut informierter player sich aus Furcht vor »player busts« üblicherweise für »stand« entscheidet. Geben Sie deshalb dem dealer deutlich zu erkennen, daß er Sie vor der Befragung des nächsten player so lange zu bedienen hat, bis Sie Ihren Kartenbedarf voll gedeckt haben.

Ist die Karte in »dealer shows« ein As, so geht den oben schon allgemein angesprochenen Spielentscheidungen der einzelnen players die an Sie alle gerichtete Einladung des dealer vorauf, »sich gegen ein BLACK JACK der Bank zu versichern«, kurz »Insurance zu kaufen«. Die diesbezügliche Spielentscheidung der players wird gesondert in Abschnitt 2.12 behandelt, wofür spielsystematische Gesichtspunkte sprechen, die abschließend erst in Abschnitt 12. erklärt werden können.

Liegt in dealer shows eine Karte mit den Werten 2 bis 10, oder ist bei As in dealer shows der Kauf oder die Ablehnung der insurance abgeschlossen, so beginnt die oben skizzierte Befragung der players durch den dealer nach ihren Spielentscheidungen. Diese sind:

a) draw (Erbitten einer weiteren Karte) oder stand (der player wünscht keine weitere Karte)

b) double down: Beträgt die hand number nach Ausgabe der beiden ersten Karten gemäß dem Status am Ende von Abschnitt (2.3) 9, 10 oder 11, so darf der player auf die ihm zugeteilte hand ein weiteres bet setzen

c) split pairs: Besitzen die beiden ersten Karten, die der player gemäß dem dealing step von Abschnitt 2.3 erhält, den gleichen Zahlwert, so kann der player durch Plazieren eines zusätzlichen bet seine hand in zwei hands teilen, die je mit einer Karte gleichen Zahlwertes das weitere Spiel beginnen.

Außer der eventuellen Möglichkeit bei As in dealer shows, sich für insurance zu entscheiden, entfallen für den player die vorstehenden Spielentscheidungen, falls er im ersten dealing step gemäß Abschnitt 2.3 die hand »BLACK JACK« erhalten hat, die mit den Kartenkombinationen (A, 10) oder (10, A) gegeben ist. Auf diese besondere hand des player wird in Abschnitt 2.9 näher eingegangen.

2.5 Draw or stand

Für die Entscheidung draw or stand ist die »hand number« des player von ausschlaggebender Bedeutung. Hierunter versteht man die Summe der einem player bis zum jeweiligen Spielstand zugefallenen Kartenwerte. Die Karten des player werden kurz »hand« genannt. Enthält die hand ein As, so wird dieses mit 11 gezählt, sofern dadurch die hand number den Wert 21 nicht überschreitet. In diesem Falle ist eine »soft hand« gegeben. Den Gegensatz hierzu bilden die »hard hands«, das sind die Kartenkombinationen, welche

- entweder kein As enthalten,
- oder innerhalb derer sämtliche in der hand befindlichen Asse statt mit 11 mit 1 gezählt werden, weil sonst die hand number den Wert 21 überschreiten würde.

Eine soft hand kann nach der vorstehenden Definition mehrere Asse enthalten, von denen das erste mit 11 und die anderen mit 1 bewertet werden. Z. B. ist die hand (A, A) eine soft hand mit der soft number

$$11 + 1 = 12$$

weil das erste As als 11, das zweite As dagegen als 1 gezählt wird. Kommt zu dieser hand noch eine Karte mit dem Wert 10, entsteht also die hand (A, A, 10), so verwandelt sich die bisherige soft hand in eine hard hand mit der hard number 12, weil jetzt beide Asse mit 1 gezählt werden. Diese hard number ergibt sich durch

$$1 + 1 + 10 = 12$$

weil bei der früheren Bewertung des ersten Asses mit 11 die hand number den Wert 21 übersteigen würde.

Erhält der player im ersten dealing step von Abschnitt 2.3 eine soft hand (A, 10) oder (10, A), so hat er BLACK JACK. Für ihn besteht dann gemäß der Bemerkung am Ende von Abschnitt 2.4 keine Spielentscheidungsmöglichkeit. Es ist jetzt eine Spielsituation aus Abschnitt 2.9 gegeben.

In jedem anderen Fall kann der player nach Abschluß des ersten dealing step von Abschnitt 2.3 und danach wiederholt den dealer dazu auffordern, ihm eine weitere Karte zu geben. Im deutschsprachigen Raum geschieht das üblicherweise durch die Worte »Karte bitte«. Im fremdsprachigen Ausland rate ich Ihnen, sich der lautlosen amerikanischen Zeichensprache zu bedienen, um dem dealer die Entscheidung »draw« zu signalisieren: Sie kratzen vor Ihrer box mit dem nach innen gekrümmten Zeigefinger auf dem grünen Tuch des Spieltisches. Es genügt möglicherweise auch – ist allerdings nicht ganz korrekt und schließt Mißverständnisse nicht aus – wenn Sie mit dem Zeigefinger vor Ihrer box auf das grüne Tuch des Spieltisches tippen, um eine weitere Karte anzufordern.

Sie erhalten vom dealer auf das Kommando »draw« so lange wiederholt eine Karte, wie Ihre hard hand number den Wert 21 nicht übersteigt. Ist das eingetreten, so hat man die in Abschnitt 2.8 behandelte Situtation »player busts«, welche zum Verlust des der diesbezüglichen hand zugeordneten bet des player führt.

Dieses Verlustrisiko wirft als erstes die Frage auf, zu welchen hands Sie ohne Gefahr von »player busts« die Spielentscheidung draw treffen können. Es sind das zwei Fallkategorien:

– Alle hard numbers von 2 bis 11,

– sämtliche soft numbers.

Eine hard hand des Bereichs der hard numbers 2 bis 10 kann sich durch das Hinzuziehen einer einzigen Karte minimal um den Wert 2 und maximal um den Wert 11 erhöhen. Durch die Zuteilung einer Karte mit den Werten 2 bis 10 entsteht eine neue hard hand mit einer um den Wert 2 bis 10 erhöhten hard number des Bereichs 4 bis 20. Wird ein As gezogen, so entsteht aus der hard hand eine soft hand mit der um 11 erhöhten soft number 13 bis 21.

Eine hard hand mit der hard number 11 kann sich durch Hinzuziehen einer einzigen Karte minimal um den Wert 1 und maximal um den Wert 10 erhöhen. Eine zusätzliche Karte aus dem Wertebereich 2 bis 10 erzeugt eine neue hard hand mit der hard number zwischen 13 und 21. Wird ein As hinzugezogen, so zählt dieses mit 1 und führt von der hard number 11 zu der um 1 erhöhten hard number 12.

Für manche dealers erscheint es oft selbstverständlich, daß Sie zu einer hard number des Bereichs 2 bis 11 mindestens eine Karte hinzuziehen. Der dealer wird deshalb häufig Ihre Kartenanforderung gar nicht abwarten, sondern Ihnen sofort so lange zusätzliche Karten zuteilen, bis

– die kritische hard number 11 überschritten wird,

– eine soft number des Bereichs 13 bis 21 entstanden ist.

Gegen eine solche zügige Spielabwicklung ist nichts einzuwenden, wenn der dealer Sie bei der Zuteilung eines Kartenpaares oder einer hard number des Bereichs 9 bis 11 im ersten dealing step (Abschnitt 2.3) auf die Möglichkeit des split pairs bzw. des double down aufmerksam macht und Ihnen die Gelegenheit bietet, u. U. eine solche Spielchance wahrzunehmen. Wenn Sie die Strategieempfehlungen E.8 bis E.10 des Abschnitts 1.2 gut in Erinnerung haben, so können Sie durch hinreichend frühzeitig gegebene geeignete Signale an den dealer diesem zuvorkommen, Ihnen eine für double down oder für split pairs geeignete hand durch die Zuteilung einer Karte im Zuge eines mißverstandenen draw-Befehls zu verbauen. Ich habe diese Bemerkung nur der Vollständigkeit halber angebracht. In den meisten europäischen Casinos wird split pairs und double down vom dealer regelmäßig laut offeriert. Das gilt auch in den Fällen, in welchen die Strategieempfehlungen E.8 bis E.10 des Abschnitts 1.2 Ihnen davon abraten, auf eine diesbezügliche Erhöhung Ihres stake durch Plazieren zusätzlicher bets einzugehen. Folgen Sie deshalb nicht blind den Einladungen des dealer zu jedem möglichen double down oder split pairs.

Eine soft hand besitzt stets eine soft number des Bereichs 12 bis 21. Die soft numbers 13 bis 20 werden Ihnen vom dealer durch die Nennung der Doppelzahlen (3, 13), (4, 14) . . . (10, 20) annonciert, worin zum Ausdruck kommt, daß das in der soft hand enthaltene As wahlweise als 1 oder als 11 gezählt werden kann.

Die soft number 21 ist entweder ein BLACK JACK im Sinne von Abschnitt 2.9 und kommt deshalb für eine Spielentscheidung des player nicht in Betracht, oder entsteht für eine aus mehr als 2 Karten umfassende hand, oder besteht aus den beiden Karten 10 und As nach split pairs. Aber auch in den beiden letzten Fällen vermag der player durch draw seine hand number nicht mehr zu erhöhen, so daß ein honoriger dealer mit der lakonischen Feststellung »21« als selbstverständlich davon ausgeht, daß der player auf diese soft hand keine zusätzliche Karte mehr wünscht. Der dealer wird sich deshalb ohne weiteres Abwarten dem nächsten player zuwenden.

Die soft number 12 besitzt, wie schon oben aufgezeigt, die hand (A, A). Dieses Kartenpaar wird in den meisten Spielsituationen geteilt, so daß sich der dealer äußerst selten veranlaßt sieht, Ihnen die soft number (2, 12) anzusagen.

Durch das Hinzuziehen einer einzigen Karte kann aus einer soft hand

– eine neue soft hand mit einer um mindestens 1 erhöhten soft number entstehen,

- eine hard hand hervorgehen, deren hand number kleiner oder höchstens gleich der ursprünglichen soft number ist.

Der erste Fall ist gegeben, wenn der Wert der hinzugezogenen Karte so niedrig liegt, daß ihr Hinzuzählen zu der originalen soft number den Wert 21 nicht überschreitet. Z. B. gelangt man von der soft number 18 durch das Ziehen eines As, oder einer der beiden Karten 2, 3 zu den soft numbers 19, 20 oder 21.

Zieht man dagegen zu der soft number 18 eine Karte des Wertebereichs 4 bis 9, so gelangt man zu der verringerten hard hand number 12 bis 17, die sich wie folgt errechnet:

$$18 + (4 \ldots 9) - 11 + 1 = (12 \ldots 17)$$

Besitzt die zur soft number 18 hinzugezogene Karte den Wert 10, so ergibt sich die gleich hohe hard number 18, nach dem Rechengang:

$$18 + 10 - 11 + 1 = 18$$

Das draw zu einer soft number beinhaltet somit nie das Risiko des direkten »player busts«, wohl aber den möglichen Nachteil, zu einer niedrigeren hard number zu gelangen.

Black Jack ist nicht ein Spiel zur Risikominimierung des player, sondern dieser hat das Ziel zu gewinnen und muß dafür bereit sein, Verlustrisiken einzugehen. Unter diesem Gesichtspunkt sagen Ihnen die Strategieempfehlungen E.6 und E.7 des Abschnittes 1.2, daß Sie sich auch dann mit einer hard hand für draw entscheiden sollten, wenn das Risiko »player busts« besteht und ebenfalls mit einer soft hand die Entscheidung »draw« treffen sollten, wenn Sie damit Gefahr laufen, Ihre hand number zu verringern. Allerdings findet die Empfehlung für die Spielentscheidung draw dort ihr Ende, wo die hand number eine strategisch gebotene »standing number« erreicht hat, welche von den Determinanten abhängt:

- Wert der Karte in dealer shows,
- hard hand,
- soft hand.

Die durch die Karte in dealer shows bestimmten standing numbers werden

- hard standing numbers,
- soft standing numbers

genannt, je nachdem, ob die Entscheidung für »stand« anstelle von »draw« mit einer hard hand oder mit einer soft hand des player zu treffen ist.

Es erscheint plausibel, wird in den Abschnitten 8.2 und 8.3 aber noch numerisch belegt, daß die folgende Gesetzmäßigkeit gilt:

Sind N_1 und N_2 zwei Zahlen des Bereichs 12 bis 21 mit $N_1 < N_2$, und ist N_1 eine strategisch gebotene standing number, so ist auch N_2 eine solche standing number.

Aufgrund dieses Satzes sind die zu einer Zahl aus dealer shows gehörigen, strategisch gebotenen standing numbers durch die jeweilige minimale hard standing number bzw. minimale soft standing number bestimmt. Werden diese in den Strategieempfehlungen E.6 und E.7 des Abschnitts 1.2 fixierten Minima im Zuge des Spiels von einer hand number erreicht oder überschritten, so ist die Spielentscheidung »stand« zu treffen.

Die als Literaturstellen (1), (2) und (3) zitierten Spielerklärungen deutschsprachiger Casinos sagen, der player möge die Entscheidung »stand« mit den Worten »bleiben«, »danke« und »keine Karte« anzeigen. Das entspricht nicht den Casino-Gepflogenheiten. Sie machen sich in deutschsprachigen Casinos besser mit dem hier geläufigen Wort »reste« verständlich, um die Spielentscheidung »stand« gegenüber dem dealer zu artikulieren. Im fremdsprachigen Ausland empfehle ich Ihnen, sich der amerikanischen Zeichensprache zu bedienen: Bewegen Sie Ihre flache Hand in etwa 15 cm über Ihrer box ein- bis zweimal waagerecht hin und her. Der international geschulte dealer weiß dann eindeutig, daß Sie keine Karte mehr wünschen.

2.6 Double down

Die Spielregel »double down« durchbricht den Grundsatz, daß die players ihre bets gesetzt haben müssen, bevor sie wissen, welche Karten sie durch den in Abschnitt 2.3 beschriebenen ersten Step des dealing erhalten. Ist die hand number der aus den beiden ersten Karten bestehenden hand des player gleich 9, 10 oder 11 und erachtet der player seine hand unter Berücksichtigung der Karte in dealer shows als hinreichend stark, so mag der player von der Offerte Gebrauch machen, auf diese hand ein zusätzliches bet zu setzen. Zusammen mit dem ursprünglich gesetzten bet entsteht jetzt ein aus 2 bets zusammengesetzter »stake«, welcher der hand zugeordnet ist, für welche double down wahrgenommen wird.

Der player macht double down dem dealer dadurch erkennbar, daß er anstelle einer Order »draw or stand« ein zweites bet neben sein ursprüngliches bet in die box legt, wenn nach dem ersten dealing step die Voraussetzung

$$\text{hand number} = 9, 10 \text{ oder } 11$$

erfüllt ist. Diese wortlose Handlung ist bis auf einen Fall eine schlüssige Bekundung des player an den dealer. Den einzigen Ausnahmefall bildet die hand (5, 5), für welche nach den Spielregeln des Black Jack auch »split pairs« in Betracht käme. Gemäß den Strategieempfehlungen E.9 und E.10 des Abschnitts 1.2 sollte das Kartenpaar (5, 5) jedoch niemals gesplittet werden, weil ein solcher Spielzug, wie in Abschnitt 10.1 noch numerisch gezeigt wird, für den player nachteilig wäre. Diese Tatsache ist weit verbreitet bekannt und natürlich jedem dealer geläufig. Ein dem player entgegenkommender dealer wird deshalb das wortlose Setzen eines weiteren bet auf (5, 5) auch ohne mündliche Erklärung des player als »double down« auffassen. Das ist aber nicht immer der Fall: Manche dealers fragen Sie nach dem wortlosen Setzen eines zusätzlichen bet auf (5, 5) »Doppeln oder Split?«, worauf Sie sofort mit »Doppeln« antworten sollten, um zu vermeiden, daß der dealer die beiden 5er-Karten mit der Wirkung des »split pairs« auseinander legt. Als erfahrener player ist man geneigt, die dealer-Offerte als »Bauernfängerei« durch den dealer zu deuten. Sehen Sie dem dealer aber nach: er will mit dem Angebot der obigen Split-Alternative nur die Souveränität des player über dessen Spielentscheidungen respektieren. Wollen Sie auf (5, 5) »double down« ausüben, so gehen Sie von vornherein Mißverständnissen aus dem Wege, wenn Sie das Setzen des zusätzlichen bet auf (5, 5) mit den an den dealer gerichteten Worten »Doppeln« oder »one card only« begleiten.

Mit dem letzten englischsprachigen Ausdruck wurde das handicap des player beim double down angesprochen: Mit der Wahrnehmung des double down verliert der player das Recht auf die weitere Ausgestaltung des Spiels mittels der Optionen draw or stand, sondern er erhält auf seine aus 2 Karten bestehende hand vom dealer lediglich nur eine weitere dritte Karte zugeteilt.

Hierbei kann sich eine gute standing number des player einstellen. Man denke z. B. an den Zugewinn einer Karte mit dem Wert 10 zu einer hand mit der hand number 11, was zu der standing number 21 führt. Dieselbe standing number wird eingestellt, falls zu der hand mit der hand number 10 ein As ausgegeben wird, welches hier mit 11 zählt. Dagegen führt die Zugabe eines As zu der hand number 11 lediglich zu der niedrigen standing number 12, weil hier das As mit dem Kartenwert »1« gezählt wird, da (11 + 11) die unzulässige hand number 22 ergeben würde.

Im einzelnen führt double down in Abhängigkeit von

- der hand number, auf die gedoppelt wird,
- der zugeteilten dritten Karte

in die folgenden Bereiche der standing numbers:

- hand number = 11
- »stiff«: hard numbers zwischen 12 und 16,
- »pat«: hand numbers zwischen 17 und 21.

hand number for double down	third card to standing number in 11	stiff	pat
9	2	3, 4, 5, 6, 7	8, 9, 10, As
10		2, 3, 4, 5, 6	7, 8, 9, 10, As
11		As, 2, 3, 4, 5	6, 7, 8, 9, 10

Beachtet man, daß in dem späteren Spiel des dealer gemäß Abschnitt 2.10

- die standing number 11 sowie eine standing number des player im Bereich »stiff« ausschließlich dann gewinnt, wenn »dealer busts« eintritt,

- eine standing number des player im Bereich »pat« nur dann gewinnt, wenn
  - sie höher als dealer's standing number ist,
  - »dealer busts« eintritt,
- jede standing number des player verliert, wenn der dealer die hand BLACK JACK erreicht,

so erkennt man, daß es zur Wahrnehmung der Offerte »double down« auf die hand numbers 9, 10 oder 11 mit dem zusätzlichen Einsatz eines bet einer Abwägung der Risiken und Chancen dieses Spielzuges bedarf. Die diesbezüglichen numerischen Überlegungen zur Gewinnung einer optimalen Stragegie für double down werden in Abschnitt 9.1 beschrieben. An dieser Stelle soll jedoch schon dieser Abwägungsprozeß in seinen Grundzügen skizziert werden:

Es bedeute »N« eine der hand numbers 9, 10 oder 11, für welche double down zugelassen ist. Mit e(N) werde die als reelle Zahl zwischen -1 und $+1$ ausgedrückte Gewinnerwartung bezeichnet, die für die hand number N ohne Option für double down gegeben ist. Was unter dieser numerischen »Gewinnerwartung« zu verstehen ist, wird aufgrund der Ausführungen der Abschnitte 4. und 5. letztlich in Abschnitt 8.2 gesagt werden. $e_D(N)$ bezeichne die numerische Gewinnerwartung für die hand number N, wenn – wie das beim double down vorgeschrieben ist – nur noch eine dritte Karte hinzutreten darf. Dabei beinhaltet $e_D(N)$ noch nicht die Verdopplung des stake durch Setzen eines zusätzlichen bet. Die diesbezügliche Gewinnerwartung ergibt sich zu $(2 \times e_D(N))$.

Das strategisch gebotene double down ist nun durch die folgenden Ungleichungen charakterisiert:

(a) $$e_D(N) \leq e(N)$$

(b) $$2 \times e_D(N) > e(N)$$

(c) $$e(N) \geq e_D(N) > 0$$

Diese Formeln sind wie folgt zu erklären: In der Ungleichung (a) kommt das handicap zum Ausdruck, daß bei Wahrnehmung von double down statt des Ziehens beliebig vieler zusätzlicher Karten lediglich eine dritte Karte zugeteilt wird. Das double down ist trotz dieses handicaps für den player dann lohnend, wenn die Ungleichung (b) greift, die anzeigt, daß sich die Gewinnerwartung durch Verdopplung des stake erhöht. Die Ungleichung (c) ist eine mathematische Folgerung aus den Ungleichungen (a) und (b). Ihr Bestehen ist für den Eintritt der Relation (b) notwendig, aber nicht hinreichend. In Abschnitt 9.1 wird gezeigt werden, daß in Abhängigkeit von der Karte in dealer shows

- e(N) in manchen Fällen schon nicht die Relation (c) erfüllt und deshalb double down von vornherein nicht in Betracht kommen kann, weil sich die Ungleichung (b) nicht einstellen läßt,

- e(N) in einigen Fällen zwar der Relation (c) genügt, daß aber wegen einer zu starken Reduktion von $e_D(N)$ gemäß Ungleichung (a) die Ungleichung (b) nicht erreicht werden kann.

Aus diesen Feststellungen ist zu folgern: Das strategisch optimale double down steigert die positive Gewinnerwartung e(N) einer hand zu einer noch höheren positiven Gewinnerwartung ($2 \times e_D(N)$). Double down erhöht somit die Gewinnchancen des player und sollte deshalb stets wahrgenommen werden, falls

- sich eine hand number 9, 10 oder 11 einstellt, auf welche gemäß den Spielregeln gedoppelt werden darf,

- die Kartenkombination unter Einschluß von dealer shows die Ungleichung (b) entstehen läßt, welche das strategisch gebotene double down anzeigt.

Das bisher besprochene double down auf die beiden ersten Karten des player nach dem dealing step von Abschnitt 2.3 gilt für alle Spielregeln

- extended rules,

- resplit rules,

- restrictive rules.

Es ist dadurch gekennzeichnet, daß der stake des player von 1 bet auf 2 bet verdoppelt wird.

Für die resplit rules und die restrictive rules sind damit die Möglichkeiten des double down ausgeschöpft, nicht jedoch für die extended rules, welche eine weitere Option des double down offerieren.

Wie im nächsten Abschnitt 2.7 im einzelnen beschrieben wird, entstehen durch den Spielzug »split pairs« zwei oder mehr hands des player, zu welchen primär je ein bet gehört. Der stake des player hat sich somit bei Wahrnehmung von split pairs bereits auf ein Mehrfaches des ursprünglichen bet erhöht. Jede der hands nach split pairs beginnt mit einer Karte des player. Zu ihr wird im Zuge des Spielablaufs ohne besondere Aufforderung des player durch den dealer eine zweite Karte zugeteilt, womit auch nach split pairs für jede hand des player der Kartenbestand hergestellt wird, der nach dem ersten dealing step gemäß Abschnitt 2.3 bei Beginn des Black Jack-Spiels gegeben war. Erst jetzt beginnen wieder die Spielentscheidungen des player hinsichtlich der durch split pairs zustande gekommenen geteilten hands. Zu diesen Optionen gehört bei den extended rules das »double down after split pairs«. Es kann wahrgenommen werden, falls eine aus zwei Karten zusammengesetzte geteilte hand wieder eine der hand numbers 9, 10 oder 11 aufweist. Macht der player von dieser Möglichkeit Gebrauch, so hat er den der geteilten hand zugeordneten Einsatz von 1 auf 2 bets zu verdoppeln, wodurch sich sein im Moment auf dem Spiele stehender stake um ein zusätzliches bet vermehrt. Auch jetzt erhält der player auf die geteilte hand, für welche double down gespielt wird, nur eine dritte Karte. Es gelten deshalb für »double down after split pairs« dieselben Gesichtspunkte, wie sie für das double down nach dem ersten dealing step beschrieben wurden: Der player sollte das double down auf die geteilte hand mit der hand number 9, 10 oder 11 nur dann ausüben, wenn sich wieder die Ungleichung (b) einstellen läßt, dieser Spielzug dem player also eine vergrößerte Gewinnchance eröffnet. Zugleich ist dem player aber auch zu empfehlen, die Möglichkeit des »double down after split pairs« zu nutzen, wenn das stragetisch angebracht ist, weil der player keine Steigerung seiner Gewinnchancen im Black Jack-Spiel auslassen sollte. Es macht gerade die Vorteilhaftigkeit der extended rules aus, daß diese dem player durch das »double down after split pairs« verbesserte Gewinnchancen einräumen, welche dem player bei den resplit rules und den restrictive rules vorenthalten werden.

2.7 Split pairs

Erhalten Sie im ersten dealing step von Abschnitt 2.3 zwei Karten mit demselben Wert, so wird diese hand ein »pair« genannt. Sämtliche Spielregeln, mit Ausnahme der Sonderbestimmungen einiger europäischer Casinos hinsichtlich eines Paares von Karten mit dem Wert 10, erlauben Ihnen nun, den Spielzug »split pairs« auszuüben. Sie tun dies, indem Sie neben Ihr ursprüngliches bet ein zweites bet in der box plazieren. Der ausdrücklichen Aufforderung »split!« an den dealer bedarf es nicht, da dieser aufgrund der Ihnen zugeteilten Karten und durch die Plazierung des zweiten bet sieht, daß Sie die Option »split pairs« wahrnehmen wollen. Der dealer teilt Ihr Kartenpaar und bildet zu jedem Ihrer beiden bets eine geteilte hand, die jetzt zunächst aus je einer Karte mit demselben Wert besteht.

Ohne weitere Aufforderung erhalten Sie danach zunächst auf die erste und später auf die zweite geteilte hand eine zweite Karte. Dabei wird die zweite hand erst dann vom dealer aufgefüllt und weiterbedient, bis das Spiel auf der ersten geteilten hand abgeschlossen ist.

Wie aus den Strategieempfehlungen E.9 und E.10 des Abschnitts 1.2 hervorgeht und in Abschnitt 10.1 noch numerisch belegt werden wird, ist auf jeden Fall davon abzuraten, ein Paar von Karten mit dem Wert »10« zu splitten. Unter diesem Gesichtspunkt brauchte auf dieses für den player unvorteilhafte split pairs gar nicht eingegangen zu werden. Eine vollständige Spielbeschreibung erfordert es jedoch, auf die Sonderbestimmungen einiger Casinos hinzuweisen. Diese erkennen als ein teilbares 10er-Paar nur zwei Karten des Wertes 10 mitdemselben face, also 2 Könige, 2 Damen, 2 Buben, 2 Zahlkarten 10, an. Die dadurch beschränkte Möglichkeit des split (10, 10) soll wohl dem unbedarften Spieler den Eindruck vermitteln, split (10, 10) sei eine dem player vom Casino offerierte besonders günstige Option. Tatsächlich habe ich in Casinos mit der hier besprochenen Restriktion beobachtet, wie players, die diesen Namen eigentlich nicht verdienen, gleichgesichtige Paare (10, 10) mit Vorliebe gesplittet haben.

In Großbritannien stellt sich die Frage des Teilens eines Paares (10, 10) gar nicht, weil in den dortigen Casinos split pairs für die Paare (4, 4), (5, 5) und (10, 10) per Spielregel nicht zugelassen ist (18).

Zwei für den Spielablauf wirklich gravierende Besonderheiten bestehen hinsichtlich des Splitten des Paares (A, A):

Hier wird den durch die Teilung hervorgehenden hands mit je einer Karte As vom dealer lediglich eine zweite Karte zugeteilt. Eine weitergehende Option des player für draw ist nach dem Teilen des Paares (A, A) ausgeschlossen. Im Gegensatz zu den amerikanischen Casinos, die bis auf den Las Vegas Club in Las Vegas Downtown überall das mehrfache Teilen von Assen verbieten, eröffnen in Europa die resplit rules die Möglichkeit der Bildung einer zusätzlichen hand, falls nach dem Splitten von (A, A) einer der beiden hands ein weiteres As zugefallen ist. Wohlgemerkt, das gilt nur für die weiter unten allgemein behandelten resplit rules; bei den restrictive rules muß sich der player mit der niedrigen soft standing number

$$11 + 1 = 12$$

der hand (A, A) zufrieden geben, falls er nach dem Teilen des ersten Paares (A, A) auf eine der beiden geteilten hands ein weiteres As erhält.

Die zweite Besonderheit nach dem Splitten des Paares (A, A) besteht darin, daß bezüglich der geteilten hands nach Zuteilung der zweiten Karte die Kartenkombination (A, 10) nicht als BLACK JACK (vgl. Abschnitt 2.9) gewertet wird, sondern lediglich als soft standing number 21 zählt.

Die Spielregeln des Black Jack haben nach den vorstehenden Ausführungen einige Hürden für das Splitten des Paares (A, A) aufgebaut. Trotzdem ist dieser Spielzug gemäß den Strategieempfehlungen E.9 und E.10 des Abschnitts 1.2 gegen die Karten 2 bis 10 in dealer shows für den player vorteilhaft. Es gilt an Black Jack-Tischen als üblich, das Paar (A, A) zu splitten. Diese Übung geht so weit, daß dealers häufig die beiden Karten (A, A) schon auf dem Spieltisch auseinander legen, bevor Sie Ihr zusätzliches bet plaziert haben. Der dealer erachtet das als selbstverständlich. Um so größer ist auf der Seite des dealer das Erstaunen, wenn Sie entsprechend den Strategieempfehlungen E.9 und E.10 des Abschnitts 1.2 bei As in dealer shows dankend davon absehen, Ihr Paar (A, A) zu splitten. Der Grund für diese Zurückhaltung des player wird in Abschnitt 10.1 numerisch erkennbar.

Kehren wir nun zum split pairs von (N, N) mit N = 2, ... 9 zurück. Hier waren wir an der Stelle angelangt, daß Ihnen auf die geteilte hand ohne Aufforderung eine zweite hand zugeteilt worden ist. Von hier ab spielen Sie mit eventuell durch die Spielregeln gegebenen Einschränkungen Ihre geteilte hand wie die ursprüngliche hand, welche Sie mit dem ersten dealing step aus Abschnitt 2.3 erhalten haben.

Die Spielentscheidung draw or stand ist selbst bei den restrictive rules und erst recht bei den weitergehenden resplit rules und den extended rules zulässig. Ist nach dem Splitten des Paares (N, N) mit N = 2, ... 9

- ein nochmaliges split pairs aufgrund der Spielregeln (restrictive rules oder kein Kartenpaar) nicht zugelassen,

- ein double down wiederum aufgrund der Spielregeln (restrictive rules oder resplit rules oder hand number verschieden von 9, 10 oder 11) nicht möglich oder strategisch nicht angebracht,

so treffen Sie die Entscheidung draw or stand für die geteilte hand, wie in

Abschnitt 2.5 beschrieben, bis Sie für diese hand eine standing number erreicht haben oder bis bezüglich dieser hand »player busts« eingetreten ist.

Entsteht jedoch bei der Zuteilung der zweiten Karte auf die geteilte hand wiederum ein Kartenpaar und lassen die Spielregeln des Casinos das nochmalige Splitten zu, so hat das »resplit« Vorrang vor »draw or stand«. Geben Sie mit der Plazierung eines weiteren bet dem dealer zu erkennen, daß Sie das neu entstandene Kartenpaar wieder splitten möchten. Lassen Sie sich dabei von der Erwägung leiten, daß resplit strategisch angebracht ist, falls die Strategieempfehlungen schon für das erste Kartenpaar zu einem split pairs geraten haben. Sie müssen die geteilte hand genau so spielen wie die hand, die Ihnen mit dem ersten dealing step gemäß Abschnitt 2.3 zugefallen ist. Es macht gerade den Vorteil der resplit rules für den player aus, daß hier im Gegensatz zu den restrictive rules ein mehrfaches split pairs mit dem Aufbau von mehr als zwei geteilten hands zugelassen wird.

Allerdings beschränken die meisten Casinos mit resplit rules die Anzahl der geteilten hands auf 4 oder 5. Ist diese Maximalanzahl erreicht, so dürfen Sie bei Auftreten eines weiteren Kartenpaares die Option split pairs nicht mehr wahrnehmen, sondern Sie sind darauf angewiesen, bei N = 2, ... 9 draw or stand zu spielen, oder für N = As sich mit der soft standing number 12 auf der letzten geteilten hand abzufinden. Die Beschränkung auf 5 geteilte hands ist jedoch nicht sehr einschneidend, weil es unwahrscheinlich ist, daß Sie hintereinander mit 5 Paaren, entsprechend einem Bedarf von 6 geteilten hands, konfrontiert werden. Schon der Fall von 5 geteilten hands ist relativ selten, ich kann Ihnen aber aus eigener Erfahrung sagen, daß ich schon mehrfach Gelegenheit hatte, so breit gefächert zu spielen.

Die meisten europäischen Casinos, welche die extended rules – gekennzeichnet durch die Möglichkeit des »double down after split pairs« – offerieren, lassen auch das mehrfache resplit zu. In diesen Fällen sind die resplit rules in den extended rules enthalten. Eine Ausnahme bilden die Casinos in Großbritannien, wo das »double down after split pairs«, nicht aber das resplit zugelassen ist (19). Hier wird nach engen extended rules gespielt, welche hinsichtlich des split pairs den Charakter von restrictive rules besitzen.

Sind die extended rules gegeben und ergibt sich für eine geteilte hand nach Zuteilung der zweiten Karte die hand number 9, 10 oder 11, so ist vor der Entscheidung für draw vom player zu prüfen, ob die Strategieempfehlungen zu double down raten. Ist das der Fall, so sollte der player entsprechend den Ausführungen im voraufgegangenen Abschnitt 2.6 von dieser Option Gebrauch machen, um seine Gewinnchance zu steigern.

Zum Abschluß werde als Grundlage für die in Abschnitt 10.1 aufgezeigten numerischen Daten dargelegt, auf welchen gedanklichen Grundlagen die Strategieempfehlungen für split pairs beruhen:

Es sei (N, N) mit N = 2, ... 10, oder N = As ein Kartenpaar, dessen Split in Erwägung gezogen wird. Im Falle N = 2, ... 10 bezeichne (2 × N) die hard number des nicht gesplitteten Paares (N, N) und N die hard number der geteilten hands nach Vollzug des split pairs. Im Falle N = As stehe (2 × N) für die soft number 12 der hand (A, A).

Folgen Sie bitte meiner vorweggenommenen Feststellung, daß es möglich ist, der hand (N, N) in jedem Falle eine positive oder negative Gewinnerwartung aus dem Bereich −1 bis +1 als reelle Zahl e(2 × N) zuzuordnen und daß ebenfalls eine solche Gewinnerwartung e(N) für die geteilte hand (N) bestimmt werden kann. Split pairs ist unter Verwendung der eben eingeführten Symbole dann und nur dann strategisch angebracht, wenn die Ungleichung

(a) $$2 \times e(N) > e(2 \times N)$$

besteht. Sie besagt: Das Spielen unter Einsatz von 2 bets auf den 2 geteilten hands, die von der hand number N ausgehen, bietet eine günstigere Ergebniserwartung als das Spielen unter Einsatz von nur einem bet auf der ungeteilten hand (N, N) mit der hand number (2 × N).

In der Ungleichung (a) sind, wie in Abschnitt 10.1 noch im einzelnen gezeigt werden wird, unterschiedliche Relationen der Ergebniserwartungen »e« gegenüber dem Wert »0« möglich, nämlich:

(b) $$e(N) > 0 \; ; \; e(2 \times N) > 0$$

(c) $$e(N) > 0 \; ; \; e(2 \times N) < 0$$

(d) $$e(N) < 0 \; ; \; e(2 \times N) < 0$$

Je nachdem, welche der vorstehenden Ungleichungskombinationen gegeben ist, verfolgt split pairs im Zuge einer optimalen Spielstrategie graduell unterschiedliche Ziele:

Im Fall (b) wird eine bereits gegebene positive Gewinnerwartung in eine noch höhere positive Gewinnerwartung gesteigert.

Im Fall (c) wird eine Verlusterwartung (negative Ergebniserwartung) in eine positive Gewinnerwartung transformiert.

Im Fall (d) bleibt es auch nach dem split pairs bei einer Verlusterwartung. Diese ist aber gegenüber der Verlusterwartung vor dem split pairs gemildert. Hier verfolgt dieser Spielzug das Ziel, das Beste aus einer ungünstigen Kartensituation zu machen.

In jedem der 3 vorstehenden Fälle bedeutet die Plazierung eines zusätzlichen bet im Zuge des split pairs einen Zugewinn an Ergebniserwartung. Das sollte den player dazu veranlassen, alle strategisch angebrachten Möglichkeiten des split pairs mit dem Ziel der Chancenmaximierung im praktischen Spiel auszuschöpfen.

Wie man aus den Strategieempfehlungen E.9 und E.10 des Abschnitts 1.2 entnimmt, vergrößert sich bei den extended rules gegenüber den resplit rules und den restrictive rules die Anzahl der für split pairs günstigen Fälle. Das ist auf den folgenden Umstand zurückzuführen:

In die Ergebniserwartung e(N) geht für N = 2, ... 9 der Gesichtspunkt ein, ob die Chance besteht, nach Zuteilung einer zweiten Karte auf die geteilte hand das die Gewinnerwartung steigernde »double down after split pairs« wahrnehmen zu können. Wird diese Möglichkeit durch die extended rules eröffnet, so nimmt e(N) gegenüber den entsprechenden Zahlwerten bei den resplit rules und den restrictive rules zu. Dadurch vergrößert sich der Abstand in der Ungleichung (a). Die Anhebung von e(N) hat des weiteren entscheidend zur Folge, daß bei den extended rules einige Kartenpaare für split pairs spielstrategisch empfehlenswert werden, welche bei den resplit rules und den restrictive rules die Ungleichung (a) nicht zu erfüllen vermochten und deshalb bei diesen Regeln für split pairs nicht in Betracht kamen.

2.8 Player busts

Die beim Black Jack-Spiel vom player zu treffenden Spielentscheidungen wurden in den voraufgegangenen Abschnitten 2.4 bis 2.7 abschließend beschrieben. Die jetzt folgenden Abschnitte 2.8 bis 2.11 behandeln die Vorgänge, die dann zum Zuge kommen, wenn die players ihre Entscheidungen getroffen haben. Sie beantworten die Frage, in welcher Weise das einzelne Black Jack-Spiel zum Abschluß gebracht wird.

Eine der Endstationen für die Spielentscheidungen eines player ist die bereits in Abschnitt 2.5 angesprochene Situation »player busts«. Sie entsteht, wenn der player im Zuge des draw zu einer die magische Zahl 21 übersteigenden hand number gelangt.

Das kann nur geschehen, wenn draw auf eine hard number im »stiff«, das sind die hard numbers 12 bis 16, ausgeübt wird. Die Hauptgefahr besteht hierbei im Ziehen einer Karte mit dem Wert 10, die bereits von der hard number 12 aus zu »player busts« führt. Doch bergen auch bei höheren hard numbers im stiff, insbesondere bei »16« auch niederwertige Karten die Gefahr von »player busts« in sich: von der hard number 16 aus führt z. B. jede durch draw erhaltene Karte des Bereichs der Werte 6 bis 10 zu dem Spielende »player busts«.

Nach den Ausführungen von Abschnitt 2.5 besteht dagegen diese Gefahr nicht für alle hard hands mit hand numbers bis 11, weil man zu ihnen ohne direktes player busts jede Karte hinzuziehen kann. Man gelangt damit stets in den Bereich der hand numbers bis 21.

Ebenso läuft der player mit einer hand number im Bereich des »pat«, das sind die hand numbers 17 bis 21, überhaupt nicht oder nicht direkt die Gefahr von »player busts«. Das rührt daher, daß die Strategieempfehlung E.6 des Abschnitts 1.2 für jede hard number im pat die Spieloption »stand« anrät. Die Strategieempfehlung E.7 des Abschnitts 1.2 für soft hands rät zwar bei soft 17 und teilweise auch bei soft 18 zu »draw«, doch kann der player mit einem einzigen diesbezüglichen Spielzug von diesen soft numbers des pat allenfalls zu einer hard number im stiff gelangen, nicht dagegen direkt zu player busts.

Im Falle »player busts«, also dann, wenn Sie zu einer hard number im stiff eine zu hochwertige Karte durch draw erhalten haben, macht der dealer folgendes:

- zeigt Ihnen kurz die zuletzt gezogene Karte,
- nennt häufig mit ironischem Unterton die erreichte unzulässige hand number über 21,
- nimmt Ihre ganze busting hand vom Spieltisch und burns die Karten im Discard Tray,
- kassiert das der busting hand zugeordnete bet in den Chip Tray.

Nach diesen Steps ist in der box des player eine Situation gegeben, wie wenn die busting hand nie existiert hätte. Der player hat das dieser hand zugeordnete bet bedingungslos unabhängig davon verloren, was bis zum Spielschluß auf der dealer-Seite geschieht. Sollte der dealer später bei seinem in Abschnitt 2.10

beschriebenen Spiel »dealer busts« herbeiführen, so besitzt der player keinen Anspruch darauf, dafür einen Ausgleich zu erhalten, daß er auf seiner Seite vorher die entsprechende Spielsituation geschaffen hatte. Hierin liegt das spieltechnische Ungleichgewicht zu Lasten des player, dem das in Abschnitt 2.10 behandelte handicap-Spiel des dealer zugunsten des player gegenübersteht.

Bei der obigen Beschreibung von »player busts« habe ich vermieden zu sagen, daß der player aus dem betreffenden Spiel ausgeschieden ist. Das trifft nur dann zu, wenn der player auf einer einzigen hand spielt, die busts. Hat der player im Zuge des Spiels split pairs wahrgenommen, so trifft player busts ausschließlich diejenige geteilte hand, auf welche der player durch draw die hand number 21 überschritten hat.

2.9 Der player hält BLACK JACK

Wird dem player im ersten dealing step von Abschnitt 2.3 die hand (A, 10) oder die hand (10, As) zugeteilt, so hält er BLACK JACK. Der player hat nun, wie bereits in den Abschnitten 2.4 und 2.5 festgestellt wurde, keine Entscheidungsmöglichkeit, die den weiteren Spielablauf beeinflussen könnte. Das ist auch nicht nötig, denn mit BLACK JACK ist dem player die beste hand zugefallen, die ihm das Black Jack-Spiel nach Plazieren von nur einem bet zu bieten vermag.

Das bedeutet aber noch keine Gewinngarantie: Liegt ein As oder eine Karte mit dem Wert 10 in dealer shows, so ist nicht ausgeschlossen, daß der dealer im Zuge seines Spiels gemäß Abschnitt 2.10 ebenfalls zu BLACK JACK gelangt. Aus diesem Grunde behandelt der dealer den player, der BLACK JACK hält, in Abhängigkeit von der Karte in dealer shows im Zuge des Spielablaufs unterschiedlich.

a) *In dealer shows liegt eine Karte des Wertbereichs 2 bis 9*

Der dealer zahlt an den player mit BLACK JACK einen Gewinn in Höhe von 1,5 bets aus und burns die BLACK JACK-hand in den Discard Tray.

b) *In dealer shows liegt eine Karte mit den Werten 10 oder As*

Der dealer läßt die hand BLACK JACK des player zunächst unberührt, bis er alle anderen players bedient hat und sein eigenes Spiel gemäß Abschnitt 2.10

abgeschlossen ist. In Abhängigkeit von dessen Ausgang entstehen die beiden Unterfälle:

ba) *Der dealer hält nicht BLACK JACK*

Jetzt zahlt der dealer wie im Falle a) dem player mit BLACK JACK als Gewinn 1,5 bets aus.

bb) *Der dealer hält BLACK JACK*

Nun kommt es zwischen dem player mit BLACK JACK und dem dealer zu »stand off« mit der Folge, daß der player sein bet nicht verliert, aber auch keinen Gewinn auf seine hand BLACK JACK ausbezahlt bekommt.

2.10 Die Kartenfolge des dealer

Sobald der dealer alle players gemäß deren Spielentscheidungen bedient hat, bietet der Black Jack-Spieltisch das folgende Bild:

Vorn neben der box jedes player liegt keine hand, eine hand oder mehrere hands von Karten mit standing numbers bis 21. Ist die Karte in »dealer shows« ein As oder eine Karte mit dem Wert 10, so warten möglicherweise auch noch hands mit der Wertigkeit BLACK JACK auf den Ausgang des Spiels des dealer, der nun am Zuge ist, für seine Kartenfolge eine standing number nach einer feststehenden Spielregel zu bilden:

Die erste Karte in der hand des dealer ist die schon im dealing step von Abschnitt 2.3 face up aufgelegte Karte »dealer shows«. Hat der dealer am Ende dieses dealing step eine zweite Karte verdeckt für sich bereitgelegt, so wird diese nunmehr ebenfalls face up aufgedeckt und bildet die zweite Karte von dealer's hand. Im anderen Fall zieht der dealer jetzt erst die zweite Karte aus dem Schlitten und legt sie face up neben die Karte »dealer shows«.

Die hand number der in diesem Stadium aus zwei Karten bestehenden hand des dealer kann

a) im Bereich der Zahlen 4 bis 16 liegen,

b) eine der Zahlen 17 bis 21 sein,

c) die Wertigkeit BLACK JACK besitzen.

Der Fall c) ist nur möglich, wenn die Karte in dealer shows ein As oder eine Karte mit dem Wert 10 war. Dealer's BLACK JACK entsteht dann dadurch, daß die zweite Karte des dealer als »10« oder als As die hand (A, 10) bzw. (10, A) erbringt. Ist diese Situation gegeben, so haben sämtliche player-hands verloren, die nicht ebenfalls die Wertigkeit BLACK JACK besitzen. Für die letztgenannten guten player-hands kommt gemäß Abschnitt 2.9 »stand off« zustande.

Im Falle b) ist ebenso die für den Spielausgang maßgebende standing number des dealer gefunden. Alle standing numbers der player-hands,

- die unter dealer's hand number gemäß b) liegen, verlieren den ihnen zugehörigen stake,

- die gleich dealer's hand number sind, erreichen das zahlungsfreie »stand off«,

- welche dealer's hand number übertreffen, gewinnen.

Im Falle a) hat der dealer das Black Jack-Spiel »draw or stand« analog der Beschreibung in Abschnitt 2.5 mit folgender Maßgabe zu vollziehen: Der dealer hat seine face up aufgelegte hand so lange durch draw um jeweils eine Karte zu vermehren, wie seine hand number kleiner oder gleich 16 ist. Sobald dieser möglicherweise mehrfach wiederholte draw-Prozeß

- erstmals zu einer dealer's hand number im pat, d. h. zwischen 17 und 21, führt, gilt für den dealer das unbedingte Gebot »stand«,

- eine dealer's hand number über 21 erzeugt, schließt die Kartenfolge des dealer mit »dealer busts« ab.

Im ersten Fall bestimmt die standing number des dealer wie in der oben beschriebenen Situation b), ob die einzelnen player-hands verlieren, zum stand off kommen, oder gewinnen. Im zweiten Fall »dealer busts« gewinnen alle im Spiel verbliebenen player-hands.

Der Spielregel-Zwang für den dealer, bis zur hand number 16 auf jeden Fall noch ziehen zu müssen, aber mit der hand number 17 stehen zu bleiben, ist das zugunsten der players wirkende handicap des dealer. Seine erste Komponente erbringt, wie in Abschnitt 7.3 noch numerisch gezeigt werden wird, in einer verhältnismäßig großen Anzahl von Einzelspielen die Situation »dealer busts«. Sie kommt aber nach den Feststellungen in Abschnitt 2.8 nur den player-hands zugute, für die nicht schon vorher player busts eingetreten ist. Seine zweite Komponente ergibt für den dealer häufig die niedrigen standing numbers 17 und 18, die aber auf jeden Fall alle standing numbers der players im stiff schlagen.

Mit einer standing number im stiff (hard numbers zwischen 12 und 16) zur Vermeidung des Risikos »player busts« spekuliert der player auf »dealer busts«, um das Black Jack-Spiel zu gewinnen. Nur wenn der player eine standing number im pat (hand numbers 17 bis 21) hält, stellt sich der player dem Vergleich mit dealer's standing number im selben Bereich der hand numbers. Falls der player nicht schon in dem ersten dealing step von Abschnitt 2.3 eine hand number im pat erhält, für welche die optimale Strategie nicht draw empfiehlt, so ist das strategisch nicht immer angebrachte Streben, durch draw or stand zu einer standing number im pat zu gelangen, mit dem Risiko von player busts verbunden.

Damit steht eine optimale Black Jack-Spiel-Strategie vor der Aufgabe,

- einerseits das Risiko »player busts« so klein wie eben möglich zu halten,
- andererseits aber auch vermeidend zu berücksichtigen, daß der player ebenfalls verliert, wenn die standing numbers seiner hands von dealer's standing number übertroffen werden.

2.11 Das Auszahlen

Ist durch die Findung der standing number des dealer gemäß Abschnitt 2.10 die letzte Entscheidung über Gewinn, stand off oder Verlust für die hands der verschiedenen players gefallen, so beginnt der dealer mit dem Auszahlen. Das tut der dealer aus der Sicht des players von links nach rechts, beginnend mit der Third Base und endend mit der First Base.

Die stakes, welche Verlust-hands zugeordnet sind, werden vom dealer in den Chip Tray vereinnahmt.

Besteht stand off, so sagt das der dealer mit diesen englischen Worten an, in manchen deutschsprachigen Casinos ist aber auch das französische Wort

»encarte« geläufig. In französischen Casinos sagt der dealer »stand off« dagegen zutreffender mit »égalité« an. Dabei tippt der dealer mit einem Finger vor den stake, der unberührt bleibt. Häufig ist dies ohne Worte des dealer das einzige Zeichen dafür, daß keine Zahlung in Richtung des Chip Tray oder in die box des player zum Zuge kommt.

Der Gewinn für eine standing number des player bis 21 ist so hoch wie der stake, welcher der Gewinn-hand zugeordnet ist. Den Gewinn häuft der dealer in Form von Chips auf oder neben den gesetzten stake in die box des gewinnenden player. Sind bei der Endabrechnung noch gewinnende player-hands mit der Wertigkeit BLACK JACK auszubezahlen, weil deren Gewinnbedienung wegen As oder 10 in dealer shows zurückgestellt worden ist, so zahlt der dealer hierfür gemäß Abschnitt (2.9) 1,5 bets, die vom dealer in gleicher Weise wie andere Gewinne in die box des gewinnenden player gelegt werden.

Hat ein player nach Wahrnehmung von split pairs mit mehreren hands gespielt, so kann es vorkommen, daß diese unterschiedlich verlieren, stand off erbringen oder gewinnen.

Viele dealers verrechnen dann die Gewinne und Verluste eines player direkt in dessen box. Bei diesem Verfahren ist dem player zur Vermeidung von Mißverständnissen anzuraten, die zusammengefaßten Ein- und Auszahlungen gedanklich nachzuvollziehen. Das gilt insbesondere bei den resplit rules und den extended rules, die u. U. in der box des player für die Gesamtheit aller gespielten hands einen total stake in Höhe von mehr als 6 bets entstehen lassen können.

Zum Schluß ein praktischer Hinweis: Sie sind als player während des gesamten Spiels nicht berechtigt, Ihren stake zu berühren. Diese Bestimmung besteht zu Recht, um Einsatzmanipulationen der players zu unterbinden. Die hier angesprochene Sperre wird erst aufgehoben, sobald der dealer die Auszahlung für Ihre box im ganzen abgeschlossen hat. Damit wird gesagt: Sie haben im Falle eines Gewinnes mit dem Abzug von Ihnen gehörenden Chips so lange zu warten, bis der dealer auch die Gewinne für die in Ihrer box mitspielenden uneigentlichen players in oder am Rande Ihrer box plaziert hat. Diese Regel wird häufig von unerfahrenen players mißachtet und führt dann zu vermeidbaren unliebsamen Kontroversen mit dem dealer.

Nach der Auszahlung sämtlicher boxes schaufelt der dealer wieder mit der Third Base beginnend in Richtung zur First Base alle player-hands und anschließend die dealer-hand zusammen und burns die Karten im Discard Tray. Diese geordnete Wegnahme der Karten erlaubt dem dealer, bei Reklamationen eines player bezüglich der Auszahlung die bei Spielende vorhanden gewesene Kartenkonstellation zu rekonstruieren.

2.12 Insurance

Legt der dealer beim ersten dealing step gemäß Abschnitt 2.3 in dealer shows ein As auf, so besteht wegen der großen Vielzahl der im Spielkartenstapel befindlichen Karten mit dem Wert 10 (vgl. Abschnitt 2.2) eine hohe Wahrscheinlichkeit, daß sich bei dem Spielvorgang gemäß Abschnitt 2.10 eine dealer's hand mit der Wertigkeit BLACK JACK einstellt. Dann verlieren gemäß den Ausführungen in den Abschnitten 2.10 und 2.9 alle hands der players mit standing numbers bis 21 und die player-hands mit der Wertigkeit BLACK JACK erhalten keinen Gewinn, sondern erreichen lediglich stand off.

Die Casinos haben die »Großzügigkeit«, den players die Möglichkeit zu bieten, »sich gegen ein BLACK JACK der Bank zu versichern«. Mit diesen Worten laden dealers im deutschsprachigen Raum die players ein, auf Insurance zu setzen, bevor der dealer darangeht, die einzelnen players hinsichtlich ihrer eigentlichen Spielentscheidungen gemäß den Abschnitten 2.4 bis 2.7 zu befragen. Geht ein player auf die Einladung zur Insurance ein, so hat er auf der hierfür vorgesehenen inneren Leiste des Spieltisches (vgl. Abb. 1) einen zusätzlichen Einsatz in Höhe seiner halben betsize zu leisten. Die dealers achten streng darauf, daß diese Einsatzhöhe nicht überschritten wird, denn es soll ja der Anschein erweckt werden, wie wenn die Insurance ein Entgegenkommen des Casinos an die players darstellen würde.

Ist das Black Jack-Spiel bis zu dem in Abschnitt 2.10 beschriebenen Step der Bildung von dealer's standing number abgelaufen, so stellt sich heraus, ob die Insurance gewonnen hat oder nicht.

Hat der dealer zu dem As in dealer shows keine Karte mit dem Wert 10 gezogen, also nicht dealer's hand (A, 10) mit der Wertigkeit BLACK JACK hergestellt, so sammelt der dealer die auf Insurance gesetzten Einsätze in den Chip Tray ein. Die versicherten players verlieren damit vorweg 0,5 bets unabhängig davon, zu welchen Ergebnissen die von ihnen gespielten hands mit den bets in ihren boxes kommen.

Hält der dealer BLACK JACK, so verlieren gemäß Abschnitt 2.10 alle player-hands mit standing numbers bis 21. Lediglich die player-hands mit der Wertigkeit BLACK JACK gelangen zu stand off. Daraufhin setzen für die versicherten players die folgenden Zahlungsvorgänge ein:

Die stakes in den boxes aller players mit standing numbers bis 21 werden vom dealer in den Chip Tray kassiert. Nur die bets von players mit BLACK JACK bleiben vom dealer wegen stand off unberührt. – Danach zahlt der dealer die

Insurance mit Gewinnen im Verhältnis 2 : 1 aus. Da jeweils 0,5 bets als Versicherungsprämie gesetzt worden waren, erhalten die versicherten players aus der Insurance

$$2 \times 0{,}5 \text{ bets} = 1{,}0 \text{ bet}$$

zurück. Sie stellen sich im Ergebnis so, wie wenn sie durch den Eintritt des Spielresultates »dealer hält BLACK JACK« ihr ursprüngliches in ihrer box gesetztes bet nicht verloren hätten.

In den Genuß der Versicherungsauszahlung kommen aber auch alle die versicherten players, die ihr bet schon vorher durch »player busts« gemäß Abschnitt 2.8 verloren haben.

Die letzte Bemerkung läßt deutlich erkennen, daß der Ausdruck »Insurance« täuscht: Der player »versichert« sich nicht gegen BLACK JACK der Bank, sondern schließt außerhalb des eigentlichen Black Jack-Spiels, dessen Ablauf die Abschnitte 2.3 bis 2.10 gewidmet waren, eine Wette mit dem Casino darauf ab, ob bei As in dealer shows der dealer mit seiner hand letztlich zu BLACK JACK gelangt oder nicht.

Interessant sind die Wirkungen der Insurance, wenn ein player, der selbst BLACK JACK hält, auf die Versicherungswette eingeht:

Ergibt dealer's hand kein BLACK JACK, so verliert der vorerwähnte player den Einsatz auf Insurance in Höhe von 0,5 bets, gewinnt aber zugleich auf seine hand 1,5 bets, so daß ihm im Ergebnis 1,0 bet als Nettogewinn zufällt.

Erreicht der dealer BLACK JACK, so erhält der hier betrachtete player auf seine original hand mit der Wertigkeit BLACK JACK keinen Gewinn, dafür aber einen Gewinn in Höhe von 1,0 bet aus der Versicherung.

Das Nettogewinn-Ergebnis ist somit für einen player mit BLACK JACK, der auf Insurance setzt, unabhängig davon, ob der dealer BLACK JACK erreicht oder nicht, dasselbe, nämlich +1,0 bet. Das führt zu der in vielen Casinos geübten Usance, daß ein player mit BLACK JACK an den dealer die Order geben darf: »Bitte sofort auszahlen!« Der player erhält dann vom dealer auf seine hand mit der Wertigkeit BLACK JACK als reduzierten Gewinn 1,0 bet ausbezahlt.

Der player mit BLACK JACK entgeht durch die Hinnahme der geminderten sicheren Gewinnauszahlung von 1,0 bet der Alternative:

– Gewinn 1,5 bets, wenn der dealer nicht BLACK JACK erreicht,

– stand off mit Auszahlung »0«, wenn der dealer zu BLACK JACK gelangt.

In Abschnitt 12. werde ich in Übereinstimmung mit der amerikanischen Black Jack-Literatur nachweisen, daß die Wette »Insurance« für den player unvorteilhaft ist. Sie einzugehen, kann deshalb nicht empfohlen werden. *Darum wird auch bei den weiteren Betrachtungen bezüglich des eigentlichen Spiels Black Jack die Insurance-Option wie nicht existent unbeachtet gelassen.*

2.13 Extended, resplit and restrictive rules

In den folgenden 4 Abschnitten 2.13 bis 2.16 möchte ich Ihnen einen zusammengefaßten Überblick über den Ablauf des Black Jack-Spiels bieten. Inhaltlich wird nichts Neues gesagt, was nicht schon an verschiedenen voraufgegangenen Stellen dieses Buches erklärt worden ist. Trotzdem dürften die anhand der Abbildungen 2a bis 2c erläuterten Ablaufdarstellungen deshalb von Interesse sein, weil jetzt alle Steps des Black Jack-Spiels für die 3 verschiedenen Spielregeln

– extended rules (Abb. 2a) (Seite 212)

– resplit rules (Abb. 2b) (Seite 213)

– restrictive rules (Abb. 2c) (Seite 214)

jeweils in einem Guß besprochen werden können.

Zunächst werden hier die schon in der Strategieempfehlung E.1 von Abschnitt 1.2 und dann wieder im Zusammenhang mit double down und split pairs in den Abschnitten 2.6 und 2.7 erwähnten Spielregeln nochmals definiert:

Die *extended rules* sind gegeben, wenn »double down after split pairs« zugelassen ist.

Man hat es mit den *resplit rules* zu tun, wenn zwar mehrfachen »split pairs« erlaubt ist, jedoch »double down after split pairs« nicht wahrgenommen werden kann.

Bei den *restrictive rules* ist sowohl »resplit« als auch »double down after split pairs« ausgeschlossen.

In den folgenden Abschnitten 2.14 bis 2.16 wird anhand der Beschreibung der Abbildungen 2a bis 2c gezeigt, wie sich die unterschiedlichen Spielregeln auf den Spielablauf auswirken.

2.14 Der Spielfluß bei extended rules

Das Black Jack-Spiel beginnt in Abb. 2a oben links damit, daß der player 1 bet setzt. Daraufhin wird ihm eine Karte zugeteilt, danach erhält der dealer eine Karte, die in »dealer shows« eingeht, und schließlich wird dem player noch eine Karte gegeben, so daß der player bei Spielbeginn über eine hand mit 2 Karten verfügt.

Der player hat als erstes zu prüfen, ob seine hand die Wertigkeit BLACK JACK besitzt. Wird diese Frage bejaht, so hängt der weitere Spielablauf davon ab, ob die Karte in »dealer shows« ein As oder eine »10« ist. Wird diese Prüffrage verneint, so findet das Spiel damit sein Ende, daß der player 1,5 bets gewinnt. Liegt ein As oder eine »10« in »dealer shows«, so führt das zum Wartepunkt (A), an welchem weiter unten wieder angeknüpft wird.

Wird auf der Seite des player die Prüffrage nach BLACK JACK verneint, so stößt der player auf die nächste Prüffrage, ob ein Kartenpaar gegeben ist. Wenn das zutrifft, hat der player zu entscheiden, ob aufgrund der optimalen Black Jack-strategy die Option »split pairs« wahrzunehmen ist. Entscheidet sich der player hierfür, so entstehen nach Setzen eines zusätzlichen bet 2 hands des player mit je einer Karte.

An dieser Stelle wird für die beiden hands des player das in der oberen linken Ecke von Abb. 2a dargestellte Unterprogramm »CHECK ACE« eingeschaltet.

Am Anfang dieses Unterprogramms steht die Prüffrage, ob die vorgegebene Karte ein As ist. Wird diese Frage verneint, so geht der Spielablauf am Anknüpfungspunkt (B) weiter, auf den weiter unten zurückgekommen wird.

Ist ein As gegeben, so erhält der player hierzu eine weitere Karte zugeteilt.

Es wird danach erneut die Prüffrage gestellt, ob die zuletzt erhaltene Karte wiederum ein As ist. Wird diese Frage bejaht, so ist unzweifelhaft nochmals »split pairs« angebracht. Dieser Spielzug führt den player zum Anknüpfungspunkt (C) der Abb. 2a, dessen Fortsetzung schon beim ersten split pairs durchlaufen worden ist, so daß sie hier keiner Erläuterung mehr bedarf.

Wird dem player zu dem As der geteilten hand kein weiteres As zugeteilt, so ergibt sich die standing number dieser hand, weil dem player nach dem Splitten eines Paares von Assen nicht mehr als nur eine zusätzliche Karte zusteht. Das Spiel führt von der standing number zum Wartepunkt (A), dessen Fortsetzung weiter unten besprochen wird.

Ist die Anzahl der zulässigen resplits für Paare von Assen beschränkt und sind die split-Möglichkeiten ausgeschöpft, so kommt es gar nicht mehr zu der Frage, ob die zugeteilte zweite Karte wieder ein As ist. Der Weg verläuft dann in Abb. 2a über die strichpunktierte Linie direkt zu der standing number und in Fortsetzung hiervon zum Wartepunkt (A).

Gemäß dem oben Gesagten führte der Spielablauf zum Anknüpfungspunkt (B), wenn nach dem »split pairs« die geteilten hands nicht mit der Karte As beginnen. Jetzt geht es für jede geteilte hand im Hauptdiagramm der Abb. 2a oben rechts weiter: Der player erhält auf die weiterhin für sich allein betrachtete geteilte hand eine Karte zugeteilt, so daß die player-hand wieder aus 2 Karten besteht.

Der Flußweg geht von hier aus wieder zu der Prüffrage nach dem Gegebensein eines Kartenpaares. Wird diese Frage erneut bejaht, so steht wieder die Entscheidung für »split pairs« an. Solange dieser Spielzug zulässig ist, hat der player aus strategischen Erwägungen »resplit« wahrzunehmen, was in Abb. 2a in den schon besprochenen Splitzirkel führt.

Ist kein Paar gegeben, oder ist ein split pairs wegen Ausschöpfung der Anzahl der resplits ausgeschlossen, oder ist ein split pairs von vornherein aus strategischen Gründen nicht angebracht, so führt der Spielflußweg zu der Prüfung, ob die hand number 9, 10 oder 11 beträgt. Wird diese Frage bejaht, so hat der player zu entscheiden, ob er »double down« wahrnehmen soll. Ist dieser Spielzug aufgrund der optimalen Black Jack-strategy angebracht, so erhält der player nach Setzen eines zusätzlichen bet eine weitere Karte, die zur standing number seiner hand führt. Danach geht es am Wartepunkt (A) weiter.

Ist die hand des player nicht dopplungsfähig, sei es, daß ihre hand number von 9, 10 oder 11 verschieden ist, oder daß aus strategischen Erwägungen double down nicht in Betracht kommt, so gelangt der player zu der nächsten Prüffrage, ob eine soft hand gegeben ist. Ist das der Fall, so hat der player aufgrund der optimalen Black Jack-strategy zu entscheiden, ob seine hand eine »soft standing number« aufweist. Wird diese Frage bejaht, so gelangt der player im Flußbild der Abb. 2a über die fixierte standing number zum Wartepunkt (A).

War keine soft standing number erreicht, so hat der player den Spielzug »draw« wahrzunehmen. Er führt in Abb. 2a im Kreis wieder zu der Prüffrage nach der soft hand und wenn ja, zu der Entscheidungsfrage, ob der draw-Prozeß mit einer soft standing number abzuschließen ist. Das ist spätestens nach endlich vielen Kreisdurchläufen zwangsläufig der Fall.

Es kann aber auch vorkommen, daß beim ersten Mal oder später, wenn sich die soft hand durch draw in eine hard hand verwandelt hat, die Prüffrage nach der soft hand zu verneinen ist. Dann erhebt sich für die hard hand die Entscheidungsfrage, ob eine »hard standing number« vorliegt. Wird das bejaht, so gelangt der player wieder über die fixierte standing number zum Wartepunkt (A).

Ist noch keine hard standing number gegeben, so zwingt das den player wiederum zu dem Spielzug »draw«, der

– entweder die Situation »player busts« schafft,

– oder bei Nichteintritt von »player busts« zu der Prüffrage führt, ob durch Hinzuziehen eines mit 11 bewerteten As aus der hard hand (hand numbers 4 bis 10) eine soft hand geworden ist.

Im ersten Fall verliert der player 1 bet und scheidet mit der bis hier in ihrer Entwicklung verfolgten hand aus dem Spiel aus.

Im zweiten Fall hängt der Spielfortgang von der Beantwortung der Prüffrage »soft hand?« ab. Wird diese Frage bejaht, so verläuft das Spiel wie oben für soft hands beschrieben weiter. Wird die letzte Frage verneint, so entsteht wieder die schon oben besprochene Entscheidungsfrage nach der »hard standing number«. Nach endlich vielen Schritten endet die hier erörterte Spielphase mit

– einer soft standing number,

– einer hard standing number,

– player busts,

in den beiden ersten Fällen mit Fortsetzung am Wartepunkt (A), im letzten Fall mit dem Verlust von 1 bet und dem Spielabschluß für die hand des player.

Es ist jetzt an der Zeit, das Black Jack-Spiel am Wartepunkt (A) fortzusetzen.

Als erstes zieht der dealer zu seiner Karte »dealer shows« eine zweite Karte. Bezüglich dieser hand prüft der dealer, ob BLACK JACK gegeben ist.

Zunächst werde die positive Beantwortung dieser Prüffrage angenommen. Dann hängt das Spielergebnis für den player davon ab, ob dieser mit den beiden ersten zugeteilten Karten eine hand der Wertigkeit BLACK JACK erhalten hatte. Trifft dies zu, so endet das Spiel für den player mit stand off. – War von vornherein für den player nicht BLACK JACK gegeben, so führt dealer's BLACK JACK zum Verlust des stake des player.

Hat der dealer nicht BLACK JACK erreicht, mußte der player mit BLACK JACK jedoch wegen eines As oder einer »10« in »dealer shows« auf die Gewinnentscheidung warten, so fällt jetzt dem player der Gewinn von 1,5 bets zu.

Hatte der player in dieser Situation nicht BLACK JACK, so hängt jetzt sein Spielergebnis davon ab, wie sich die Kartenfolge des dealer entwickelt. Dieser prüft, ob seine hand number die Zahl 16 nicht überschreitet. Der dealer hat so lange Karten zu ziehen, bis seine hand number mehr als 16 beträgt. Ist diese Situation eingetreten, so sind zwei Fälle möglich:

Entweder ist die Prüffrage »dealer busts?« positiv zu beantworten; dann erhält der player einen Gewinn in Höhe seines stake; oder der dealer erreicht eine in Abb. 2a mit »k« bezeichnete standing number des Zahlbereichs 17 bis 21 (»pat«). Jetzt hat der dealer die standing number der hand des player mit »k« zu vergleichen.

Je nach der Relation

- k < standing number
  gewinnt der player einen stake,

- k > standing number
  verliert der player seinen stake,

- k = standing number
  kommt es zum zahlungslosen stand off.

2.15 Der Spielfluß bei resplit rules

Die Spielflußdarstellung in Abb. 2b für die resplit rules ist bis auf einen entscheidenden Punkt mit der Abb. 2a identisch. Es braucht deshalb hier nur auf den Abweichungspunkt aufmerksam gemacht zu werden:

Kommt ein »split pairs« nicht mehr in Betracht und steht die Frage nach »double down« auf der rechten Seite von Abb. 2b an, so wird der Prüffrage nach der hand number 9, 10 oder 11 die Prüfung vorgeschaltet, ob der player lediglich eine hand spielt. Wird dies verneint, ist also split pairs wahrgenommen worden, so wird die Frage nach der Dopplungsfähigkeit übergangen, weil »double down after split pairs« durch die Spielregel ausgeschlossen ist. Nur beim Spiel auf einer hand kann gemäß Abb. 2b der player die Option double down wahrnehmen, falls die spielregeltechnischen und strategischen Voraussetzungen hierfür erfüllt sind.

2.16 Der Spielfluß bei restrictive rules

Abb. 2c für die restrictive rules weist gegenüber der wiederum als Basis herangezogenen Abb. 2a für die extended rules mehrere Unterschiede auf:

Da ein resplit grundsätzlich ausgeschlossen ist, fehlt in der oberen rechten Ecke von Abb. 2c die Kreisrückkehr zu der Frage, ob ein splitfähiges Paar gegeben ist. Nach dem Vollzug des split pairs schließt sich ein gegenüber Abb. 2a vereinfachtes Unterprogramm »Check ace« an. Dieses beginnt wieder mit der Prüffrage, ob die nach split pairs in der hand vorhandene einzige Karte ein As ist.

Wird diese Frage bejaht, so erhält der player zu dem As seiner geteilten hand ohne weitere Entscheidungsmöglichkeit eine zusätzliche Karte, die über die standing number der nun aus zwei Karten bestehenden player's hand zum Wartepunkt (A) führt.

Ist die erste Karte der geteilten hand des player kein As, so erhält der player eine zweite Karte zugeteilt und wird dann mit der geteilten hand direkt zu einem Anschlußpunkt (D) auf der rechten Seite von Abb. 2c geführt. Dadurch wird wie in Abb. 2b auch das »double down after split pairs« ausgeschlossen, und dem player bleibt bezüglich der geteilten hand nur noch die Option »draw or stand«.

3. Einige Fachausdrücke für Black Jack

Die Herkunft des Spiels Black Jack aus Amerika bringt es mit sich, daß sich dort für die verschiedenen Spielkomponenten englischsprachige Fachausdrücke gebildet haben, deren Übersetzung ins Deutsche nicht angebracht ist, sofern durch sie Black Jack-spezifische Gegebenheiten gekennzeichnet sind. Es werden deshalb in diesem Buch die englischen Fachausdrücke auch innerhalb des deutschen Darstellungstextes verwandt. Um hierbei an verschiedenen Stellen ein Sprachgemisch zu vermeiden, werden in Zusammenhang mit den englischen Fachausdrücken auch andere englische Worte mitbenutzt, die in Deutsch gesagt werden könnten. Aus demselben Grunde wird nicht starr an den englischsprachigen Beschreibungen festgehalten, wenn ohne die Gefahr von Mißverständnissen sich eine Black Jack-Spielsituation sprachlich flüssiger in Deutsch beschreiben läßt.

Die nachfolgende Liste von Black Jack-Fachausdrücken erhebt keinen Anspruch auf Vollständigkeit. Sie enthält alle wesentlichen Worte, die zur Beschreibung des Spielablaufs und bei der Entwicklung der optimalen Black Jack-Strategy Verwendung finden. Es fehlen insbesondere die Fachausdrücke des »card counting«. Diese Spielstrategie wird gemäß den späteren Ausführungen in Abschnitt 17. in diesem Buch nicht im einzelnen weiterverfolgt, weil sie unter den in europäischen Casinos üblicherweise gegebenene Bedingungen nicht erfolgversprechend ist.

Des weiteren sind die folgenden Vorbemerkungen angebracht:

Für einige wenige Black Jack-Komponenten werden in der amerikanischen Literatur auch anderslautende englischsprachige Worte verwandt, als sie die nachfolgende Liste enthält. Einige in der Liste vorkommenden Ausdrücke werden zum Teil in der Literatur mit einem anderen Sinngehalt benutzt als in diesem Buch. Bitte sehen Sie mir nach, daß ich auf diese Abweichungen in der einen oder anderen Richtung bei der Auflistung der Fachausdrücke nicht näher eingehe; ich fürchte, daß derartige philologische Betrachtungen nur Verwirrung stiften, aber keinen tieferen Einblick in das Black Jack-Spiel vermitteln.

Die Fachausdrücke werden in logischer und nicht in alphabetischer Reihenfolge genannt. Das mag das Nachschlagen der Worte erschweren, erleichtert aber die Darstellung und das Verständnis des Sinnzusammenhanges, weshalb dieser Ordnung der Vorzug gegeben wurde.

Black Jack
Ein kombiniertes Entscheidungs- und Glücksspiel mit Karten, das zwischen dem »dealer« auf der einen Seite und 1 bis 7 »players« auf der anderen Seite von diesen unter Einsatz eines »bet«, allgemeiner im Spielablauf eines »stake«, gespielt wird, um einen »gain« zu erzielen.

dealer
Der Croupier, welcher die Karten austeilt und die Kasse des Casinos verwaltet.

player
Der Black Jack-Spieler.

First Base
Der Sitzplatz am Spieltisch für den player, welcher links vom dealer von diesem beim »dealing« zuerst bedient wird.

Third Base
Der siebente Sitzplatz am Spieltisch für den player, welcher rechts vom dealer von diesem beim »dealing« zuletzt bedient wird.

box
Das Feld auf dem Spieltisch, in welchem der player seinen Spieleinsatz zu plazieren hat.

bet
Der primäre Spieleinsatz des player in seiner box vor Beginn jedes einzelnen Black Jack-Spiels.

stake
Der Gesamteinsatz des player in seiner box, sobald seine Spielentscheidungen abgeschlossen sind. Stake ist ein ganzzahliges Vielfaches des bet, falls der player von den Spieloptionen »split pairs« und/oder »double down« Gebrauch gemacht hat. Im Falle »split pairs« wird mit »stake« auch der jeder einzelnen geteilten

»hand« zugeordnete Einsatz bezeichnet, der bei »double down after split pairs« das 2fache eines bet ausmachen kann. Dann wird der Gesamteinsatz des player in seiner box auf alle von ihm gespielten »hands« mit »total stake« bezeichnet.

betsize
Die Größe des bet, ausgedrückt in Geldeinheiten.

betting strategy
Die strategie eines player hinsichtlich seiner betsize in den einzelnen Spielen einschließlich der Entscheidung, eine Spielfolge nach bestimmten Kriterien zu beenden.

flat betting
Das Spiel mit gleich großen bets in jedem Spiel einer Spielfolge.

bankroll
Der Geldbetrag, über den der player zur Durchführung einer Spielfolge verfügt.

dealing
Das Austeilen der Karten durch den dealer, zunächst an die players und später an sich.

dealer shows
Die Karte, welche der dealer beim ersten dealing step vor sich offen (»face up«) auflegt, damit die players hieran ihre Spielentscheidungen orientieren können.

hand
Die Kartenkombination, die dem player oder dem dealer im Spielablauf zufällt.

hand number
Die Summe der Kartenwerte in der hand des player bzw. des dealer. Enthält die hand ein As oder mehrere Asse, so wird das erste As mit 11, die anderen Asse mit 1 bewertet, falls hierbei die hand number die Zahl 21 nicht übersteigt, andernfalls zählt auch das erste in der hand liegende As mit 1.

soft hand
Eine hand, in welcher ein mit 11 bewertetes As enthalten ist.

hard hand
Jede hand, die nicht »soft hand« ist. Eine hard hand

- enthält entweder kein As,
- oder alle in der hard hand befindlichen Asse werden mit 1 bewertet.

soft number
Die hand number einer soft hand.

hard number
Die hand number einer hard hand.

BLACK JACK
Die aus zwei Karten bestehende soft hand (A, 10) oder (10, A) besitzt die höher als die hand number 21 geltende Wertigkeit »BLACK JACK«. Kommt eine solche hand allerdings durch »split pairs« zustande, so zählt diese hand lediglich mit der soft number 21.

standing number
Die hand number bis maximal 21, mit der die hand des player bzw. des dealer in die Spielentscheidung über Gewinn, Verlust oder »stand off« geht.

soft standing number
Die standing number einer soft hand.

hard standing number
Die standing number einer hard hand.

stiff
Der Zahlbereich 12 bis 16 der hard numbers.

pat
Der Zahlbereich 17 bis 21 sämtlicher hand numbers.

bust
»player busts« oder »dealer busts« liegt vor, wenn der player bzw. der dealer durch »draw« die hard number seiner hand über 21 gesteigert hat.

draw
Ziehen einer Karte durch den player oder durch den dealer.

stand
Der player bzw. der dealer zieht keine Karte mehr und fixiert dadurch die »standing number« seiner hand.

split pairs
Das Teilen eines Paares von Karten mit demselben Zahlwert in zwei geteilte hands. Hierzu hat der player auf die neu entstehende hand ein zusätzliches bet zu setzen.

resplit
Das wiederholte Wahrnehmen der Spieloption »split pairs« mit dem Ergebnis, daß mehr als zwei geteilte hands entstehen.

double down
Der player setzt auf eine hand ein zusätzliches bet, so daß sich der dieser hand zugeordnete stake verdoppelt. Dieser Spielzug ist nur zulässig, wenn

- die hand aus 2 Karten besteht,

- die hand number 9, 10 oder 11 beträgt.

Der player erhält nach double down nur noch eine dritte Karte auf seine hand.

double down after split pairs
Die Wahrnehmung der Spieloption »double down« auf eine durch »split pairs« zustande gekommene geteilte hand, falls für diese die Regelvoraussetzungen des double down erfüllt sind.

stand off
Ein unentschiedener, zahlungsfreier Spielausgang, der eintritt, wenn am Schluß des einzelnen Black Jack-Spiels die hands des player und des dealer dieselbe standing number besitzen, oder wenn player und dealer je eine hand mit der Wertigkeit BLACK JACK halten.

gain
Der Gewinn, den der player mit einer Folge von einzelnen Black Jack-Spielen anstrebt.

terminal gain
Der angestrebte Endgewinn, mit welchem der player innerhalb einer betting strategy eine Folge von Black Jack-Spielen beendet.

Insurance
Die vom Casino dem player eröffnete Option, bei einem As in »dealer shows« 0,5 bets mit der Chance zu setzen, um 1,0 bet zu gewinnen, falls der dealer eine hand mit der Wertigkeit BLACK JACK erhält.

4. Wahrscheinlichkeits-theoretische Betrachtungen

4.1 Die Wahrscheinlichkeiten für das Erscheinen von bestimmten Karten aus dem Kartenstapel des Black Jack-Spiels

Am Schluß von Abschnitt 2.10 wurden kurz die Ansprüche an eine optimale Black Jack-strategy skizziert. Danach erfordert diese bei jedem Spielzug des player dessen Abwägen zwischen Risiko und Chance. Ein solcher Wägungsprozeß vollzieht sich in zwei Stufen:

- Im ersten Step sind die objektiven Gegebenheiten zur Kenntnis zu nehmen,

- im zweiten Step hat der player aufgrund des ihm gebotenen objektiven Sachverhaltes eine subjektive Wertung zu treffen, aus der sich eine Präferenz für die eine oder andere Entscheidungsalternative ergibt, die dann letztlich gewählt wird.

In diesem Hauptabschnitt 4. wird ausschließlich die erste Komponente behandelt. Sie besteht darin, die wahrscheinlichkeitstheoretischen und statistischen Grundlagen für die Situationen zu klären, mit denen der player im Spielverlauf konfrontiert wird.

Die erste hierbei auftretende Frage geht dahin, mit welchen Wahrscheinlichkeiten die verschiedenen Karten mit den Werten 2 bis 9, As und 10 beim Ziehen aus dem Kartenpack auf dem Spieltisch erscheinen und damit für den Fortgang und für das Ende des jeweiligen Black Jack-Spiels bestimmend wirken.

In dem vorstehenden Fragesatz wurde das Wort »Wahrscheinlichkeit« so eingeführt, wie wenn es sich bei diesem Begriff um etwas handeln würde, das zum Allgemeinwissen gehört. Das ist aber nicht so. Mathematiker, Statistiker und Entscheidungstheoretiker der verschiedenen Schulen verstehen für ihren Anwendungsbereich unter »Wahrscheinlichkeit« etwas anderes (20), (21). Da allen gemeinsam ist, die mathematischen Gesetze zu kennen, gibt es für die divergenten Auffassungen nur eine Basis, und das ist die von Kolmogoroff durch drei einfache Axiome charakterisierte »mathematische Wahrscheinlichkeit« (22), (23), (24):

Sind allen Ereignissen eines »Ereignisraumes« Wahrscheinlichkeiten zugeordnet, so genügen diese den Bedingungen:

(1) Die jedem Ereignis als reelle Zahl zugehörige Wahrscheinlichkeit ist nicht negativ.

(2) Zu dem Ereignisraum als ganzem gehört die Wahrscheinlichkeit 1.

(3) Sind A und B zwei sich einander ausschließende Ereignisse des Ereignisraumes mit den Wahrscheinlichkeiten P(A) und P(B), so gehört zu dem zusammengesetzten Ereignis (A oder B) die Wahrscheinlichkeit

$$P(A \text{ oder } B) = P(A) + P(B)$$

Aus diesen Axiomen läßt sich u. a ableiten, daß die Wahrscheinlichkeit stets eine Zahl zwischen 0 und 1 ist. Man darf sagen, daß der Eintritt eines Ereignisses A wahrscheinlicher ist als der eines Ereignisses B, wenn die Relation

$$P(A) > P(B)$$

besteht.

Es ist die scheinbare Schwäche, aber die wirkliche Stärke des Kolmogoroffschen Wahrscheinlichkeitsbegriffs, daß er keinen Aufschluß über die Zahlwerte liefert, welche konkreten Ereignissen zuzuordnen sind (25). Das ist keine Frage der Wahrscheinlichkeitsdefinition, sondern eine Frage der Wahrscheinlichkeitsinterpretation für das konkrete Anwendungsgebiet. Bezogen auf die beim Black Jack-Spiel wirksamen Wahrscheinlichkeiten fasse ich diese wie folgt auf:

Die Wahrscheinlichkeit ist die einem unbestimmten Spielereignis, z. B. dem Erscheinen einer einzelnen Karte beim Ziehen aus dem Schlitten, zugeordnete reelle Zahl zwischen 0 und 1,

- die hinsichtlich der Zuordnung auf die verschiedenen Spielereignisse mathematisch den Kolmogoroffschen Axiomen genügt,
- die hinsichtlich der konkreten Spielereignisse durch eine Mehrzahl von Personen als objektive Maßzahl für den Unbestimmtheitsgrad des Spielereignisses anerkannt wird.

Was es mit der letzteren Bedingung auf sich hat, möchte ich hier nicht theoretisch erklären. Sie werden die Bedeutung der Wahl meiner Worte im Laufe der folgenden Darlegungen erkennen.

Beginnen wir mit dem Ziehen der ersten Karte aus dem mit 6 gemeinsam gemischten Kartendecks gefüllten unberührten Schlitten. Welche Wahrscheinlichkeit ist dem Ziehen einer Karte mit dem Wert »10« oder dem einer der Karten 2 bis 9, bzw. eines As zuzuordnen? Aus Abschnitt 2.2 ist bekannt, daß in dem 312 Karten umfassenden Kartenstapel

- 96 Karten mit dem Wert »10«,
- je 24 Karten mit den Werten 2 bis 9, bzw. Asse liegen.

Ich nehme an, daß Sie bei dem hier betrachteten ersten Kartenzug die Wahrscheinlichkeit im obigen Sinne

- 96/312 = 4/13 = 0,30769 für 10
- 24/312 = 1/13 = 0,07692 für 2 bis 9 und As

vorbehaltlos akzeptieren. Problematisch wird die Wahrscheinlichkeitsbestimmung, wenn schon eine Anzahl von Karten, sagen wir beispielsweise 100, hierunter 40 Karten mit dem Wert 10 und 2 Asse gezogen wurden. Jetzt liegen im Schlitten nur noch 212 Karten, von denen

- 56 den Wert »10« aufweisen,
- 22 Asse sind.

Besitzen Sie diese Information, die eine wesentliche Komponente des »card counting« ausmacht, so müssen Sie konsequenterweise dem Erscheinen einer »10« bzw. eines As in der jetzigen Situation die Wahrscheinlichkeiten

- 56/212 = 0,26415 für 10

- 22/212 = 0,10377 für As

zuordnen.

Nun muß ich die provokative Hilfsfrage stellen:

Hätten Sie im ersten Step dem Erscheinen einer »10« oder eines As eine andere Wahrscheinlichkeit als 96/312 bzw. 24/312 beigemessen, wenn aus dem vollständigen unberührten Kartenpack die zur Diskussion stehende erste Karte nicht von obenauf, sondern willkürlich an irgendeiner Stelle aus dem gut gemischten Kartenstapel gezogen worden wäre? Sie werden mir ein »nein« zugestehen müssen, da bei beiden Zugalternativen ein Kartenpack von 312 Karten mit 96 Karten »10« und 24 Assen gegeben war. Da machte es für die Wahrscheinlichkeitsbestimmung keinen Unterschied, an welcher lokalen Stelle des Kartenpacks die erste Karte gezogen wird.

Kehren wir wieder zu der obigen Situation zurück, in welcher 100 Karten aus dem Stapel gezogen worden sind. Es wird jetzt angenommen, daß Sie keine Kenntnis darüber besitzen, wie viele Karten »10« und wie viele Asse sich unter den bereits gezogenen Karten befinden. Dann treffen Sie auf dieselbe Situation, wie wenn man 100 Karten verdeckt vom Kartenstapel nähme und als nächstes eine einzige Karte zöge. Bei dieser Anordnung müssen Sie dem Erscheinen einer »10« die Wahrscheinlichkeit 96/312 und dem Erscheinen eines As die Wahrscheinlichkeit 24/312 zuweisen, weil es sich um denselben Fall handelt, der beim Ziehen der ersten Karte an einer willkürlichen Stelle aus dem Kartenpack gegeben ist.

Im nächsten Überlegungsschritt möchte ich die beiden folgenden grundlegend verschiedenen Fälle von Kartenkombinationen miteinander vergleichen:

a) Sie spielen »head on«, also als einziger player gegen den dealer. Die Karten zur Bildung der hands des player und des dealer werden von dem bis dahin unberührten vollständigen Kartenstapel genommen. Am Ende dieses Black Jack-Spiels verfügen player und dealer über je eine hand, die ich als eine zusammengefaßte Kartenkombination sehen möchte. Im Durchschnitt einer langen Spielfolge liegen vor dem player und dem dealer zusammen bei Spielende etwa 5 bis 8 Karten. Größere Kartenanzahlen kommen vor, werden aber mit steigender Kartenanzahl immer seltener.

b) Sie spielen an einem mit 7 players voll besetzten Spieltisch gegen den dealer in einem Black Jack-Spiel, das aufgenommen wird, wenn bereits ein großer Teil von Karten ihren Weg aus dem Schlitten über den Spieltisch in den Discard Tray genommen haben. Auch jetzt wird am Ende des Spiels Ihre hand zusammen mit dealer's hand als eine Kartenkombination isoliert betrachtet.

Die an diese beiden Spielsituationen geknüpfte Frage lautet: Gelten für die Kartenkombination

(player's hand + dealer's hand)

in den Fällen a) und b) unterschiedliche statistische Verteilungsgesetze?

Wenn man wieder Informationen über die gezogenen Karten ausschließt, welche der Bildung der beiden hands im Falle b) voraufgegangen sind, so muß diese Frage mit einem vorbehaltlosen »nein« beantwortet werden. Es ist statistisch unerheblich, aus welchen lokalen Stellen des Gesamtkartenpacks die Kartenkombination

(player's hand + dealer's hand)

gezogen worden ist. Hat man diese Einsicht gewonnen, so ist ohne Einschränkung der Aussagenallgemeinheit eine alleinige Betrachtung des Falles a) als repräsentativ zulässig.

Fragen Sie einen Statistiker nach dem Wahrscheinlichkeitsgesetz für die Zusammensetzung der aus einem Kartenstapel von 312 Karten entnommenen Kartenkombination

(player's hand + dealer's hand)

so wird dieser Ihnen antworten: »Es liegt eine hypergeometrische Verteilung vor.« (26) Daß ich Ihnen an dieser Stelle nicht die hierfür geltende mathematische Formel mitteile, bitte ich mir nachzusehen. Wichtiger erscheint mir der Hinweis: Ist in der hier betrachteten Kartenkombination bereits eine Karte eines bestimmten Wertes vorhanden, so erscheint eine weitere Karte mit demselben Wert nicht mit derselben Wahrscheinlichkeit. Dadurch, daß die Karten »ohne Zurücklegen« aus einem beschränkten Pack von nur 312 Karten entnommen werden, beeinflussen sie gegenseitig ihr Erscheinen in der hier betrachteten Kartenkombination.

Der vorerwähnte Einfluß würde vollkommen verschwinden, wenn man es mit einem Kartenstapel zu tun hätte, der nicht aus 6 Decks von je 52 Karten, sondern aus ideal »unendlich vielen« Kartendecks zusammengesetzt wäre. In diesem Falle würde für die hier zur Diskussion stehende Kartenkombination die »Binominalverteilung« gelten (27). In ihr besitzt das Auftreten einer Karte mit einem bestimmten Wert eine konstante Erscheinenswahrscheinlichkeit, nämlich

- 4/13 = 0,30769 für Karten mit dem Wert »10«,

- 1/13 = 0,07692 für Karten mit den Werten 2 bis 9 und für As.

Nun kommt der entscheidende Übergang: Ist die Anzahl der Karten in der Kartenkombination

(player's hand + dealer's hand)

im Verhältnis zur Stärke des Gesamtkartenpacks von 312 Karten verhältnismäßig klein, so kann die hypergeometrische Verteilung durch die Binominalverteilung approximiert werden (28). Von dieser statistischen Näherung wird im folgenden Gebrauch gemacht, weil ich davon ausgehe, daß

- der statistische Fehler bei der vereinfachten Wahrscheinlichkeitsbemessung
  - 4/13 = 0,30769 für Karten »10«,
  - 1/13 = 0,07692 für die Karten 2 bis 9 und As

  unter Zugrundelegung eines aus 6 Decks = 312 Karten bestehenden Kartenstapels für die Entwicklung einer optimalen Spielstrategie tragbar klein ist,

- ohnehin in Abschnitt 5.4 eine entscheidungstheoretisch relevante simplifizierende Annahme für die Black Jack-Strategieentwicklung getroffen wird, die eine übertriebene statistische Genauigkeit fragwürdig erscheinen läßt.

Es ist allerdings zu betonen, daß die hier getroffene Vereinfachung nur dann vertretbar ist, wenn statt eines in Amerika anzutreffenden »Single-deck game« (vgl. Abschnitt 16.5) ein »Multi-deck game« betrachtet wird. Auf einen Grenzfall, in welchem wegen zu geringer Kartenanzahl im Gesamtkartenpack auch in

Europa eine Strategieabwandlung angebracht sein kann, verweise ich in Abschnitt 16.5.

Für diesen bereits in Abschnitt 8.2 anzusprechenden Fall bleibt es allerdings bei der Wertung »angebracht sein kann«, in welcher zum Ausdruck kommt, daß ich hier der obigen Näherung des Ersatzes der hypergeometrischen Verteilung durch die Binominalverteilung den Vorzug gebe. In Abschnitt 8.2 wird Ihnen dagegen ein den Spielablauf weit mehr tangierender Fall begegnen, in welchem ich nicht umhin komme, eine Fallunterscheidung dahingehend zu treffen, bis wohin der oben vollzogene Ersatz der hypergeometrischen Verteilung durch die Binominalverteilung vertretbar ist und ab wo man eingestehen muß, daß diese Näherung nicht mehr zu einer schlüssigen Aussage über die Spielentscheidungen führt.

Abschließend komme ich auf meine in der Einleitung dieses Abschnittes gegebene zweiteilige Wahrscheinlichkeitsinterpretation zurück: Die obige vereinfachte numerische Wahrscheinlichkeitszuweisung genügt den Kolmogoroffschen Axiomen. Jetzt müssen nur noch Sie subjektiv meiner Auffassung folgen, daß die hier angenommenen Wahrscheinlichkeiten für das Erscheinen der einzelnen Karten ein objektiver Maßstab für dieses sich im Black Jack-Spiel stets wiederholende unbestimmte Ereignis ist. Die in der Praxis des Black Jack-Spiels erprobte Richtigkeit der in diesem Buch entwickelten optimalen Strategie für das europäische Black Jack gibt hierfür im Nachhinein die Bestätigung.

4.2 Wahrscheinlichkeitsverteilungen und ihre Kennzahlen

Bei den weiteren Untersuchungen werden ausschließlich solche mit Wahrscheinlichkeiten belegten unbestimmten Ereignisse zu betrachten sein, die sich durch das Eintreten oder Nichteintreten von reellen Zahlen x kennzeichnen lassen. Dabei werden die möglichen x jeweils nur endlich viele diskrete Werte annehmen können. Die unbestimmten Werte x werden

- hand numbers des player und des dealer,
- Beträge des gain aus einem einzelnen Black Jack-Spiel oder aus einer Folge von Black Jack-Spielen sein.

Solche Unbestimmtheitssituationen werden als Zufallsvariable X bezeichnet (29). Dabei beinhaltet das Symbol X

– den Gesamtkomplex der möglichen einzelnen Realisationen (X = x),
– die diesen x zugeordneten Wahrscheinlichkeiten P(X = x).

Bezeichnet man mit { x } die Menge aller Werte x, welche die Zufallsvariable X annehmen kann, so gilt gemäß dem Kolmogoroffschen Axiom (2) aus Abschnitt 4.1:

(a) $$P(X \varepsilon \{x\}) = 1$$

während für P(X = x) – falls { x } nicht aus einem einzigen Element besteht – die Relation

(b) $$0 < P(X = x) < 1$$

gegeben ist.

Die Gleichung (a) und die Ungleichung (b) lassen sich anschaulich wie folgt interpretieren: Über der Gesamtheit { x } der möglichen Realisationen von X ist die Wahrscheinlichkeitsmasse »1« verteilt. Die Ungleichung (b) zeigt an, daß diese Masse nicht in einem einzigen Punkt konzentriert ist, sondern sich auf die verschiedenen möglichen Realisationswerte X = x mit der Maßgabe verteilt, daß die Summe

(a') $$\Sigma\, P(X = x) = P(\{x\}) = 1$$

gegeben ist. Man spricht deshalb von einer »Wahrscheinlichkeitsverteilung«, welche durch die Zufallsvariable X repräsentiert wird (30).

Ein einfaches Demonstrationsbeispiel für eine diskrete Wahrscheinlichkeitsverteilung X ist der nachfolgenden Tabelle zu entnehmen:

x	P(x)
–10	0,7
0	0,1
+20	0,2
{ x }	1,0

Mit Sicherheit, gekennzeichnet durch die Wahrscheinlichkeit »1«, wird x einen der Zahlwerte –10, 0 oder +20 annehmen. Es ist jedoch unbestimmt, welche dieser Realisationen sich im einzelnen einstellen wird. Als Meßzahlen für den Unbestimmtheitsgrad gibt es nur die in der obigen Tabelle angegebenen Wahrscheinlichkeiten P(x).

Um Wahrscheinlichkeitsverteilungen, die mannigfache Formen zu besitzen vermögen, zu klassifizieren und zu charakterisieren, arbeitet die Wahrscheinlichkeitstheorie mit den folgenden, in der praktischen Statistik häufig angewandten Kennzahlen von Wahrscheinlichkeitsverteilungen (31):

Erwartungswert, definiert durch:

(c) $$E(X) = \Sigma\, x \cdot P(X = x)$$

Varianz, definiert durch:

(d) $$\begin{aligned} V(X) &= \Sigma\, (x - E(X))^2 \cdot P(X = x) \\ &= E((X - E(X))^2) \\ &= E(X^2) - (E(X))^2 \end{aligned}$$

Für die in der letzten Tabelle beispielsweise gezeigte Wahrscheinlichkeitsverteilung errechnen sich die beiden vorstehenden Kennzahlen zu:

$E(X) = -3$; $V(X) = 141$; $\sqrt{V(X)} = 11{,}874$

Der negative Erwartungswert (–3) zeigt an, daß die Wahrscheinlichkeitsverteilung ein negatives Übergewicht links vom Nullpunkt aufweist. Die Varianz und anschaulicher die Quadratwurzel hieraus kennzeichnen die Streuung der links und rechts vom Erwartungswert verteilten Wahrscheinlichkeitsmasse.

Gerade die Streuung einer Wahrscheinlichkeitsverteilung mahnt zu Vorbehalten, dem »Erwartungswert« ein zu großes Aussagegewicht beizumessen. Der wahrscheinlichkeitstheoretische Erwartungswert ist nach seiner rein mathematischen Definition ein Durchschnittswert der Klasse, den der folgende Witz beschreibt:

»Sie und ich gehen in ein Restaurant. Ich esse zwei Fische und Sie essen keinen Fisch. Dann hat jeder von uns im Durchschnitt einen Fisch gegessen. Sind Sie satt geworden?«

Auch die zu einer Sicherheitsaussage entartete Wahrscheinlichkeitsverteilung

(e) $$P(X = -3) = 1$$

mit der Varianz »0« besitzt den Erwartungswert (–3). Sie unterscheidet sich jedoch von der Wahrscheinlichkeitsverteilung des obigen Beispiels grundlegend: Im Falle der Formel (e) ist mit Sicherheit die negative Realisation $X = -3$ gegeben. Handelt es sich hierbei um 3 Geldeinheiten, so wird diese Verteilung bestimmt als finanziell ungünstig beurteilt.

Demgegenüber beinhaltet die ausgedehnte Wahrscheinlichkeitsverteilung der letzten Tabelle zwar das Risiko, 10 Geldeinheiten zu verlieren, eröffnet aber zugleich die Chance, 20 Geldeinheiten zu gewinnen. Ohne daß ich vorbehaltlos sagen will, daß hierin ein Vorteil zu sehen ist, so wird man mir doch beipflichten müssen, daß diese Risiko/Chance-Kombination einen ganz anderen Sachverhalt darstellt, als sie die Aussage »Sie werden mit Sicherheit 3 Geldeinheiten verlieren!« ausmacht. Die subjektive Wertung von Wahrscheinlichkeitsverteilungen bezüglich finanzieller Gewinne und Verluste wird in den späteren Abschnitten 5.2 und 5.3 behandelt. An dieser Stelle muß hierfür wahrscheinlichkeitsrechnerisches Rüstzeug bereitgestellt werden:

Ist über dem Wertebereich $\{x\}$ der von der Zufallsvariablen X realisierbaren Zahlen x eine monoton steigende Funktion u(x) gegeben, so kann man rechnerisch die Kennzahl

(f) $$E(u(X)) = \Sigma\, u(x) \cdot P(x)$$

bilden.

Hierzu werde unter Erweiterung der letzten Tabelle das folgende Beispiel gebracht:

x	P(x)	u(x)	E(u(X))
−10	0,7	30	21,0
0	0,1	40	4,0
+20	0,2	80	16,0
	1,0		41,0

Die vorstehende Tabelle zeigt, wie der Zahlwert

(g) $$E(u(X)) = 41{,}0$$

aus

- den Daten der Wahrscheinlichkeitsverteilung,
- den Funktionswerten u(x)

errechnet wird. Wie eine Funktion u(x) zur Wertung von Unbestimmtheitssituationen beizutragen vermag, bleibt den Ausführungen der Abschnitte 5.3 und 5.4 vorbehalten. Das obige Beispiel sollte nur den rechnerischen Vorgang zur Bildung von E(u(X)) schildern, damit die späteren entscheidungstheoretischen Betrachtungen mit der Darstellung des Rechenkalküls nicht mehr belastet zu werden brauchen.

Zurück zu den Zufallsvariablen und ihren allgemeinen Kennzahlen:

Sind $X_1, X_2, \ldots\ldots X_n$ Zufallsvariablen und $c_1, c_2, \ldots\ldots c_n$ konstante reelle Zahlen, so ist auch

(h) $$Y = c_1 \cdot X_1 + c_2 \cdot X_2 + \ldots\ldots + c_n \cdot X_n$$

eine Zufallsvariable (32).

Zur Erklärung dieser zunächst sehr abstrakt wirkenden Aussage stelle man sich unter den X_k ($k = 1, 2, \ldots\ldots n$) die mit Wahrscheinlichkeiten belegten möglichen gains von verschiedenen nacheinander durchgeführten Black Jack-Spielen vor, falls jeweils ein bet in Höhe *einer* Geldeinheit gesetzt wird. Die Koeffizienten c_k ($k = 1, 2, \ldots\ldots n$) kann man sich dann als die betsizes der tatsächlich in den einzelnen Spielen gesetzten bets vorstellen. Der obige Satz besagt dann: Wird das finanzielle Ergebnis eines einzelnen Spiels durch eine Zufallsvariable beschrieben, so ist auch das finanzielle Summenergebnis einer Spielfolge eine Zufallsvariable als Repräsentant für eine Wahrscheinlichkeitsverteilung. Noch weitergehend läßt sich wahrscheinlichkeitstheoretisch nachweisen, wie die zu Y gehörige Wahrscheinlichkeitsverteilung durch die einzelnen Wahrscheinlichkeitsverteilungen der Linearkombination auf der rechten Seite der Gleichung (h) determiniert wird.

Die Kennzahlen E(Y) und V(Y) der resultierenden Wahrscheinlichkeitsverteilung ergeben sich aus den entsprechenden Kennzahlen der Einzelverteilungen wie folgt (33):

In jedem Falle besteht die Gleichung:

(i)
$$\begin{aligned} E(Y) &= E(c_1 \cdot X_1 + c_2 \cdot X_2 + \ldots\ldots + c_n \cdot X_n) \\ &= c_1 \cdot E(X_1) + c_2 \cdot E(X_2) + \ldots\ldots + c_n \cdot E(X_n) \end{aligned}$$

Sind die $X_1, \ldots\ldots X_n$ *voneinander unabhängig*, so gilt:

(j)
$$\begin{aligned} V(Y) &= V(c_1 \cdot X_1 + c_2 \cdot X_2 + \ldots\ldots + c_n \cdot X_n) \\ &= c_1^2 \cdot V(X_1) + c_2^2 \cdot V(X_2) + \ldots\ldots + c_n^2 \cdot V(X_n) \end{aligned}$$

Die Gleichungen (i) und (j) sollen, bezogen auf das in diesem Abschnitt beschriebene Beispiel, in zweierlei Hinsicht analysiert werden:

Zum einen werde $n = 1$ und $c_1 = c_2 = 2$ angenommen. Dann ergibt sich:

(k)
$$E(2 \cdot X_1) = 2 \cdot E(X_1) \; ; \; V(2 \cdot X_1) = 4 \cdot V(X_1)$$

Zum anderen werden $n = 2$, $X_2 = X_1$ sowie $c_1 = c_2 = 1$ gesetzt. Dann stellen sich die Relationen ein:

(l)
$$E(X_1 + X_1) = 2 \cdot E(X_1) \; ; \; V(X_1 + X_1) = 2 \cdot V(X_1)$$

Konkret symbolisieren die beiden vorstehenden Fälle die unterschiedlichen Situationen:

Im ersten Fall wird innerhalb des als Glücksspiel interpretierten Beispiels in einem einzigen Spiel der doppelte Einsatz gewagt. Im zweiten Fall wird das Spiel mit dem einfachen Einsatz wiederholt, also zweimal identisch durchgespielt.

In beiden Fällen ergibt sich je eine resultierende Wahrscheinlichkeitsverteilung mit dem Erwartungswert

(m)
$$2 \cdot E(X_1) = 2 \times (-3) = -6$$

Die beiden resultierenden Wahrscheinlichkeitsverteilungen unterscheiden sich jedoch grundlegend in ihrer Form. Im ersten Fall wird die Wahrscheinlichkeitsverteilung stark gespreizt, es erhöht sich dadurch die Varianz auf

(n) $$4 \cdot V(X_1) = 4 \times 141 = 564$$

Im Falle des zweifachen Spiels weist die resultierende Verteilung dagegen nur die schwächer erhöhte Varianz auf:

(o) $$2 \cdot V(X_1) = 2 \times 141 = 282$$

Mit den vorstehend numerisch angegebenen Kennzahlen wird lediglich in Kurzform die veränderte Gestalt der resultierenden Wahrscheinlichkeitsverteilungen ($Y = 2 \cdot X_1$) und ($Y = X_1 + X_1$) skizziert.

Um eine mehr ins einzelne gehende Vorstellung darüber zu vermitteln, was die obigen Kennzahlen zum Ausdruck bringen, werden die beiden hier betrachteten resultierenden Wahrscheinlichkeitsverteilungen explizit dargestellt:

X_1		$Y = 2 \cdot X_1$		$Y = X_1 + X_1$	
x	P(X)	y	P(y)	y	P(y)
–	–	−20	0,7	−20	0,49
−10	0,7	–	–	−10	0,14
0	0,1	0	0,1	0	0,01
–	–	–	–	+10	0,28
+20	0,2	–	–	+20	0,04
–	–	+40	0,2	+40	0,04
	1,0		1,0		1,00

Wird in einem einzigen Spiel der doppelte Einsatz gewagt, so geht der Spieler das erhöhte Risiko ein, mit der Wahrscheinlichkeit 0,7 den auf das Doppelte gesteigerten Verlust von 20 Geldeinheiten hinnehmen zu müssen. Dem steht die erhöhte Chance gegenüber, in diesem Spiel mit der Wahrscheinlichkeit 0,2 auf einmal 40 Geldeinheiten gewinnen zu können.

Wird dagegen in zwei aufeinander folgenden gleichartigen Spielen jeweils der einfache Einsatz gemacht, so besteht für den Verlust von 20 Geldeinheiten lediglich die reduzierte Wahrscheinlichkeit 0,49, mit einer Wahrscheinlichkeit 0,14 tritt nur der Verlust von 10 Geldeinheiten ein. Dieses im Vergleich zum ersten Fall verringerte Risiko ist mit der gedämpften Chance verbunden, mit der Wahrscheinlichkeit 0,28 10 Geldeinheiten zu gewinnen und mit den geringen Wahrscheinlichkeiten 0,04 die Gewinne 20 und 40 Geldeinheiten zu erreichen.

Es muß hier offenbleiben, welche der beiden Alternativen ein Spieler aufgrund seiner subjektiven Beurteilung bevorzugt. Es kommt hier ausschließlich auf die wahrscheinlichkeitstheoretischen Feststellungen an, daß

- sowohl bei Setzen des zweifachen Einsatzes auf einmal, als auch bei zweimaligem Spiel sich derselbe Erwartungswert E(Y) einstellt,

- sich bei den beiden alternativen Spielen ganz andere resultierende Wahrscheinlichkeitsverteilungen ergeben, die durch stark unterschiedliche Varianzen V(Y) gekennzeichnet sind.

Zum Abschluß ist der Vollständigkeit halber noch der Fall in Betracht zu ziehen, daß bei der Bildung der Zufallsvariablen

(p) $$Y = X_1 + X_2$$

die beiden Summanden X_1 und X_2 im wahrscheinlichkeitstheoretischen Sinne *nicht unabhängig* sind (34). Ohne die mathematischen Kriterien für diese Situation hier darzustellen, werde die Nichtunabhängigkeit für ein Black Jack-Spiel geschildert, worauf Wong hinweist (35): Spielt der player in zwei boxes mit zwei hands, so sind die Zufallsvariablen X_1 und X_2 der gain-Verteilungen für die beiden boxes »korreliert«. Damit wird zum Ausdruck gebracht, daß die Wahrscheinlichkeiten für den Ausgang des Spiels »2« davon abhängen, welches Ergebnis sich im Spiel »1« einstellt.

Um dies einzusehen, denke man daran, daß z. B.

- beide hands übereinstimmend gewinnen, wenn dealer busts eintritt, sofern nicht vorher für eine der beiden hands player busts gegeben war,

- beide hands übereinstimmend verlieren, falls der dealer BLACK JACK hält, sofern nicht eine der beiden hands ebenfalls die Wertigkeit BLACK JACK erreicht hat.

Das Spielen mit zwei hands bedeutet für den player eine Steigerung seines Spieleinsatzes auf das Doppelte. Die wahrscheinlichkeitstheoretische Wirkung liegt hinsichtlich der Varianz zwischen den beiden Fällen

- zweifacher Einsatz in einem einzigen Spiel,

– einfacher Einsatz in zwei gesonderten Spielen.

Es entsteht jetzt für das kombinierte Spiel ($Y = X_1 + X_2$) eine Wahrscheinlichkeitsverteilung mit der Varianz:

(q) $$V(Y) = V(X_1) + V(X_2) + 2 \cdot Kov(X_1, X_2)$$

Der in dieser Formel auftretende mathematische Ausdruck im dritten Glied wird »Kovarianz« genannt. Für sie gilt bei Nichtunabhängigkeit (36):

(r) $$Kov(X_1, X_2) = E(X_1 \cdot X_2) - E(X_1) \cdot E(X_2)$$

(s) $$0 < Kov(X_1, X_2) \leq \sqrt{V(X_1) \cdot V(X_2)}$$

Beachtet man, daß unter den hier getroffenen Annahmen

(t) $$V(X_1) = V(X_2)$$

gegeben ist, so erkennt man aus einem Vergleich der Gleichung (q) mit den entsprechenden Formeln in (k) und (l) aufgrund der Relation (s): Der player spreizt beim Spiel mit zwei hands die resultierende Wahrscheinlichkeitsverteilung nicht so stark wie bei dem zweifachen Einsatz für ein Spiel in einer box, die Streuung fällt aber größer aus als in dem Falle, daß die beiden Einsätze nicht in einer einzigen Spielrunde, sondern hintereinander in verschiedenen Spielrunden gesetzt werden.

Wie ich am Schluß von Abschnitt 2.2 bereits gesagt habe, wird der Fall des simultanen Spiels mit zwei hands in diesem Buch nicht weiter verfolgt, weil hierfür in europäischen Casinos im Regelfall die spieltechnische Gelegenheit fehlt. Eines bitte ich jedoch aus den obigen Ableitungen zu entnehmen:

In Abschnitt 14.2 werde ich mich für das flat betting während langer Spielfolgen aussprechen. Wollen Sie entsprechend der Strategieempfehlung E. 12e) von Abschnitt 1.2 eine Spielfolge von maximal 200 einzelnen Black Jack-Spielen absolvieren, so sollten Sie diese Folge nicht zeitlich dadurch abzukürzen versuchen, daß Sie bei Gelegenheit vorübergehend mit zwei hands in derselben Runde spielen. Sie würden damit gegen das Gebot des flat betting verstoßen, weil sich nach den obigen Darlegungen eine anders geartete Wahrscheinlichkeitsverteilung einstellt, wenn 2 bets in derselben Runde gesetzt werden, als bei Einsatz dieser beiden bets in zwei verschiedenen Spielrunden.

4.3 Stochastische Prozesse

Das Black Jack-Spiel wird erst dann effektiv, wenn der player die Bereitschaft aufbringt, das Spiel über längere Spielsequenzen durchzuhalten. Dann werden Folgen von Zufallsvariablen beobachtet. Sie nennt man »stochastische Prozesse« (37).

Es bedeute der Index k = 1, 2, ... n die Folge-Nummer des einzelnen Black Jack-Spiels. Dann beobachten Sie in jedem einzelnen Spiel die Realisationen der beiden Zufallsvariablen Z_k^P und Z_k^D, welche für die standing numbers des player und des dealer stehen. (Busts werde jeweils durch $Z_k = 0$, BLACK JACK durch $Z_k = 22$ repräsentiert; der Fall von split pairs soll zur Vereinfachung der Darstellung vorübergehend einmal außer Betracht gelassen werden.) Die mit dem Zählindex k schrittweise fortschreitende Folge (Z_k^P, Z_k^D) mit (k = 1, 2, ... n) von player's und dealer's standing number generiert über die Relationen

(a) $$z_k^P < z_k^D \text{ oder } z_k^P = z_k^D \text{ oder } z_k^P > z_k^D$$

zwischen den jeweiligen Realisationen von Z_k^P und von Z_k^D zu jedem Black Jack-Spiel für den player ein finanzielles Ergebnis x_k. Das ist die Realisierung einer zu jedem Spiel gehörenden Zufallsvariablen X_k, diesmal ausgedrückt in der Anzahl der bets, welche nach Abschluß des einzelnen Spiels zwischen dem Chip Tray des dealer und der box des player bewegt werden.

Es ist das Ziel der in den Abschnitten 7. bis 15. entwickelten optimalen Black Jack-strategy,

- für den player feste Entscheidungsregeln aufzustellen, so daß die einzelnen Spielausgänge tatsächlich nur noch stochastisch durch Zufallsvariable X_k beschrieben werden,

- die Wahrscheinlichkeitsverteilungen der Zufallsvariablen X_k für den player optimal zu gestalten.

Die erste akzentuierte Bemerkung zielt darauf ab, daß jedes einzelne Black Jack-Spiel von vornherein kein reiner stochastischer Prozeß ist, sondern die Mischung eines solchen mit einem »Entscheidungsprozeß« darstellt (37a). Überall dort, wo in den Abbildungen 2a bis 2c der player eine strategische Entscheidungsfrage zu beantworten hat, hängt der Spielfortgang nicht vom Zufall ab, sondern von der Spielentscheidung des player. Dadurch daß die in diesem Buch entwickelte optimale Black Jack-strategy dem player jedoch eindeutig sagt, wie er sich in den verschiedenen Spielsituationen zu entscheiden hat, werden die Entscheidungsweichen fest gestellt. Das führt dazu, daß der Spielfortgang ausschließlich durch das zufallsbedingte dealing der einzelnen Karten an den player bestimmt wird, was das einzelne Black Jack-Spiel zu einem stochastischen Prozeß macht. Dieser führt im Spielablauf (vgl. die Abschnitte 2.14 bis 2.16) von einer hand number über das als zufälliges Ereignis aufzufassende dealing der nächsten vom player durch draw, double down oder split pairs gewünschten Karte zur nächsten player's hand number. Aufgrund der am Schluß von Abschnitt 4.1 getroffenen vereinfachten Wahrscheinlichkeitsbestimmung ist die diesbezügliche »Übergangswahrscheinlichkeit« (37b) bis auf eine Ausnahme ausschließlich von der hand number, aber nicht von der jeweiligen Zusammensetzung der hand des player abhängig. Dadurch wird das Black Jack-Spiel hier als sogenannter »Markov-Prozeß« angesehen (37c). Es unterscheidet sich damit von dem Spielfortgang bei card counting und in einem single-deck game, wo die vereinfachte Wahrscheinlichkeitsbestimmung von Abschnitt 4.1 nicht Platz greift.

Die zweite akzentuierte Bemerkung bezieht sich auf die in diesem Buch empfohlene betting strategy. Diese rät dem player, bei Bereitschaft zu einer Höchstanzahl von n einzelnen Black Jack-Spielen u. U. schon vor Erreichen dieser Höchstanzahl die Spielfolge zu beenden. Dann wird für k mit ($k_{END} < k \leq n$) als Kennzeichen für die noch verbleibenden, in Wirklichkeit nicht wahrgenommenen Black Jack-Spiele hinsichtlich der finanziellen Spielausgänge die entartete Zufallsvariable ($X_k = 0$) generiert, die zum Ausdruck bringt, daß der player nach Überschreiten der Spielanzahl k_{END} nichts mehr gewinnt, aber auch nichts mehr verliert. Sind die Kriterien für k_{END} vor Aufnahme der Spielfolge genau fixiert, so bleibt die Folge der zufälligen finanziellen Ereignisse X_k ($k = 1, 2, \ldots\ldots n$) der einzelnen Black Jack-Spiele ein stochastischer Prozeß.

Gemäß Gleichung (h) des Abschnitts 4.2 ist

(b) $$Y_k = X_1 + X_2 + \ldots\ldots + X_k$$

wie die einzelnen X_k ebenfalls eine Zufallsvariable. Sie beschreibt den Chip-Bestand des player nach Abschluß des k-ten Spiels. Die Folge der Zufallsvariablen Y_k ($k = 1, 2, \ldots n$) bildet wiederum einen stochastischen Prozeß. Diesem gilt die Hauptaufmerksamkeit bei der Bewertung des Black Jack-Spiels. Der finanzielle Ausgang X_k eines einzelnen Spiels wirkt zwar über die letzte Gleichung (b) auf Y_k, letztlich ist aber für die Entscheidung des player für das Black Jack-Spiel vor Aufnahme einer Spielfolge die Wahrscheinlichkeitsverteilung Y_n ausschlaggebend, die sich nach Abschluß von n Black Jack-Spielen einstellen wird. Sie vermittelt eine Aussage darüber, welche Risiken und welche Chancen das Black Jack-Spiel dem player bietet.

In den Abschnitten 13.2 und 14.4 werden die Wahrscheinlichkeitsverteilungen Y_n für verschieden lange Spielfolgen »n« dargestellt. Dabei wird in Abschnitt 14.4 gezeigt werden, wie sich die Wahrscheinlichkeitsverteilungen Y_n durch Anwendung einer optimalen betting strategy in einer für den player günstigen Weise deformieren lassen. Die diesbezüglichen Wertungen werden in den Abschnitten 15.2 und 15.3 vollzogen.

5. Entscheidungstheoretische Betrachtungen

5.1 Präferenzen und ordinaler Nutzen

Werden Ihnen an einem Morgen im Hotel für dieselbe finanzielle Gegenleistung verschiedene kulinarische Genüsse geboten, sagen wir als Beispiel eine Tasse Kaffee (A), ein Kontinental-Frühstück (B) oder ein ausgedehntes Club breakfast (C), so haben Sie zwischen diesen drei Alternativen zu entscheiden. Sie tun dies aufgrund einer »Präferenzordnung« (38), (39), in welcher zum Ausdruck kommt, was von dem Gebotenen Ihnen im Augenblick am meisten zusagt. Haben Sie guten Appetit, so werden Sie die Präferenzordnung

(a) $$A \prec B \prec C$$

aufstellen und das Club breakfast ordern. Legen Sie auf scrambled eggs with bacon keinen gesteigerten Wert, so bilden Sie die Präferenzrelation

(b) $$A \prec B \sim C$$

in welcher zum Ausdruck kommt, daß Ihnen die Alternativen B und C indifferent sind. Sie sind gleich zufrieden mit dem, was Ihnen gerade an Frühstück geboten wird, es sei denn, man wollte versuchen, Sie mit einer Tasse Kaffee A abzufertigen. Es kann aber auch sein, daß Sie aus irgendwelchen Gründen am frühen Morgen überhaupt keinen Appetit haben, sondern – wie es in Südeuropa die Regel ist – am liebsten ausschließlich eine belebende Tasse Kaffee trinken möchten. Dann generieren Sie die Präferenzrelation

(c) $$C \precsim B \prec A$$

mit der Folgerung, sich für die Tasse Kaffee A zu entscheiden.

Aus dem vorstehenden, in verschiedener Hinsicht variierten Beispiel haben Sie ersehen, wie die Symbole »$\prec$« und »$\sim$« einer Präferenzordnung zu interpretieren sind. Sachlich wichtiger erscheint aber, daß die jeweils bestehende Präferenzordnung, aus welcher die Entscheidung eines Subjektes resultiert, von Person zu Person und von Situation zu Situation sich grundlegend ändern kann.

Um nicht von vornherein in einen unauflösbaren Konflikt zu kommen, werden im folgenden bei Dargebot von Geldbeträgen »x« als rational vernünftig nur solche Präferenzrelationen zugelassen, bei denen die Implikationen zutreffen:

(d) $$\text{Wenn } x_1 = x_2, \text{ so } x_1 \sim x_2$$

(e) $$\text{Wenn } x_1 < x_2, \text{ so } x_1 \precsim x_2$$

Man beachte die nichttriviale Folgerung der Implikation (e): Die Steigerung des dargebotenen Geldbetrages von x_1 auf x_2 zwingt nicht dazu, den größeren Geldbetrag x_2 dem niedrigeren Geldbetrag x_1 vorzuziehen, es wird auch Indifferenz gegenüber x_1 und x_2 zugelassen. Statt sich der Schreibweise mit Präferenzsymbolen »$\prec$« und »$\sim$« zu bedienen, kann man einen Nutzenindex »u« in Form einer reellen Zahl verwenden, der jedem Ergebnis mit der Maßgabe zugeordnet wird, daß die folgenden Gleichbedeutungen gegeben sind:

(f) $$u(A) < u(B) \Longleftrightarrow A \prec B$$

(g) $$u(A) = u(B) \Longleftrightarrow A \sim B$$

Im eingangs gegebenen Beispiel mit der Präferenzrelation der Formel (a) kann man z. B. die Tasse Kaffee A mit dem Nutzen $u(A) = 1$, das Kontinental-Frühstück B mit dem Nutzen $u(B) = 3$ und schließlich das Club breakfast C mit dem Nutzen $u(C) = 4$ bewerten. In diesem Falle wird die Präferenzrelation (a) durch

(h) $$u(A) < u(B) < u(C)$$

ausgedrückt. Ist die in der Formel (b) geschilderte Situation gegeben, so gehören zu unterschiedlichen Frühstücken B und C dieselben numerischen Nutzen u. Die Formel (b) wird dann ersetzt durch

(i) $$u(A) < u(B) = u(C).$$

Geht man zu den Präferenzen bezüglich finanzieller Ergebnisse über, so könnte man bei nicht genauem Zuschauen leichtfertig deren Nutzen direkt durch den Geldbetrag als reelle Zahl ausdrücken, um dadurch die Verwendung von Formelzeichen aus Präferenzordnungen zu vermeiden. Die Relation (e) zeigt jedoch, daß man dann auf Widersprüche stoßen kann: Aus ($x_1 < x_2$) folgt nicht unbedingt ($u(x_1) < u(x_2)$). Um die Präferenzordnung über finanziellen Ergebnissen zutreffend zu beschreiben, kommt man nicht umhin, eine im allgemeinen von

(j) $$u(x) = c \cdot x \qquad (c = \text{Konstante})$$

verschiedene schwach monoton steigende »Nutzenfunktion« zu bilden.

Da hier die Nutzenordnung lediglich dazu dient, die Präferenzordnungssymbole »$\prec$« und »$\sim$« durch die im Bereich der reellen Zahlen anwendbaren Symbole »$<$« und »$=$« zu ersetzen, kommt es auf die absolute Höhe der verschiedenen Ergebnissen zugeordneten Nutzen »u« nicht an. Es wird nur das Bestehen der Gleichbedeutungen (f) und (g) gefordert. Weil damit die Präferenzordnung und die Nutzenordnung dieselbe Ordnungsstruktur aufweisen, spricht man in der Entscheidungstheorie vom »ordinalen Nutzen« (40), (41).

5.2 Die Nutzenbewertung von mehrdeutigen Erwartungen

Im voraufgegangenen Abschnitt wurden Präferenz- und entsprechende Nutzenrelationen ausschließlich bezüglich solcher Entscheidungen betrachtet, welche sichere Folgerungen nach sich ziehen. Im Black Jack-Spiel sind jedoch komplexere Situationen zu bewerten. Dazu werde als einfaches Demonstrationsobjekt die als Glücksspiel interpretierte Wahrscheinlichkeitsverteilung aus Abschnitt 4.2 betrachtet: Ihre Entscheidungsalternative bestehe nun darin, zwischen einem sicher zu zahlenden Geldbetrag y_o und dem durch die Zufallsvariable X repräsentierten Spiel zu wählen. Das bedeutet die Bildung einer der Präferenzrelationen

(a) $$y_o \prec X \; ; \; y_o \sim X \; ; \; y_o \succ X$$

oder wenn man wieder Nutzen als reelle Zahlen einführt, die alternative Herstellung der Relationen:

(b) $$u(y_o) < u(X) \; ; \; u(y_o) = u(X) \; ; \; u(y_o) > u(X)$$

In den Formeln (b) wurde der Argumentbereich der Nutzenfunktion »u« wesentlich erweitert: Ein Nutzen wird nicht mehr allein einer eindeutig bestimmten Zahl y_o zugeordnet, sondern kann auch für eine durch eine Zufallsvariable X repräsentierte Wahrscheinlichkeitsverteilung gebildet werden (42). Möglicherweise hat man Präferenzrelationen zwischen verschiedenen Wahrscheinlichkeitsverteilungen X und Z, ausgedrückt durch

(c) $$u(X) < u(Z) \; ; \; u(X) = u(Z) \; ; \; u(X) > u(Z)$$

herzustellen. In diese Wertungen gehen die subjektiven Anschauungen eines Individuums über die Risiken und Chancen ein, welche mittels der einzelnen Spiele X oder Z der wertenden Person mehr oder weniger zusagen.

Für die diesbezügliche Bewertung hat man die Frage nach der numerischen Höhe des Nutzens u(X) zu stellen.

Das am weitesten verbreitete klassische Entscheidungsprinzip bezüglich mehrdeutiger, mit Wahrscheinlichkeiten belegter Erwartungen ist das »MY-Prinzip« (43), welches

(d) $$u(X) = u(E(X))$$

festsetzt. Hiernach werden alle Spiele mit demselben wahrscheinlichkeitstheoretischen Erwartungswert E(X) (vgl. Abschnitt 4.2) gleich hoch bewertet. Es ist das Verdienst von Schneeweiß, nachgewiesen zu haben, daß das »MY-Kriterium« zur Bewertung von Risikosituationen im allgemeinen nicht geeignet ist (44). Das gilt bei sehr realistisch gestalteten Nutzenbewertungen nach Schneeweiß sogar selbst dann, wenn ein Glücksspiel im Idealfall unendlich oft, in der Praxis also sehr häufig, wiederholt wird (45).

Wie unzulänglich das «MY-Prinzip« ist, wurde in Abschnitt 4.2 anhand des dort beschriebenen Beispiels einer Wahrscheinlichkeitsverteilung bereits angedeutet, soll hier aber noch stärker betont werden:

Die in Abschnitt 4.2 als erstes Beispiel dargestellte Wahrscheinlichkeitsverteilung besaß den Erwartungswert $E(X) = -3$. Denselben Erwartungswert hatte die entartete Wahrscheinlichkeitsverteilung gemäß Gleichung (e) des Abschnitts 4.2, die im Gegensatz zu der vorher gezeigten Wahrscheinlichkeitsverteilung mit möglichen Realisationen $(X = -10)$ und $(X = +20)$ nur einen sicheren Verlust, jedoch keine mit Risiko verbundene Chance offerierte. Im folgenden Abschnitt 5.3 wird gezeigt werden, daß bei Anwendung eines modernen rationalen Entscheidungskriteriums die ausgedehnte Wahrscheinlichkeitsverteilung aus dem Anfangsteil von Abschnitt 4.2 eine höhere Nutzenbewertung erfahren kann als ihrem negativen wahrscheinlichkeitstheoretischen Erwartungswert entspricht.

Eine weitere, gemäß Schneeweiß allgemein ebenfalls nicht haltbare Nutzenbildung bezieht die Streuung

(e) $$\mathrm{SIGMA} = \sqrt{V(X)}$$

in die Nutzenzuweisung $u(X)$ als »(MY, SIGMA)-Kriterium« ein (46). Danach werden im allgemeinen Wahrscheinlichkeitsverteilungen mit dem gleichen Erwartungswert $E(X)$, aber größerer Varianz $V(X)$ niedriger bewertet. Zu welch zweifelhaften Entscheidungskriterien ein solches Vorgehen zu führen vermag, kann man wieder anhand der Beispiele des Abschnitts 4.2 nachvollziehen.

Die am Anfang von Abschnitt 4.2 vorgestellte ausgedehnte Wahrscheinlichkeitsverteilung mit $E(X) = -3$ kann nach dem oben Gesagten wegen der ihr innewohnenden Chancenofferte höher bewertet werden als die sichere Fixierung des Verlustes von 3 Geldeinheiten. Hier wird bei gleichem $E(X) = -3$ die Wahrscheinlichkeitsverteilung mit $V(X) = 141$ der entarteten Wahrscheinlichkeitsverteilung mit der Varianz $V(X) = 0$ vorgezogen.

Die in Abschnitt 4.2 später gezeigten Wahrscheinlichkeitsverteilungen der Zufallsvariablen $(Y = 2 \cdot X_1)$ und $(Y = X_1 + X_1)$ besitzen übereinstimmend den Erwartungswert $E(Y) = -6$, differieren aber wesentlich in ihren Varianzen $V(2 \cdot X_1) = 564$ und $V(X_1 + X_1) = 282$. Hier kann

(f) $$u(2 \cdot X_1) < u(X_1 + X_1)$$

deshalb gegeben sein, weil die große Streuung der ersten Verteilung $(Y = 2 \cdot X_1)$ dem Spieler mit der untragbar hoch empfundenen Wahrscheinlichkeit 0,7 den Verlust von 20 Geldeinheiten vermittelt, was durch den möglichen Gewinn von

40 Geldeinheiten mit der Wahrscheinlichkeit 0,2 in der Wertung nicht aufgewogen wird. Demgegenüber ist die Wahrscheinlichkeitsverteilung ($Y = X_1 + X_1$) stärker zentriert, wodurch das ihr innewohnende Verlustrisiko, aber zugleich auch die Gewinnchance reduziert werden. Wie ich am Schluß des folgenden Abschnitts 5.3 numerisch zeigen werde, sind subjektive Wertungen denkbar, welche einer solchen Unbestimmtheitssituation den Vorzug geben.

Es kann somit vorkommen, daß eine von zwei Wahrscheinlichkeitsverteilungen mit gleichem Erwartungswert E(X), aber unterschiedlicher Varianz V(X) einmal deshalb höher bewertet wird, weil V(X) größer ist als die der alternativen Wahrscheinlichkeitsverteilung und umgekehrt, daß die Wahrscheinlichkeitsverteilung mit der kleineren Varianz die höhere Bewertung erfährt. Es wird hierzu auf die numerischen Untersuchungen am Ende von Abschnitt 5.3 verwiesen.

Schließlich wird neben dem Erwartungswert MY = E(X) manchmal auch die »Ruinwahrscheinlichkeit« P_r zur Bewertung einer Wahrscheinlichkeitsverteilung herangezogen. Man versteht darunter die Wahrscheinlichkeit für als ruinös empfundene hohe Verluste (47). Schneeweiß weist aber auch diesbezüglich nach, daß ein »(MY, P_r)-Prinzip« als Grundlage der Entscheidungsfindung bei Anlegung rationaler Maßstäbe ungeeignet ist (48).

Die amerikanische Black Jack-Literatur beurteilt in erster Linie Black Jack-Spiele nach dem oben als unzulänglich bezeichneten MY-Prinzip. Als Beispiele verweise ich auf die Literaturstellen (49), (50), (51), (52). Allerdings wird daneben, mehr oder weniger betont, auf die Ruinwahrscheinlichkeit P_r hingewiesen (53), (54), (55). Es fehlt aber durchweg eine zusammenfassende Wertung zu einem (MY, P_r)-Prinzip, das jedoch nach dem oben Gesagten auch kein modernen entscheidungstheoretischen Erfordernissen genügendes Kriterium für die Spielbewertung ergeben würde. – Griffin begründet das in Abschnitt 17. erwähnte Kelly-Kriterium mit einem (MY, SIGMA)-Entscheidungsprinzip (56), das entgegen modernen entscheidungstheoretischen Erkenntnissen von Griffin als selbstverständliches Leitmotiv für den player angenommen wird.

5.3 Der Bernoulli-Nutzen

Den entscheidenden Durchbruch in der Bewertung von Unbestimmtheitssituationen erbrachte das berühmte Axiomensystem von v. Neumann/Morgenstern (57). Dieses konfrontiert eine Testperson mit verschiedenen durch Wahrscheinlichkeiten charakterisierte Unsicherheitssituationen und registriert die von der Testperson gegenüber den dargebotenen Alternativen geäußerten Präferenzen. Es darf davon ausgegangen werden, daß ein rational eingestellter Mensch eine Präferenzordnung gemäß dem vorerwähnten Axiomensystem bildet (58). Ist diese Voraussetzung erfüllt, was im folgenden für den player stets angenommen wird, so läßt sich der von einem Individuum gebildete Nutzen »u« mittels experimenteller Befragungen als reelle Zahl messen (59). »u« ist für verschiedene Alternativen bis auf eine lineare Transformation eindeutig bestimmt. Man hat es jetzt mit einem sogenannten »kardinalen Nutzen« zu tun (60). Dieser zeigt wie der ordinale Nutzen aus Abschnitt 5.1 durch

(a) $$u(A) < u(B) \; ; \; u(A) = u(B)$$

die Präferenzrelationen

(b) $$A \prec B \; ; \; A \sim B$$

an, kennzeichnet aber aufgrund seiner Maßzahl, in welchem Ausmaß im ersten Teil der Formeln (a) und (b) die Alternative B vorteilhafter als die Alternative A eingeschätzt wird.

Stehen, wie z. B. beim Black Jack-Spiel, verschiedene Geldbeträge x als zu wertende Alternativen zur Diskussion, so ist der Nutzen u eine reellwertige Funktion u(x) der Geldbeträge x. u(x) ist eine nach oben und unten beschränkte schwach monoton steigende Funktion, auf deren Kurvenform im folgenden Abschnitt 5.4 näher eingegangen wird. Darüber hinaus wird der Nutzen u auch für Zufallsvariable X in der Formalform u(X) gebildet.

Aus dem v. Neumann/Morgensternschen Axiomensystem läßt sich nicht allein die Messung des Nutzens ableiten, sondern darüber hinaus auch dessen »Erwartungstreue«, welche in dem folgenden »Bernoulli-Prinzip« zum Ausdruck kommt (61):

(c) $$u(X) = E(u(X))$$

Was unter dem Formelausdruck der rechten Seite von Gleichung (c) zu verstehen ist, geht aus der Gleichung (f) des Abschnitts 4.2 hervor, wo das Beispiel einer Nutzenfunktion u(x) in Verbindung mit einer Zufallsvariablen X rein rechnerisch behandelt worden ist. Bitte blättern Sie zu dem dortigen Beispiel zurück: (Seite 80).

Den finanziellen Ergebnissen −10, 0 und +20 wurden die kardinalen Nutzen 30, 40 und 80 zugeordnet. Es ergibt sich gemäß Gleichung (g) des Abschnitts 4.2 ein Nutzen der Zufallsvariablen X mit dem Wert $u(X) = 41$.

Dieses rechnerische Ergebnis ist entscheidungstheoretisch wie folgt zu interpretieren: Steht eine Person vor der Entscheidung,

- entweder ohne Zahlungsbewegung leer ($x = 0$) auszugeben,
- oder an dem durch die Tabelle im ersten Teil von Abschnitt 4.2 beschriebenen Spiel teilzunehmen,

so ergibt sich aus den Bewertungen

(d) $$u(0) = 40$$

(e) $$u(X) = 41$$

und der Relation

(f) $$u(0) < u(X)$$

daß sich die Person für das Spiel entscheidet. Aufgrund der Form der Nutzenfunktion $u(x)$ wird das Risiko des Verlustes von 10 Geldeinheiten mit der Wahrscheinlichkeit 0,7 nicht so bedauerlich empfunden, als daß man die Chance eines Gewinns von 20 Geldeinheiten mit der Wahrscheinlichkeit 0,2 auslassen wollte.

Um die vorstehenden Gedanken zu vertiefen, möchte ich auch die anderen in Abschnitt 4.2 wahrscheinlichkeitstheoretisch untersuchten Spielvarianten, wie in Abschnitt 5.2 angekündigt, entscheidungstheoretisch näher betrachten.

Außer der Beantwortung der obigen Frage, ob eine Person das Spiel aus Abschnitt 4.2 wagen soll oder nicht, wurde in Abschnitt 5.2 darauf hingewiesen, daß subjektive Wertungen denkbar sind, bei welchen die einmalige Spieldurchführung mit dem doppelten Einsatz schlechter eingeschätzt wird als die zweifache Spieldurchführung mit einfachem Einsatz. Das werde hier unter Heranziehung des Bernoulli-Nutzens (62) numerisch belegt, wozu die oben verwendete Nutzenfunktion $u(y)$ eine Erweiterung ihres Wertebereichs erfährt. Es werde bezüglich $u(y)$ gesetzt und bezüglich $P(y)$ aus Abschnitt 4.2 übernommen:

soft standing number	dealer shows	Bewertung
20	As	mittel
19	10, As	schwach

Die soft standing number 18 ist lediglich gegen 6 und 7 in dealer shows stark, gegen 2 bis 5 und gegen 8 in dealer shows mittelmäßig. – Für 9, 10 und As in dealer shows sind alle soft numbers von 18 bis herunter zu 12 schwach.

Ist eine Karte 2 bis 8 in dealer shows gegeben, so sind die soft numbers 17 bis herunter zu 12 durchweg mittelmäßig bis schwach.

Aber auch hier haben Sie zu beachten, daß das Spiel bei weitem noch nicht abgeschlossen ist. Sie haben in dem letztgenannten Bereich der soft numbers »draw« wahrzunehmen, was im weiteren Spielablauf zu starken soft hands führen kann, zumindest aber eine hard hand ergibt, die möglicherweise noch ein erfolgreiches Spielende zu erbringen vermag.

y	u(y)	$Y = X_1$ P(y)	$Y = 2 \cdot X_1$ P(y)	$Y = X_1 + X_1$ P(y)
−20	20		0,7	0,49
−10	30	0,7		0,14
0	40	0,1	0,1	0,01
+10	75			0,28
+20	80	0,2		0,04
+40	95		0,2	0,04
		1,0	1,0	1,00
E(Y) =		−3,0	−6,0	−6,0
V(Y) =		141,0	564,0	282,0
u(Y) =	40,0	41,0	37,0	42,4

Wurde oben festgestellt, daß die Testperson, welche die Nutzenfunktion u(y) bildet, wegen deren Wertes 41,0 gemäß Formel (e) das Spiel mit einfachem Einsatz dem Nichtspielen mit der Nutzenbewertung 40,0 gemäß Formel (d) vorzieht, so ergibt sich aus der obigen Staffelrechnung weitergehend: Dasselbe Spiel wird bei einmaliger Durchführung mit doppeltem Einsatz abgelehnt, weil die diesbezügliche Wahrscheinlichkeitsverteilung lediglich mit dem Nutzen 37,0 bewertet wird. Bietet man der Testperson dagegen an, das Spiel zweimal hintereinander mit einfachem Einsatz zu spielen, so ergibt sich der erhöhte Nutzen 42,4. Er weckt in der Testperson den Wunsch, das Spiel mit einfachem Einsatz nicht nur einmal, sondern zweimal hintereinander durchzuführen. Das geschieht, obwohl der wahrscheinlichkeitstheoretische Erwartungswert E(Y) von –3,0 für das einmalige Spiel auf –6,0 für das zweimalige Spiel weiter ins Negative absinkt und die Varianz V(Y) von 141,0 für das einmalige Spiel auf 282,0 für das zweimalige Spiel ansteigt. Dagegen wird das einmalige Spiel mit dem doppelten Einsatz, welches die hohe Varianz 564,0 erbringt, abgelehnt. Wie schon in Abschnitt 5.2 ausgeführt, sind somit weder der wahrscheinlichkeitstheoretische Erwartungswert E(Y), noch die wahrscheinlichkeitstheoretische Varianz V(Y) im allgemeinen geeignete Gradmesser für die subjektive Beurteilung von Chance und Risiko, wohl aber hat sich hierfür das in diesem Abschnitt beschriebene Bernoulli-Prinzip unter Verwendung des erwartungstreuen Bernoulli-Nutzens als brauchbares entscheidungstheoretisches Instrument erwiesen.

5.4 Eigenschaften einer Nutzenfunktion über monetären Ergebnisalternativen

Die durch experimentelle Ermittlung gemessene Nutzenfunktion u(x) eines Individuums in Abhängigkeit von den monetären Ergebnisalternativen x

- hängt von der subjektiven Einstellung der einzelnen Testperson ab,
- kann sich für ein und dieselbe Person in Abhängigkeit von der jeweiligen Umweltsituation ändern.

Trotzdem konnte die typische Gestalt der schwach monoton steigenden beidseitig beschränkten Nutzenfunktion von Markowitz durch Informationstests weitgehend bestätigt werden (63). Diese Nutzenfunktion hat die Form:

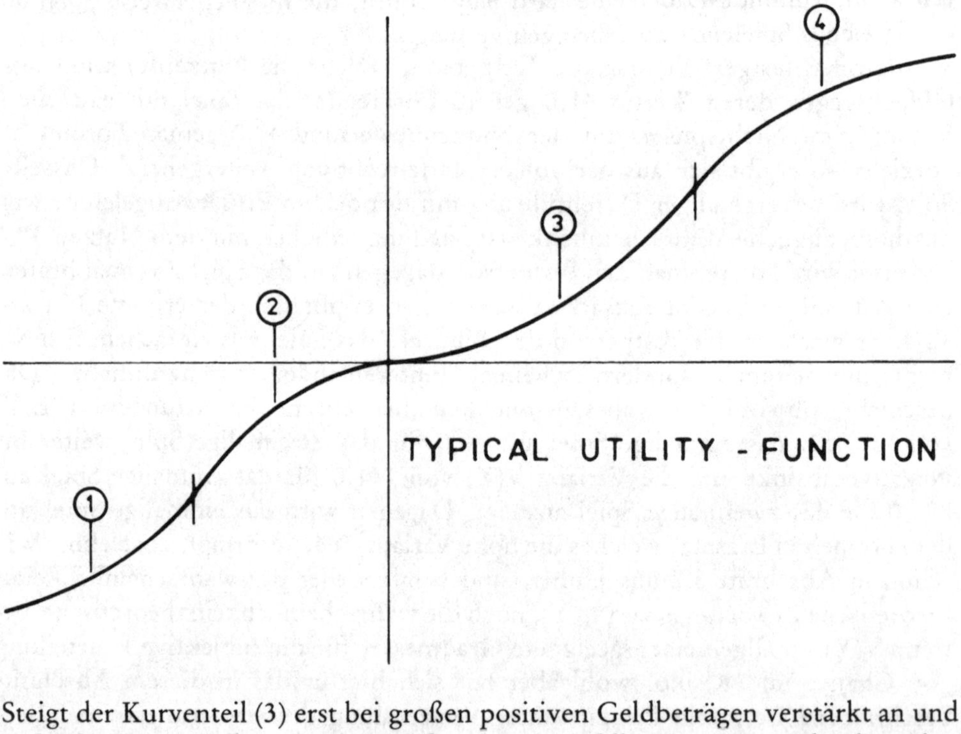

Steigt der Kurventeil (3) erst bei großen positiven Geldbeträgen verstärkt an und sinkt der Kurventeil (2) erst bei großnegativen Geldbeträgen verstärkt ab, so hat man es mit der Nutzenfunktion eines Menschen mit ausgeprägter »Risikopräferenz« zu tun: Finanzielle Verluste werden nicht merklich bedauert, solange sie nicht sehr groß ausfallen (Kurventeil (2)), dagegen tritt ein fühlbares Erfolgserlebnis erst bei Zugewinn großer positiver Geldbeträge ein (Kurventeil (3)).

Schneeweiß weist hingegen darauf hin, daß der konvexe Teil (3) der Nutzenfunktion häufig sehr kurz ist und steil verläuft (63a). Die Nutzenfunktion kann, sobald ein »Anspruchsniveau« überschritten ist, praktisch direkt vom Kurventeil (2) knickartig in den Kurventeil (4) übergehen (63b). Diese spezielle Eigenschaft besitzt die repräsentative Nutzenfunktion in Abb. 5, welche in Abschnitt 15 der Bewertung einer Folge von Black Jack-Spielen durch den player zugrunde gelegt wird.

Damit sind wir bei der Frage angelangt, welche Entscheidungen des player unter Heranziehung des in Abschnitt 5.3 beschriebenen Bernoulli-Prinzips zur Optimierung anstehen. Es sind das die Entscheidungen über

– die Aufnahme einer Folge von Black-Jack-Spielen,
– die Spielentscheidungen in jedem einzelnen Black Jack-Spiel zur Wahrnehmung der Optionen »draw or stand«, »double down« und »split pairs«.

In den obigen Entscheidungsalternativen fehlt die gesonderte Entscheidungsfrage, wann der player eine Spielfolge zu beenden hat. Diese Entscheidung sollte nicht erst im Laufe der Black Jack-Spielfolge getroffen werden, sondern der player hat bereits vor Beginn einer Spielfolge die Kriterien zu fixieren, die für das Spielende maßgebend sind. Humble/Cooper zitieren hierzu das alte chinesische Sprichwort (64), das diesem Buch als Motto vorangestellt wurde:

»Bevor Sie irgendein Spiel beginnen, haben Sie sich bezüglich dreier Dinge zu entscheiden: der Regeln, der Einsätze und der Aufgabezeit.«

Diesem Grundsatz entsprechend gehe ich davon aus, daß die Entscheidung des player für die Aufnahme einer Folge von Black Jack-Spielen auch die Endkriterien hierfür mit beinhaltet.

Die Präferenz für die Wahrnehmung eines Glückspiels im Vergleich zur Spielenthaltung wurde bereits am Ende des vorangegangenen Abschnitts anhand von Beispielen numerisch dargestellt. Um zu zeigen, wie sich eine Person für eine beschränkte Spielfolge in Form eines stochastischen Prozesses im Sinne von Abschnitt 4.3 entscheidet, werde wieder das Spiel aus Abschnitt 4.2, jetzt jedoch mit den folgenden Modifikationen, herangezogen:

Zu a):

Alle player's hands mit standing numbers bis 17 sind schwach. Das gilt selbst für den Bereich der Karten 4 bis 6 aus dealer shows.

Die standing number 18 liegt für die Karten 2 bis 5 und für 8 in dealer shows im Mittelbereich. Sie ist nur stark gegen 6 und 7 in dealer shows. Die hard standing number 18 weist ausgeprägte Schwächen gegen die Karten 9, 10 und As in dealer shows auf.

Insgesamt ist das für die hard standing number 18 eine schlechte Beurteilung. Man hat die folgenden Wahrscheinlichkeiten für die Karten in dealer shows zu beachten, bei denen die unterschiedliche Bewertung der hard standing number 18 Platz greift:

dealer shows	Wahrscheinlichkeit	Beurteilung der hard standing number 18
2, 3, 4, 5, 8	0,38462	mittel
6, 7	0,15385	stark
9, 10, As	0,46154	schwach

Für die hard standing number 19 kann man die folgende entsprechende tabellarische Wertung geben:

dealer shows	Wahrscheinlichkeit	Beurteilung der hard standing number 19
2 bis 9	0,61538	stark
10, As	0,38462	schwach

Erst die hard standing numbers 20 und 21 sind durchweg (Ausnahme 20 gegen As in dealer shows) starke hands des player.

Zu b):

Alle hard numbers des stiff (12 bis 16) sind ausgesprochen schwach.

Alle hard numbers von 11 bis herunter zu 2 sind gegen As in dealer shows wegen der Gefahr von dealer's BLACK JACK ebenfalls merklich schwach.

Dasselbe gilt für alle hand numbers 10 bis herunter zu 2 gegen »10« in dealer shows.

Die hand numbers 11 und 10 sind gegen 2 bis 8 in dealer shows stark. Für 9 und 10 in dealer shows geht die Spielstärke der vorgenannten player's hands merklich in den Mittelbereich und darunter zurück.

Die hand number 9 liegt für 2 bis 8 in dealer shows im Mittelbereich, gegen starke Karten in dealer shows wird die hand number 9 des player zunehmend merklich schwach.

Ich verfüge lediglich über eine beschränkte bankroll von 20 Geldeinheiten. [illegible] (8 gegen 5, 6 und 7) gegen alle Karten in dealer shows schwache player's hands. [illegible] für Karten in dealer shows von 2 bis 7 durchweg knapp unter 0,00 oder etwas darüber. Dadurch bleibt das Spiel offen. Beachten Sie, daß Ihre Ergebniserwartung, als Sie [illegible] 0,00 [illegible] Bei kleinen hand numbers [illegible] zwei weitere Karten, um zu Ihrer standing number zu gelangen. Bei diesem draw-Prozeß können Sie im Laufe des Spiels durchaus noch eine starke hand bekommen.

[illegible] Zufallsvariablen Y_k:

$$Y_k = Y_{k-1} + X_k$$

$$X_k = X_1 \text{ für } -20 < Y_{k-1} < +20$$

$$X_k = 0, \text{ wenn } Y_{k-1} = -20 \text{ oder } Y_{k-1} \geq +20$$

8.6 Starke und schwache soft hands

Die Wahrscheinlichkeitsverteilungen und die hieraus resultierenden Erwartungswerte [illegible] unter den obigen Annahmen gemäß der [illegible] aufgrund eines Vergleichs der Zahlentafeln 2b und 2d fest, daß soft hands durchweg wesentlich stärker sind als hard hands mit derselben hand number. Das ist nicht überraschend, weil sich aus einer soft hand nie ein direktes player busts ergeben kann.

Mit großem Abstand ist die stärkste soft hand die Kartenkombination (A, 10) = BLACK JACK. Der zu ihr gehörende Erwartungswert für das Spielergebnis ist aber nur für 2 bis 9 in dealer shows gleich 1,5 bets. Für 10 und 11 in dealer shows erfährt der Gewinnerwartungswert für player's BLACK JACK eine Minderung, weil stand off ohne Gewinnauszahlung zustande kommen kann, wenn der dealer selbst BLACK JACK erreicht.

Im Sinne der am Anfang von Abschnitt 8.5 gegebenen Klassifizierung sind die soft standing numbers 19 bis 21 bis auf wenige nachstehend genannte Ausnahmen gegen sämtliche Karten aus dealer shows stark. Ausnahmen bilden die folgenden soft hands mit den Bewertungen:

y	D(y)	Y_1: $P(y_1)$	Y_2: $P(y_2)$	Y_3: $P(y_3)$
−20	20	[illegible]	0,49	0,588
−10	30	0,7	0,14	0,21
0	40	0,1	0,01	0,099
+10	75	[illegible]	0,14	0,042
+20	80	0,2	0,22	0,222
+30	90	[illegible]	[illegible]	0,02
		1,0	1,00	1,000
$f(Y_k)$ =	40	41,0	42,50	39,780

… schon aufliegenden guten hand ein weiteres bet zu setzen,

… einer Spielfolge

… bis 9 aus dealer shows mit einer hard standing number im stiff zu enden, wurde

… keitsverteilungen werden als objektive Größen in den

… 21 angelangt.

… als hard numbers 9

… 2a, 2b und 2c erkannt,

einem eine ausgedehnte Spielfolge ausmachenden stochastischen Prozeß generiert. Es ist gerade das Reizvolle am Spiel Black Jack, daß Ihnen als player im Ablauf jedes einzelnen Black Jack-Spiels überlassen bleibt, Spielentscheidungen (draw or stand – split pairs – double down) zu treffen, durch welche Sie den Spielablauf zu beeinflussen vermögen. Es gehört mit zu den »Regeln« in dem zitierten chinesischen Sprichwort, diesmal im Sinne von Strategie, daß Sie sich vor Spielbeginn darüber im klaren sein sollten, welche Spieloptionen Sie in den einzelnen Black Jack-Spielsituationen wahrzunehmen haben.

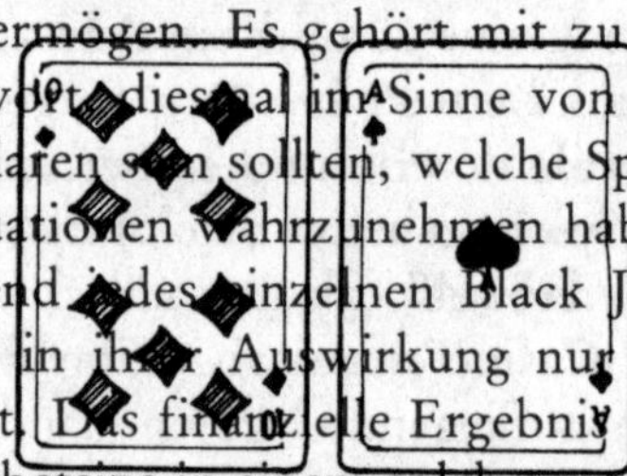

Die Entscheidungen während jedes einzelnen Black Jack-Spiels werden am Spieltisch getroffen und sind in ihrer Auswirkung nur auf den Ausgang des betreffenden Spiels beschränkt. Das finanzielle Ergebnis X des einzelnen Spiels streut bei hinreichend kleiner betsize in einem solch engen Bereich, daß sich die Krümmung Ihrer während des einzelnen Spiels empfundenen Nutzenfunktion u(x) vernachlässigen läßt, falls Sie das Black Jack-Spiel mit rationaler coolness betreiben. Dann kann die Näherungsannahme

(a) $u(x) \approx c \cdot x \qquad (c > o)$

getroffen werden. Sie beruht darauf, daß jede im mathematischen Sinne glatte Nutzenfunktion u(x) durch ihre Tangente approximierbar ist (65). Diese Näherung ist aber zur Anwendung des Bernoulli-Prinzips von Abschnitt 5.3 entscheidungstheoretisch nur insoweit verwertbar, als die Wahrscheinlichkeitsmasse der Zufallsvariablen X lediglich ein kleines Intervall des Geldargumentes x überdeckt (66). In diesem Falle gelangt man zu den Beziehungen:

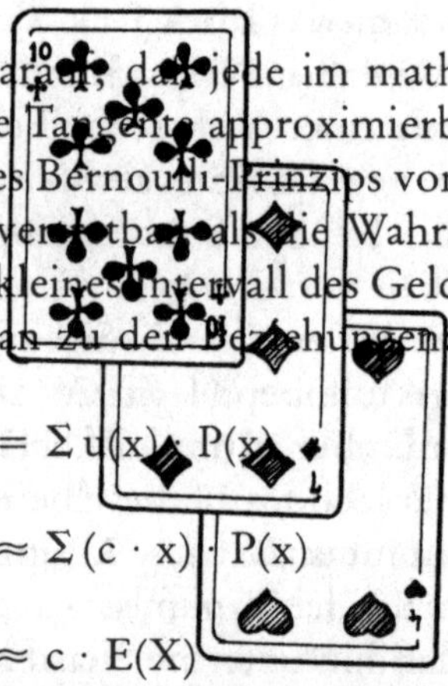

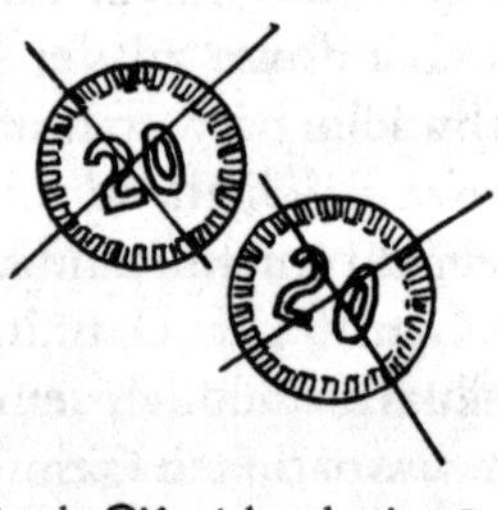

(b) $E(u(X)) = \Sigma\, u(x) \cdot P(x)$

(c) $E(u(X)) \approx \Sigma\, (c \cdot x) \cdot P(x)$

(d) $E(u(X)) \approx c \cdot E(X)$

Unter den oben angegebenen Voraussetzungen kann somit das in Abschnitt 5.2 beschriebene, im allgemeinen nicht haltbare »MY-Kriterium« zur Entscheidungsfindung herangezogen werden. Damit wird gesagt:

Es bedarf zur Optimierung einer einzelnen player-Entscheidung während des Black Jack-Spiels nicht der Erkundung dessen dann gebildeten Nutzenfunktion u(x), sondern man kann sich darauf beschränken, in der jeweiligen Spielsituation den wahrscheinlichkeitstheoretischen Erwartungswert E(X) (vgl.

Beispiel 9:
Hier sehen Sie, warum man in Europa davon absehen sollte, gegen »10« in dealer shows mit der hand number »11« für »double down« zu optieren. Sie verlieren dann u. U. einen auf 2 bets gesteigerten stake mit der hand number »21« gegen dealers BLACK JACK!

(c) des Abschnitts 4.2) der Zufallsvariablen X zu maximieren, welche die betreffenden Spielausgängen zugehörigen Wahrscheinlichkeiten beschreibt.

Die vorstehende entscheidungstheoretische Näherungslösung veranlaßte mich am Schluß von Abschnitt 4.1, die dort getroffene Vereinfachungsannahme hinsichtlich der Wahrscheinlichkeitsbestimmung des Erscheinens einer einzelnen Karte aus dem Kartenstapel eines »Multi-deck Game« zu vertreten. Damit die Näherungsgleichung (a), auf der die letztlich später zur Anwendung kommende Relation (d) beruht, Bestand hat, darf die betsize eine Empfindungsschwelle des player nicht überschreiten: Der player darf während des einzelnen Black Jack-Spiels keine übersteigerte Freude am Zugewinn eines einzelnen bet oder einiger bets haben. Ebenso darf der Verlust eines einzigen bet oder einiger bets den player nicht bedauernd berühren. Beide Empfindungen würden in merklichen Krümmungen der Nutzenfunktion ihren Niederschlag finden. Das wird aber gerade bei der Näherung in Formel (a) ausgeschlossen.

Damit wurde Ihnen aus entscheidungstheoretischer Sicht die Bedingungen hinsichtlich Ihrer Spieleinsätze mitgeteilt: Für das einzelne Spiel so klein, daß die Näherungsgleichung (a) zulässig ist, in Hinblick auf eine ganze Spielfolge aber immerhin so groß, daß deren Abschluß mit dem von Ihnen angestrebten terminal gain ein Erfolgserlebnis wird.

Zugleich wurden oben die entscheidungstheoretischen Grundlagen für die »Regeln« im Sinne von Spielstrategie dargestellt: Im Gültigkeitsbereich der Näherungsgleichung (a) hat der player innerhalb jedes einzelnen Black Jack-Spiels jeweils den wahrscheinlichkeitstheoretischen Erwartungswert E(X) zu maximieren. Es wird Aufgabe der Abschnitte 7 bis 10 dieses Buches sein aufzuzeigen, wie durch Befolgung der vorstehenden Maxime die optimale Black Jack-Spielstrategie entsteht, durch welche an allen Entscheidungsverzweigungen der Spielflußbilder in den Abbildungen 2a bis 2c die Weichen so gestellt werden, daß jedes einzelne Black Jack-Spiel hinsichtlich seines finanziellen Ergebnisses eine Zufallsvariable X_1 wird. Sie bildet im Zuge einer Folge von Black Jack-Spielen ein Summationsglied in dem stochastischen Prozeß, welcher Gegenstand der entscheidungstheoretischen Betrachtungen am Anfang dieses Abschnittes über die Spielaufnahme und über die Aufgabezeit waren.

Die Strategie für double down wird in Zahlentafel 2e numerisch entwickelt:

Der untere Teil von Zahlentafel 2e mit den Erwartungswerten e(N) für N = 9, 10 und 11 mit der Überschrift

NO DOUBLE DOWN

ist ein Ausschnitt aus Zahlentafel 2b.

Im oberen Teil von Zahlentafel 2e sind unter der Überschrift

DOUBLE DOWN

die Erwartungswerte ($2 \times e_D(N)$) tabelliert, in welchen

– die Verdopplung des stake auf 2 bets,

– das handicap der Zuteilung von nur einer weiteren Karte

Berücksichtigung findet.

Für double down kommen nur solche hand numbers in Betracht, für welche die obige Ungleichung (b) besteht. Man ersieht aus Zahlentafel 2e, gekennzeichnet durch eine Umrahmung, daß diese Bedingung für die folgenden Kombinationen von player's hand und der Karte in dealer shows erfüllt ist:

double down player's hand number	dealer shows
11	2 bis 9
10	2 bis 9
9	3 bis 6

Wichtig ist, daß im europäischen Black Jack-Spiel im Gegensatz zu dem Spiel in Amerika (vgl. Abschnitte 16.1 und 16.2) double down gegen 10 und As im wesentlichen deshalb nicht in Betracht kommt, weil beide Karten die Gefahr von dealer's BLACK JACK beinhalten. Die Nichtbeachtung dieser Regel ist ein in europäischen Casinos häufig beobachteter Spielerfehler.

Double down ist im praktischen Spielablauf für die strategisch angebrachten Fälle wie folgt motiviert:

10 Strategie für »split pairs«

10.1 Ableitung der Strategie

Die formalen Kriterien für split pairs wurden bereits in Abschnitt 2.7 mitgeteilt. Entscheidend war hierbei die Formel:

$$2 \times e(N) > e(2 \times N) \quad (a)$$

d. h. es müßten zwei geteilte hands, ausgehend von der hand number N, dem player mehr Erfolg versprechen als die ungeteilte hand mit der höheren hand number (2 × N).

Split pairs führt, wie bereits in Abschnitt 2.7 angedeutet, zu unterschiedlichen numerischen Abständen in der Ungleichung (a), je nachdem die

– extended rules,
– resplit rules,
– restrictive rules

herrschen. Für alle drei Regeln sind die numerischen Werte aus der obigen Ungleichung (a) den Zahlentafeln 2f, 2g und 2h zu entnehmen.

Die Strategie des split pairs soll zuerst für den einfachsten Fall, das sind die restrictive rules, anhand der Zahlentafel 2h entwickelt werden.

Den unteren Teil von Zahlentafel 2h bildet ein Ausschnitt von Zahlentafel 2b für die geraden hand numbers 4 bis 20. Hinzu tritt als oberste Zeile aus Zahlentafel 2d

6. Fehler beim Black-Jack-Spiel

6.1 Arten der Spielfehler

Spieler, die ich ausdrücklich nicht players nennen möchte, machen tagtäglich an Black-Jack-Tischen mannigfache Spielfehler. Diese gehören in die beiden Klassen:

(a) Fehlerhafte Entscheidungen während des einzelnen Spiels,

(b) fehlerhaftes betting.

Auf einzelne spezielle Spielfehler werde ich in den folgenden Abschnitten 6.2 bis 6.4 noch gesondert eingehen. An dieser Stelle möchte ich vorweg die folgenden von mir beobachteten häufigen Spielfehler erwähnen:

– Auslassen von Splitmöglichkeiten, die zur Spieloptimierung geboten sind,
– Wahrnehmung von split pairs, wenn dieser Spielzug strategisch nicht angebracht ist,
– Auslassen von double down, wenn die [illegible] Gewinnchancen [illegible] werden könnten,
– double down gegen eine starke Karte des dealers, insbesondere dann, wenn [illegible] BLACK JACK [illegible] doppelte [illegible]

die Zeile für die soft number 12, die mit der soft hand (A, A) gegeben ist. Wie in den Abschnitten 8.2, 8.3 sowie 8.5 und 8.6 besprochen wurde, eröffnen die hand numbers (2 × N) im unteren Teil von Zahlentafel 2h unter der kennzeichnenden Überschrift

NO SPLIT PAIRS VERSUS RESTRICTIVE RULES

bei Durchführung von »draw or stand« ein mehr oder weniger aussichtsreiches Black Jack-Spiel. Es ist die Frage zu beantworten, ob der player seine Ergebniserwartung dadurch zu verbessern vermag, daß er sein Spiel unter Wagung eines zusätzlichen bet auf den zwei geteilten hands mit der startenden hand number N vollzieht. Dazu wurden im oberen Teil von Zahlentafel 2h aus Zahlentafel 2b die doppelten Erwartungswerte (zweifacher Einsatz auf ein Paar von hands!) zu den hard numbers 2 bis 10 übernommen. Lediglich die oberste, dem Paar (A, A) zugeordnete Zeile enthält die zur hand number 11 bei double down errechneten Werte aus Zahlentafel 2e, weil der player bei der Wahrnehmung von split pairs für (A, A) wie bei double down auf jede hand lediglich noch eine Karte zugeteilt erhält.

Nachdem so die Zahlentafel 2h durch die vorstehend skizzierte Erstellung der oberen Tabelle

SPLIT PAIRS VERSUS RESTRICTIVE RULES

vervollständigt ist, kann daran gegangen werden zu prüfen, für welche Kombinationen von player's hand und der Karte aus dealer shows die eingangs angegebene Ungleichung besteht. Hierzu sind die entsprechenden Ergebniserwartungen aus dem unteren und dem oberen Teil von Zahlentafel 2h miteinander zu vergleichen. Der Bereich, in welchem die Ungleichung (a) erfüllt ist, wurde in beiden Teilen der Zahlentafel 2h umrahmt. Er erbringt bei den restrictive rules die Strategieempfehlungen für split pairs:

split pairs	dealer shows
(2, 2)	4 bis 7
(3, 3)	4 bis 7
(6, 6)	3 bis 6
(7, 7)	2 bis 7
(8, 8)	2 bis 9
(9, 9)	2 bis 9 außer 7
(A, A)	2 bis 10

— Vermeidung von player busts mit der Folge, daß viele hands gegeben werden, wo der dealer standing numbers im pat erreicht,

— draw mit einer hard number im stiff gegen eine schwache Karte in dealer shows mit der Folge, daß durch player busts vorzeitig jede Gewinnchance verspielt wird,

— fehlerhafte Entscheidungen mit einer soft hand bezüglich draw or stand, die meist darin bestehen, daß nicht alle Chancen ausgereizt werden, welche eine soft hand dem player bietet.

Zu b):

Abgesehen von dem in Abschnitt 6.6 ausdrücklich behandelten »overbetting« erachte ich es für falsch, wenn Spieler gegen das von mir in Abschnitt 11.2 empfohlene Gebot des flat betting verstoßen, indem sie, sei es willkürlich oder nach einem magischen System, von Spiel zu Spiel ihre bet sizes verändern.

6.2 Pseudostrategien

Für einen Spieler besonders nachteilig wirken sich Spielfehler aus, wenn sie durch eine Pseudostrategie generiert werden. Humble/Cooper beschreiben u. a. die beiden folgenden, garantiert durch Mißerfolg belohnten Pseudostrategien (67).

Die erste Pseudostrategie ist mit

»The player, who never busts«

zu überschreiben.

Sie besteht darin, daß der player mit einer hard number seiner hand im stiff niemals die Spieloption draw wahrnimmt, um dadurch die Verlustsituation player busts zu vermeiden. Diese Taktik zielt darauf ab, auch mit schlechten hands trotzdem durch »dealer busts« zu Gewinnen zu gelangen. Lediglich dann, wenn der player ohne das Risiko des player busts eine hand mit einer standing number im pat erreicht, stellt sich der dieser Pseudostrategie folgende Spieler dem Vergleich mit dealer's standing number.

Die number 10 aufgefaßt, so ergibt sich gemäß dem oberen Teil von Zahlentafel 2e nach Vollzug des double down lediglich der reduzierte Spielerwartungswert 0,1443 Stück.

In Anbetracht einer solchen Erwartungsverschlechterung kann man annehmen, daß hier im Sinne von Abschnitt 6.5 ein Spiel aus Lust am Nervenkitzel betrieben wird. Daß eine vollkommene Unwissenheit über die erhebliche Minderung der Erwartung besteht, ist kaum vorstellbar.

Abschließend werde auf diejenigen Felder von Zahlentafel 2e hingewiesen, wo

- die Relation (c) nicht gegeben ist und deshalb die Ungleichung (b) von vornherein ausgeschlossen wird;
- zwar die Relation (c) besteht, jedoch eine zu starke Reduktion gemäß Ungleichung (a) eintritt, welche die Ungleichung (b) nicht zum Zuge kommen läßt.

Der erste Fall ist für »9«, »10« und »11« weitgehend gegen die starken Karten 10 und As in dealer shows gegeben. Er tritt auch für »9« gegen »9« im dealer shows auf.

Der zweite Fall ist für die hard number 9 gegen die Karten 2, 7 und 8 im dealer shows sowie für die hard number 11 gegen »10« in dealer shows zu verzeichnen.

9.2 Strategietafeln für »double down«

Im unteren linken Teil der Abb. 3a und 3b hat der Computer die Felder angekreuzt, auf denen double down zu empfehlen ist. Entsprechend der übereinstimmenden Meinung, daß [illegible] graphischen Strategietafeln von Abb. 4a und 4b [illegible]. Hier sind alle Felder der Kombinationen »10« player's hand und [illegible] dealer shows, für welche double down [illegible] könnten.

Auch bezüglich der vorstehenden graphischen Konstellationen ist zu empfehlen, sich diese für den praktischen Gebrauch am Black Jack-Tisch visuell einzuprägen.

[illegible] langen Spielfolge einen Vorteil zu verschaffen. In zu vielen Fällen ist dealer's standing number [illegible] während einer Spielfolge (68).

Die nächste, entgegengesetzte Pseudostrategie heißt:

dealer-mimic strategy

Hierbei macht der player [illegible] standing number [illegible] pat erreicht ist oder player busts eintritt. Diese Pseudostrategie nach dem Motto [illegible] player busts eingetreten ist [illegible] dealer shows [illegible] durch player busts, also [illegible] zu verzeichnen.

Humble/Cooper veranschlagen unter Berufung auf Thorp und Griffin den Verlust des Spielers bei der zuletzt beschriebenen Pseudostrategie auf 5,5 bis 5,7 % des Einsatzes während einer langen Spielfolge (69).

Auf ein weiteres fehlerhaftes Spiel, das Humble/Cooper als die Strategien »WAG« (Abkürzungen für »Wild-assed Guessing« bzw. »Systematic Wild-assed Guessing«) bezeichnen (70), gehe ich in Abschnitt 6.4 ein.

Manche Spieler beherrschen bei weitem nicht das card counting, versuchen jedoch [illegible] Kartenwert »10« besitzen. Das ist ein sehr hoher Anteil von 50,0 %, während das Verhältnis der Karten »10« im Gesamtpack lediglich 30,77 % ausmacht. Entsprechend selten ist die hier angenommene Kartenkombination anzutreffen. Bei Anwendung der exakten Formel für die hypergeometrische Verteilung beträgt die statistische Wahrscheinlichkeit für ihre Realisation nur 5,24 %. Trotzdem sinkt die statistische Wahrscheinlichkeit für das Erscheinen einer weiteren Karte »10« lediglich von 0,30769 auf 0,29730.

Eine hierauf gegründete Spieltaktik läßt sich ironisch nur mit dem Leitsatz zu Kapitel 7 von Humble/Cooper abtun (70a):

»You watch sixteen 10s and what do you get? Another day older and deeper in debt.«

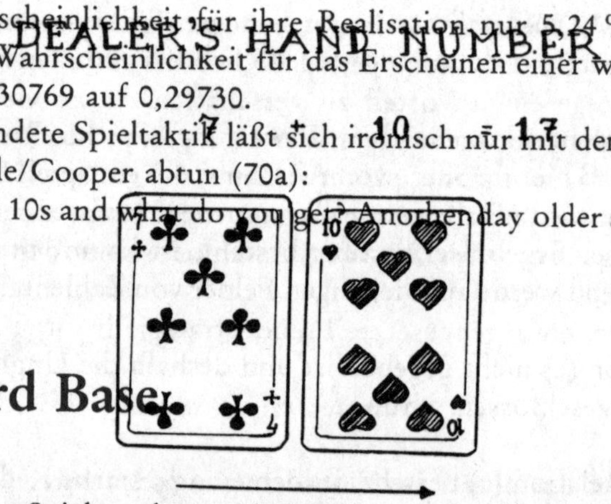

6.3 The Third Base

Es besteht bei manchen Spielern der anscheinend unausrottbare Aberglaube, daß die Spielweise des player on the Third Base, also unmittelbar vor dem dealer, dessen hand beeinflussen könnte (71). Man nimmt an, daß der player on the Third Base durch »geschicktes Taktieren« dafür Sorge tragen könnte, daß der dealer beim Zusammenstellen seiner hand dadurch busts, daß der letzte player dem dealer das Ziehen einer hohen Karte überlassen hat.

Dieser Unsinn hat zwei Konsequenzen:

Sie sehen manchmal Spieler on the Third Base, die sich superklug vorkommen und entsprechend unberechenbar spielen. Ich habe Spieler on the Third Base beobachtet, die mit der hand number »9« für stand optierten, wofür man nur ein mitleidiges Lächeln haben kann.

Hauptsächlich in Deutschland, aber auch in Österreich wird der player on the Third Base von den anderen Spielern kritisch beobachtet. Insbesondere ein player on The Third Base, der für sich eine optimale Black Jack-strategy spielt, läuft Gefahr, von den anderen Spielern kritisiert zu werden, wenn die spätere Nachkonstruktion der Kartenfolge ergibt, daß zum Vorteil der anderen Spieler dealer busts eingetreten wäre, falls der player on the Third Base entgegen jeder vernünftigen Strategie für stand optiert hätte. Diese Unsitte veranlassen Humble/Cooper zu der von mir ebenfalls getragenen Empfehlung (72): Meiden Sie besonders in Deutschland und Österreich the Third Base, um unangenehmen Auseinandersetzungen mit anderen Spielern zu entgehen. Falls ein Sitzen on the Third Base nicht zu vermeiden ist, befolgen Sie den auch von mir unterstützten Rat von Patterson (73): Lassen Sie sich durch unqualifizierte Bemerkungen anderer Spieler am Black Jack-Tisch von Ihrem strategisch gebotenen optimalen Black Jack-Spiel nicht abbringen!

Beispiel 10:
Ja, es empfiehlt sich, gegen »7« in dealer shows mit der hand number »10« für »double down« zu optieren. Sie verbessern damit Ihre Spielerwartung von +25,691 % auf +39,241 %.

6.4 Spiel in Ungewißheit

Vergleich des oberen und des unteren Teils von Zahlentafel 2h zeigt, Ihre Ergebniserwartung wesentlich mindern. Das gilt ganz besonders hinsichtlich des

manchmal beim »Spiel aus Lust am Nervenkitzel« (vgl. Abschnitt 6.5) zu beob-

[illegible]

hands (also ...) dem oberen Teil der Zahlentafel 2g, daß der Erwartungswert für die geteilten

[illegible]

... Entscheidungen nach irrationalem Gutdünken. Das kann

... oder weniger kurzen Spielfolgen zu unkalkulierbaren hohen Spielverlusten.

split pairs	dealer shows
(2,2)	2 bis 7
(3,3)	2 bis 7
(4,4)	5 und 6
(6,6)	2 bis 6
(7,7)	2 bis 7
(8,8)	2 bis 9
(9,9)	2 bis 9 außer 7
(A,A)	2 bis 10

Das Spiel in Ungewißheit verfolgt vordergründig nicht das Ziel der Nutzenmaximierung, sondern das der Minimierung des Bedauerns. Das kommt in dem Ausruf »Hätte ich doch!« enttäuschter Ungewißheitsspieler zum Ausdruck, wenn ein Black Jack-Spiel verloren gegangen ist, sich aber aufgrund der aufgedeckten Karten im nachhinein zeigt, daß der Spieler gewonnen hätte, wenn er eine Karte nicht gezogen hätte. Ich habe an keinem Platz eine solche Häufung des Konjunktivs »hätte« vernommen wie an europäischen Black Jack-Tischen.

Eine Variante des Spiels in Ungewißheit besteht darin, als uneigentlicher player in der box eines Players mitzusetzen, dessen Spielstrategie man nicht

Es ist interessant, die Relationen und die absolute Höhe der Ergebniserwartungen in den neu hinzukommenden Bereichen des split pairs von (2, 2) und (3, 3) gegen 2 und 3 in dealer shows sowie von (6, 6) gegen 2 in dealer shows und schließlich von (4, 4) gegen 5 und 6 in dealer shows zu beobachten.

Die zusätzliche Wahrnehmung von split pairs bezüglich (2, 2) und (3, 3) gegen 2 und 3 in dealer shows und von (6, 6) gegen 2 in dealer shows führt von negativen Ergebniserwartungen zu etwas günstigeren negativen Ergebniserwartungen. Auch split pairs von (4, 4) gegen 5 und 6 in dealer shows vermag die Ergebniserwartung, diesmal im positiven Bereich, nur geringfügig zu steigern. Trotzdem ist das erweiterte split pairs anzuraten, weil der player keine ihm gebotene Gelegenheit auslassen sollte, seine Ergebniserwartung zu steigern.

Diese Empfehlung ist nicht allein eine Folgerung aus Zahlentafel 2f. Eingehende Computerrechnungen, in welchen sehr lange Folgen von Black Jack-Spielen simuliert wurden, haben gezeigt, daß der player sich im Ergebnis merklich schlechter stellt, wenn er die strategisch gebotenen Fälle split pairs, welche von negativen Erwartungswerten für die hands (N, N) auf etwas verbesserte negative Erwartungswerte für die geteilten hands (N), (N) führen, ausläßt.

Sofern split pairs sowohl bei den resplit rules als auch bei den extended rules strategisch angebracht ist, beobachtet man durch einen Vergleich jeweils des oberen Teils der Zahlentafel 2f und 2g, daß die extended rules bis hinauf zum split pairs von (9, 9) höhere Ergebniserwartungen generieren als die resplit rules in vergleichbaren Fällen. Das ist auf die Möglichkeit des double down after split pairs bei den extended rules zurückzuführen. Dieser Spielzug eröffnet dem player durch ein erweitertes double down auf geteilte hands die Möglichkeit, seine Ergebniserwartung zu vergrößern, falls sich für eine oder mehrere dieser hands eine der Punktzahlen 9, 10 oder 11 einstellt.

Besonders die extended rules können es mit sich bringen, daß durch resplit und durch double down after split pairs der stake des players sich bis auf das 8-fache des Originalbet erhöht (vgl. hierzu Zahlentafel 3 und Abschnitt 11). In Anbetracht dessen muß auch bezüglich split pairs auf die in Abschnitt 5.4 begründete Bedingung hingewiesen werden, daß die betsize eine individuell bedingte Höhe nicht überschreiten sollte. Nur dann ist die Approximation der Nutzenfunktion u(x) des players während des Black Jack-Spiels durch eine Gerade im relevanten Bereich gerechtfertigt, daß der theoretische Erwartungswert als Nutzenmaß zur Strategiefindung herangezogen werden kann. Hinter diesem Satz steht meine Beobachtung an vielen Black Jack-Tischen, daß manche Spieler wegen einer überhöhten betsize davor zurückschrecken, sämtliche ihnen gebotenen Möglichkeiten des split pairs, des

6.6 Overbetting

[illegible] Gebrauch gemacht hätte.

Die dem stiff zugehörigen hard hands (6, 6), (7, 7) und (8, 8) mit den hand numbers 12, 14 und 16 sind merklich schwache hands des player. Dieser verbessert seine Position deutlich, wenn er in den oben angegebenen strategisch angebrachten Bereichen durch split pairs hands mit den hand numbers 6, 7 und 8 herstellt. Das wird besonders bei Bildung der geteilten hands (8), (8) aus dem Paar (8, 8) erkennbar.

[illegible] in Abschnitt 8.5 die hand number 18 als für den player nicht besonders günstig zu [illegible] Wahrscheinlichkeit 0,36857 für dealer's standing number 17. Hiergegen sollte die hand number 18 des player [illegible] seine Spielchancen gegen das Casino auszuschöp- [illegible] Paares (A, A) gegen 10 in dealer shows muß man als Verlegenheitslösung bezeichnen: Hier [illegible] die überaus schlechte Ergebniserwartung −0,53988 einzuhandeln.

[illegible] zug würden Sie, wie der

Overbetting mit den vorstehend aufgeführten Konsequenzen ist ein weit verbreiteter Spielfehler. Ich habe mehr Spieler gesehen, die aufgrund von overbetting nach verhältnismäßig kurzer Spielfolge den Black Jack-Tisch mit leeren Händen und mit leeren Taschen verließen, als players, die mit flat betting und optimaler Spielstrategie lange Spielfolgen finanziell durchzustehen vermögen.

Das fehlerhafte Overbetting ist oft die Komponente eines von gamblers systematisch gespielten »progressive betting«, dessen Wirkungen in Abschnitt 14.1 erörtert werden. Diese Variierung der betsize unterscheidet sich spielsystematisch grundsätzlich von dem »betting ahead« des in Kapitel 17 behandelten »card counting«, das bei äußerlich anscheinend gleichem Tun eine andere Wirkung auf die Ergebnisverteilung einer Black Jack-Spielfolge ausübt.

Das zuvor unter d) erwähnte Hasardspiel »bold play« (75b) setzt - wie man aus den Darlegungen von Abschnitt 5.4 ableiten kann - hinsichtlich ihrer Formausprägung eine, weite Indifferenzbereiche (horizontaler Kurvenverlauf) und einige Sprungstellen enthaltende, entartete Nutzenfunktion voraus. Dieses cool gewollte Spiel ist dann die optimale Spielstrategie, wenn man in einer anzahlmäßig unbeschränkten Spielfolge dem klassischen Phänomen »Gambler`s Ruin« möglichst frühzeitig entgegentreten will (75b). Demgegenüber wird in Kapitel 15 der Nutzenbewertung von Black Jack-Spielfolgen eine stetige Nutzenfunktion zugrunde gelegt, die ebenfalls zu einer optimierenden Beschränkung der Spielanzahl innerhalb einer Spielfolge führt.

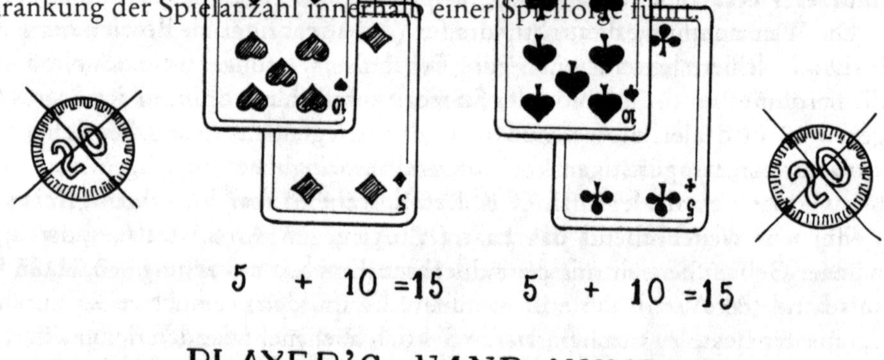

Beispiel 11:
Von »split pairs« bezüglich eines Paares der Karten »5« ist selbst gegen die schwache »6« in dealer shows abzuraten. Sie verringern damit Ihre Spielerwartung von +57,559 % auf –0,237 %.

7. Die Karten des dealer

7.1 Vorbemerkung

Der in Abschnitt 2. in seinen einzelnen Steps beschriebene Ablauf des Black Jack-Spiels hat gezeigt, daß dieses Spiel ein Wettkampf zwischen dem dealer auf der einen und dem player auf der anderen Seite darstellt. Will der player hierbei gegen den dealer seine Gewinnchance wahren, so bedarf es als erstes, die Charakteristika von dealer's hand zu studieren. Erst wenn der player die Stärken und Schwächen der Karten des dealer kennengelernt hat, ist er in der Lage, gegen die Karte in dealer shows seinerseits ein strategisch optimales Black Jack-Spiel aufzubauen.

Entsprechend diesem Erfordernis werden in den folgenden Abschnitten 7.2 bis 7.4 ausschließlich die Karten des dealer betrachtet, die dieser

- bei Beginn des Black Jack-Spiels mit der Karte dealer shows,
- im letzten Teil des Black Jack-Spiels mit der Bildung von dealer's hand

vor den players auflegt.

7.2 Die Mannigfaltigkeit der Karten des dealer

In vielen Fällen gelangt der dealer bei seiner Kartenauflage gemäß Abschnitt 2.10 bereits mit 2 Karten zu einer standing number im pat. Oft benötigt der dealer aber auch 3 und sehr viel mehr Karten, um seiner Spielregel »draw to 16, stand on 17« zu genügen.

Der dealer kann nur dann mit 2 Karten zur Bildung seiner hand auskommen, wenn eine der Karten mit den Werten 6 bis 10, oder As in dealer shows liegt.

Der dealer erreicht mit »6« in dealer shows durch 2 Karten ausschließlich dann die standing number »17«, wenn er als zweite Karte ein As zieht, wofür die relativ niedrige Wahrscheinlichkeit 1/13 = 0,07692 besteht.

Liegt in dealer shows eine der Karten 7 bis 10, so zieht der dealer mit der sehr viel höheren Wahrscheinlichkeit 4/13 = 0,30769 hierzu eine Karte mit dem Wert »10«, um dadurch zu standing numbers 17 bis 20 zu gelangen. Ist die Karte in dealer shows ein As, so stellt sich durch Hinzuziehen einer »10« als zweiter Karte wiederum mit der Wahrscheinlichkeit 4/13 = 0,30769 für den dealer BLACK JACK ein.

Bei Karten mit den Werten 2 bis 5 kommt der dealer nicht umhin, stets eine hand mit mindestens 3 Karten zusammenzustellen. Für »6« in dealer shows gilt das nach dem oben Gesagten nicht unbedingt, ist aber wegen der relativen Seltenheit der hand (6, A) doch häufig der Fall. Aber auch mit »7« bis »10« sowie mit As in dealer shwos kommt es oft vor, daß der dealer eine dritte Karte und eventuell noch weitere Karten zu ziehen hat, falls seine zweite Karte einen so niedrigen Wert hat, daß sie nicht direkt zu einer standing number im pat führt.

Der dealer hat in vielen Fällen eine hand mit sehr viel mehr als 3 Karten zu bilden, wenn er mit den ersten 2 oder 3 Karten zu einer soft hand gelangt, deren hand number die Zahl 17 noch nicht erreicht. Dann kommt es häufig vor, daß sich die soft hand des dealer beim weiteren draw in eine hard hand mit niedrigerer hand number verwandelt, welche eine Ausdehnung der Kartenfolge des dealer erfordert.

Die theoretische Maximalanzahl der Karten in dealer's hand beträgt 12. Diese Kartenfolge, die mir in der Praxis allerdings noch nie begegnet ist, kommt wie folgt zustande:

Kartenanzahl		Karte	dealer's hand number
6	×	As	16
1	×	6	+ 6
			22
			− 10
			12
4	×	As	+ 4
			16
1	×	jede	+≥ 1
12			≥17

Die vorstehende Aufstellung zeigt die Flexibilität der Karte As, die in der soft hand einmal als »11«, später in der hard hand durchgehend als »1« gezählt wird. Hält der dealer eine soft hand mit einer hand number bis 16, so ist das Ergebnis der Kartenfolge des dealer völlig offen. Es sind 3 Fälle möglich:

- Der dealer zieht eine oder mehrere Karten hinzu, die ihn auf eine soft standing number im pat führen.
- Die vom dealer zu der soft hand hinzugezogene Karte verwandelt dealer's hand in eine hard hand im stiff, von der aus der dealer aber durch weiteres einmaliges oder mehrfaches draw eine hard standing number im pat erreicht.
- Im voraufgegangenen Fall der Verwandlung von dealer's soft hand in eine hard hand ergibt das weitere draw »dealer busts«.

Der dealer kommt beim Aufbau seiner hand in eine kritische Situation, wenn er zu den hand numbers 15 oder 16 gelangt. In diesem Falle entsteht mit dem Hinzuziehen von Karten des Bereichs 7 bis 10 (Wahrscheinlichkeit: 0,53846) bzw. 6 bis 10 (Wahrscheinlichkeit: 0,61538) »dealer busts«. Es bleiben dann aber immer noch die beachtlich hohen komplementären Wahrscheinlichkeiten 0,46154 und 0,38462 dafür, daß der dealer mit der nächsten Karte zu einer no busting hand, aber nahezu ausschließlich zu einer standing number im pat gelangt. Freuen Sie sich deshalb nicht zu früh, wenn sich dealer's hand number 15 oder 16 einstellt. Der dealer wird Ihnen oftmals zeigen, wie hieraus noch die standing numbers 20 und 21 gemacht werden.

Die hand numbers 15 und 16 werden mit 2 Karten in dealer's hand besonders häufig erreicht, wenn 5 oder 6 in dealer shows liegt, weil dann der dealer mit der Wahrscheinlichkeit 0,30769 als zweite Karte eine »10« zieht, welche die obigen kritischen hand numbers erbringt. Man beachte aber auch hier, daß der dealer mit einer wesentlich über 0,5 liegenden komplementären Wahrscheinlichkeit von 5 oder 6 in dealer shows zu anderen hand numbers als 15 oder 16 zu gelangen vermag.

Die kleinen Zahlen 2 und 3 in dealer shows, welche auf jeden Fall mindestens 3 Karten in dealer's hand erfordern, eröffnen für die Entwicklung der Kartenfolge des dealer mit das breiteste Spektrum. Aufgrund der Vielzahl der zur Bildung von dealer's hand notwendigen Karten ist es hier genauso gut möglich, daß der dealer mit einer standing number im pat endet, als auch, daß sich dealer busts einstellt. Näheres bitte ich hierüber den beiden folgenden Abschnitten 7.3 und 7.4 zu entnehmen.

7.3 Die Wahrscheinlichkeiten von dealer's standing numbers

Die im vorausgegangenen Abschnitt 7.2 verbal skizzierten Überlegungen bezüglich des Entstehens von standing numbers des dealer haben in Zahlentafel 1 (Seite 220) ihren numerischen Niederschlag gefunden. Hier sehen Sie in Abhängigkeit von dem Wert der Karte in dealer shows die Wahrscheinlichkeiten des dealer

- für die standing numbers im pat (17 bis 21),
- für BLACK JACK,
- für dealer busts.

Es erscheint mir am meisten effektiv, die Zahlentafel 1 von rechts nach links zu erläutern:

Im Durchschnitt aller möglichen Karten aus dealer shows (linke Randspalte) tritt dealer busts mit einer Wahrscheinlichkeit von 0,28159 ein. Unter diesem Mittelwert liegen die Wahrscheinlichkeiten für dealer busts, wenn die Karte in dealer shows dem Bereich 7 bis 10 und As angehört. Dabei nimmt die diesbezügliche Verlustwahrscheinlichkeit des dealer von 7 bis As rapide ab. Mit Abstand am kleinsten ist sie für As in dealer shows mit 0,11529. Für die Kartenwerte 7 bis 10 in dealer shows tritt dealer busts mit einer Wahrscheinlichkeit zwischen 0,26231 und 0,21211 ein.

Sobald man von oben her in den Bereich der Zahlen 2 bis 6 in dealer shows eintritt, zeigt sich eine sprunghafte Erhöhung der Wahrscheinlichkeit für dealer busts auf 0,42315. Diese Wahrscheinlichkeit geht allerdings bis auf 0,35361 für »2« in dealer shows zurück.

BLACK JACK kann der dealer nur bei As oder »10« in dealer shows bekommen. Die diesbezüglichen Wahrscheinlichkeiten betragen 0,30769 für As und 0,07692 für »10«. Die durchschnittliche Wahrscheinlichkeit von dealer's BLACK JACK ist 0,04734.

Im Bereich der standing numbers 17 bis 20 nimmt As in dealer shows eine gewisse Sonderstellung ein. Man sieht, daß die vorgenannten standing numbers des pat durchgehend mit den hohen Wahrscheinlichkeiten 0,13079 belegt sind. Nur die standing number 21 tritt mit der geringen Wahrscheinlichkeit 0,05387 ein, weil die hand (A, 10) gesondert als BLACK JACK bewertet wird.

Im Bereich der Karten 7 bis 10 aus dealer shows beobachtet man einen Wulst von Wahrscheinlichkeiten zwischen 0,36857 bis 0,34219 für die standing numbers 17 bis 20. Diese erhöhten Wahrscheinlichkeiten kommen durch den Effekt zustande, daß zu der Karte aus dealer shows mit der Wahrscheinlichkeit 0,30769 als zweite Karte eine »10« treten kann. Den übrigen Anteil der vorerwähnten Wahrscheinlichkeiten ergeben die Kartenkombinationen, welche mit mehr als 2 Karten in dealer's hand von 7 bis 10 in dealer shows ebenfalls zu den standing numbers 17 bis 20 führen. Die Wahrscheinlichkeiten für standing numbers zu Karten 7 bis 10 aus dealer shows außerhalb des oben angesprochenen Wulstes sind alle verhältnismäßig niedrig. Dabei fällt die Wahrscheinlichkeit für die standing number 21 zu »10« in dealer shows wieder deshalb nach unten aus dem Rahmen, weil dieses Feld der Zahlentafel 1 Wahrscheinlichkeitsmasse an das Feld BLACK JACK hat abgeben müssen.

Im Bereich der Karten 2 bis 6 aus dealer shows beobachtet man eine abnehmende Tendenz der Wahrscheinlichkeiten für die standing numbers 17 bis 21. Dieser Abfall ist am stärksten für die Zahl 6 in dealer shows ausgeprägt und verwischt sich immer mehr, je näher man sich von oben her der Zahl 2 in dealer shows nähert. Für 2 und 3 aus dealer shows sind relativ hohe Wahrscheinlichkeiten über den Gesamtbereich der standing numbers 17 bis 21 verteilt.

7.4 Starke und schwache Karten in »dealer shows«

Für die Strategie des player gegen eine Karte aus dealer shows ist von ausschlaggebender Bedeutung, welche dieser Karten als stark und welche als schwach einzustufen sind. Hierzu wird auf die Zahlentafel 1 und deren Beschreibung in dem voraufgegangenen Abschnitt 7.3 zurückgegriffen.

Mit Abstand am stärksten ist As in dealer shows. Zum einen besteht die hohe Wahrscheinlichkeit für dealer's BLACK JACK, zum anderen werden aber auch im Bereich der standing numbers 17 bis 20 relativ hohe Wahrscheinlichkeiten registriert.

An zweiter Stelle steht aus ähnlichen Gründen die Karte mit dem Wert 10 in dealer shows: Auch hier ist zum einen das nicht zu unterschätzende Risiko für den player eines dealer's BLACK JACK gegeben, und zum anderen ist der hohen standing number 20 die große Wahrscheinlichkeit 0,34219 zugeordnet.

Es reihen sich in der Stärke die Karten 9, 8 und 7 aus dealer shows an, bei denen sich die kumulativen Wahrscheinlichkeiten zwischen rund 0,35 bis rund 0,37 von der standing number 19 zu der standing number 17 hin bewegen.

Als nächststarke Karten aus dealer shows sind die Zahlen 2 und 3 anzusehen. Dies gilt deshalb, weil die Wahrscheinlichkeiten für die standing numbers 17 bis 21 mit geringen Abschwächungen hoch ausfallen. Ich nenne die beiden Karten »2« und »3« die »Kobra« und die »Mamba« aus dealer shows. Sie sind für den player gefährlich wie blitzschnelle Giftschlangen. Wenn der player glaubt, bei 2 oder 3 in dealer shows auf die hohen bust-Wahrscheinlichkeiten zwischen 0,35361 und 0,37387 bauen zu können, so wird er beim Auflegen von dealer's hand schnell durch das Entstehen einer hohen dealer's standing number daran erinnert, daß für alle Zahlen des pat große Wahrscheinlichkeiten bestehen.

Relativ schwach sind mit merklich abnehmender Stärke die Karten 4 bis 6 aus dealer shows. Das liegt im wesentlichen an den hohen bust-Wahrscheinlichkeiten zwischen 0,39447 bis 0,42315. Doch sollte man nicht darüber hinwegsehen, daß der dealer mit den Komplementärwahrscheinlichkeiten zwischen 0,60553 und 0,57685 standing numbers im pat zu erreichen vermag. Es ist immer faszinierend überraschend zu sehen, wie der dealer von einer 4, 5 oder 6 in dealer shows startend eine standing number im pat mit 3, 4 oder 5 und mehr Karten erreicht.

8. Strategie für »draw or stand«

8.1 Vorbemerkung

Die Betrachtung kann sich nunmehr dem player zuwenden. Dieser weiß aufgrund der Zahlentafel 1 und deren Diskussion in den Abschnitten 7.3 und 7.4, mit welchen Wahrscheinlichkeiten der dealer in Abhängigkeit von der Karte in dealer shows seine Kartenfolge abschließen wird.

In den folgenden Abschnitten 8.2 und 8.3 wird jetzt die Strategie für »draw or stand« numerisch entwickelt. Die Mitteilung der dabei verwendeten Zahlentafeln soll Ihnen mehr vermitteln als lediglich das Wissen, in welchen Situationen Sie sich für »draw« und wann Sie sich für »stand« entscheiden sollten. Die Zahlentafeln zeigen Ihnen auch quantitativ,

- wie stark oder wie schwach Ihre hand ist,
- ob Sie durch die Entscheidung draw aus einer schlechten Spielsituation zwar keine Gewinnerwartung erzielen, aber immerhin Ihre Position gegenüber dem dealer verbessern können,
- in welchen Fällen draw eine Verlusterwartung in eine Gewinnerwartung umzukehren vermag,
- wann stand geboten ist, obwohl Sie sich eine bessere hand wünschen würden.

Bei den numerischen Ableitungen wird angenommen, daß für Sie jeweils 1 bet auf dem Spiel steht. Die das finanzielle Spielergebnis von »draw or stand« charakterisierende Zufallsvariable X hat deshalb den Realisationsbereich

(a) $\{x\} = \{-1, 0, +1\}$

dessen Elemente aussagen:

- (−1): Verlust von 1 bet,
- 0 : stand off,
- (+1): Gewinn von 1 bet.

Zur Erstellung der Strategie werden für verschiedene hand numbers N die wahrscheinlichkeitstheoretischen Erwartungswerte

(b) $e(N) = E(X)$

errechnet. Nach den Ausführungen im letzten Teil von Abschnitt 5.4 kann unter den dort genannten Voraussetzungen über die betsize E(X) als Näherungswert für den Nutzen u(X) herangezogen werden. Daraus folgt:

Kennzeichnen $e_D(N)$ und $e_S(N)$ die Erwartungswerte gemäß (b) für die hand number N, so induzieren die Relationen

(c) $e_D(N) > e_S(N)$

(d) $e_D(N) < e_S(N)$

die Entscheidungen:

- draw bei Bestehen der Ungleichung (c),
- stand bei Bestehen der Ungleichung (d).

Nachdem gemäß dem vorstehenden Algorithmus die Strategie »draw or stand« aufgebaut worden ist, werden zum Abschluß Erwartungswerte $e_{DS}(N)$ zu jeder möglichen hand number angegeben, die anzeigen, wie die Chancen des player stehen, wenn er bei Befolgung der Spielstrategie »draw or stand« von einer hand number N startet bzw. bei dieser angelangt ist.

Die gemäß der allgemeinen Gleichung (b) bestimmten Erwartungswerte e(N) besitzen wegen des Realisationsbereichs (a) der Zufallsvariablen X sämtlich

Werte zwischen (−1) und (+1). Negative Werte e(N) bedeuten Verlusterwartungen, positive Werte e(N) Gewinnerwartungen. So nützlich diese Informationen auch sind, so sollten Sie sich von ihnen im praktischen Spiel jedoch nicht zu voreiligen Schlüssen über den tatsächlichen Spielausgang verleiten lassen. Z. B. kann bei (e(N) = −0,4) das wenig erfolgversprechende Black Jack-Spiel vom player noch gewonnen werden, weil vielleicht überraschend dealer busts eintritt. Ich meine, daß es gerade den besonderen Reiz der in diesem Buch mitgeteilten numerischen Ergebniserwartungen ausmacht, dem player Informationen bezüglich der jeweiligen Stärke seiner Spielposition zu vermitteln, die von diesem allerdings mit dem Vorbehalt aufzunehmen sind, daß das einzelne Black Jack-Spiel erst dann entschieden ist, wenn

– player busts eingetreten ist,

oder

– der dealer seine hand gebildet hat.

Die Kenntnis des player über die Stärke seiner hand, aber auch das Wissen »Es kann auch anders kommen«, verleihen dem player beim Black Jack-Spiel eine eigenartige Kombination von heißem Reiz und kühler Sicherheit. Das an erster Stelle genannte Gefühl bereitet die Freude am Black Jack-Spiel, die an zweiter Stelle erwähnte Haltung zeichnet den »player« im Gegensatz zu dem »Spieler« im Sinne des Abschnitts 6. aus. Als player wissen Sie aufgrund der Kenntnis der Zusammenhänge, daß Sie sich auch dann richtig entschieden haben, wenn ein einzelnes Black Jack-Spiel oder sogar eine partielle Spielserie verlorengegangen ist. Sie brechen nicht wie der »Ungewißheitsspieler« des Abschnitts 6.4 in den Ruf aus »Hätte ich doch!« und revidieren nicht bei nächster Gelegenheit Ihre Spieltaktik, sondern Sie spielen konsequent gemäß der optimalen Black Jack-strategy, weil Sie wissen, daß dies der einzige Weg ist, in einer Spielfolge gegen den dealer zu bestehen.

8.2 Hard hand

Die Zahlentafel 2a besteht aus den beiden Teilen

- draw with hard hand,
- stand with hard hand.

Die zuletzt erwähnte untere Tabelle in Zahlentafel 2a geht von der folgenden Arbeitsannahme aus:

Bei den in der oberen Kopfleiste angegebenen Karten aus dealer shows optiert der player bei den verschiedenen hand numbers am linken Rand der Tabelle für stand. Es wurden für diese Situation die Erwartungswerte $e_{SH}(N)$ des Spielausgangs errechnet und in die Tabelle »stand with hard hand« eingetragen.

Die vorerwähnten Erwartungswerte $e_{SH}(N)$ ergeben sich auf folgendem Wege: Für jede hand number im unteren Teil von Zahlentafel 2a wurde aufgrund der Zahlentafel 1 festgestellt, mit welcher Wahrscheinlichkeit der dealer eine höhere, gleich hohe oder niedrigere standing number erreichen wird, oder ob dealer's BLACK JACK oder dealer busts eintritt. Das Ergebnis der Kartenfolge des dealer entscheidet für jede hand number N über Gewinn, stand off oder Verlust des Black Jack-Spiels für den player. Die Gewichtung der letztgenannten drei Alternativen

- mit (+1), 0, (−1) als Gewinn eines bet, stand off oder Verlust eines bet,
- mit den aus Zahlentafel 1 resultierenden Wahrscheinlichkeiten,

ergibt durch Anwendung der Formel (c) des Abschnitts 4.2 die wahrscheinlichkeitstheoretische Erwartung $e_{SH}(N)$. Deren Zahlwerte für die verschiedenen hand numbers und Karten aus dealer shows macht den numerischen Inhalt des unteren Teils von Zahlentafel 2a aus.

Im nächsten Rechenschritt wurde die entsprechend aufgebaute obere Tabelle »draw with hard hand« der Zahlentafel 2a entwickelt. Sie geht davon aus, daß man bei den am linken Rand dieser Tabelle angegebenen hand numbers jeweils eine, aber auch nur eine Karte hinzuzieht und dann für stand optiert. Das Ergebnis dieser einmaligen Entscheidung draw kann sein:

- Erreichen einer höheren hard number,

- player busts.

Es wurden jetzt wieder Erwartungswerte $e_{DH}(N)$ unter Heranziehung der dealer-Wahrscheinlichkeiten von Zahlentafel 1 bezüglich des Ausgangs eines solchen Spiels errechnet. Hinsichtlich der erreichten hard numbers entstehen die Erwartungswerte $e_{DH}(N)$ wie die Erwartungswerte im unteren Teil von Zahlentafel 2a durch den Vergleich der jeweiligen hard standing numbers mit den Ergebnissen der Kartenfolge des dealer. Es war jedoch zu berücksichtigen, daß der player, ausgehend von einer hand number N im oberen Teil von Zahlentafel 2a, zu verschiedenen höheren hard standing numbers, jeweils mit der Wahrscheinlichkeit 1/13 = 0,07692, zu gelangen vermag. Die diesen hand numbers des player primär zugeordneten Partialerwartungen waren auf dem Weg zur Bildung einer Gesamterwartung mit der vorgenannten Wahrscheinlichkeit zu gewichten.

Für sämtliche hand numbers der Zahlentafel 2a des Bereichs 12 bis 21 kommt aber auch player busts mit dem Spielergebnis des Verlustes eines bet in Betracht. Hierfür bestehen in Abhängigkeit von der hand number, auf die draw wahrgenommen wird, unterschiedliche Wahrscheinlichkeiten, die als Gewichte für die diesbezügliche Partialerwartung (−1) in den Prozeß der Bildung einer Gesamterwartung im oberen Teil von Zahlentafel 2a eingehen.

Auf dem vorstehend skizzierten Rechenweg ergeben sich schließlich die Ergebniserwartungen $e_{DH}(N)$ im oberen Teil von Zahlentafel 2a unter der Annahme, daß zu der hard number N jeweils eine und nur eine Karte gezogen wird und sich der player anschließend dem Wettkampf mit dem dealer stellt, falls nicht schon vorher player busts eingetreten ist.

Die Strategie für »draw or stand« ergibt sich nach den grundlegenden Ausführungen in Abschnitt 8.1 durch den Vergleich der Erwartungswerte $e_{DH}(N)$ bei draw mit den entsprechenden Erwartungswerten $e_{SH}(N)$ bei stand. Der Zahlbereich, in welchem

(a) $$e_{SH}(N) > e_{DH}(N)$$

gegeben ist, wurde in Zahlentafel 2a umrahmt. Damit werden die strategisch empfehlenswerten hard standing numbers in Abhängigkeit von der Karte in dealer shows gekennzeichnet.

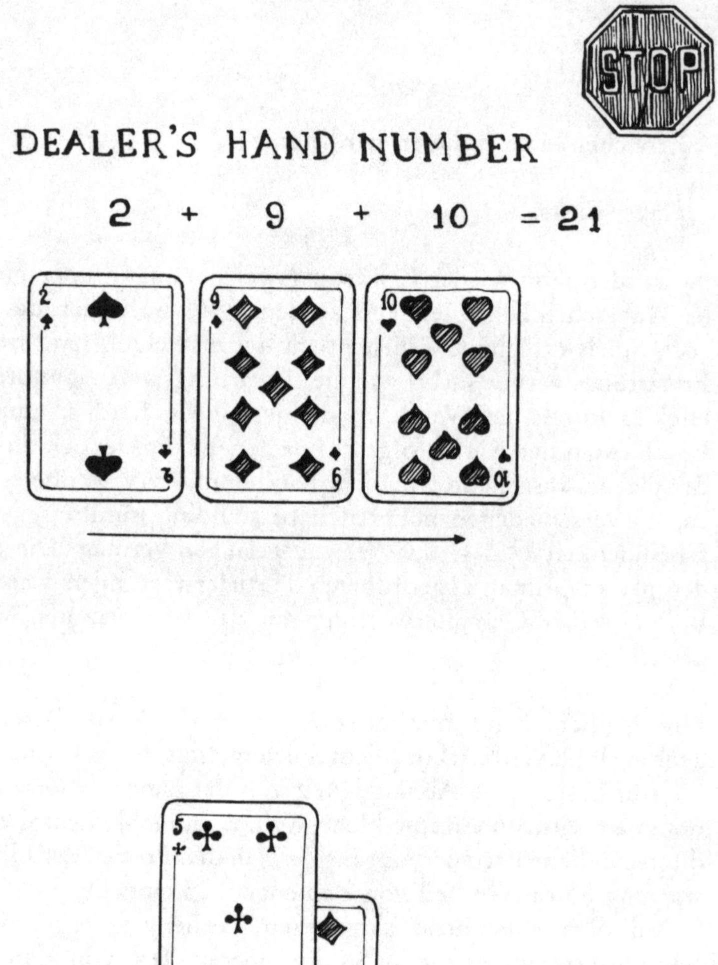

Beispiel 1:
Beachten Sie: Die »2« ist die Kobra unter den Karten in dealer shows. Hier sehen Sie, wie Sie verlieren können, wenn Sie entgegen der Strategieempfehlung E.6 sich bereits bei der hand number »12« für »stand« entscheiden, weil Sie »player busts« befürchten.

Wie man im einzelnen auf dem vorstehend beschriebenen Wege zu einer Spielstrategie für »draw or stand with hard hands« gelangt, soll für den mathematisch interessierten Leser etwas näher ausgeführt werden:

Ausgehend von der hard number N des Bereichs $12 \leq N \leq 21$ stellt sich bei Ziehen einer weiteren Karte der Erwartungswert ein:

(b) $$\hat{e}_{DH}(N) = \sum_{K=1}^{10} P(K) \cdot e(N + K)$$

In dieser Formel ist P(K) die Wahrscheinlichkeit für das Ziehen einer Karte mit dem Wert K, also

– $P(K) = 1/13$ für $K = 1, 2 \ldots\ldots 9$,

– $P(10) = 4/13$.

Die Relation

(c) $$N + K > 21$$

hat wegen player busts den Erwartungswert

(d) $$e(N + K) = -1$$

zur Folge. Für

(e) $$13 \leq N + K \leq 21$$

könnte

(f) $$e(N + K) = \hat{e}_{DH}(N + K)$$

aber auch

(g) $$e(N + K) = e_{SH}(N + K)$$

gegeben sein, was besagt: Es ist noch nicht bekannt, ob die nach einem einzigen Spielzug draw erreichte hard number (N + K) bereits eine hard standing number darstellt, also ob nicht nochmals der Spielzug draw geboten ist. Das wäre dann der Fall, wenn die Ungleichung

(h) $$\hat{e}_{DH}(N + K) > e_{SH}(N + K)$$

bestände. Das wird bei dem obigen Verfahren der Strategieermittlung durch die Annahme offen gelassen, es werde eine und nur eine Karte gezogen. Das bedeutet für alle Werte (N + K) des Bereichs aus Ungleichung (e) die Festsetzung (g), auch dort, wo eigentlich die Gleichung (f) Platz greifen müßte. – Die Erwartungswerte $e_{SH}(N + K)$ können auf dem im ersten Teil dieses Abschnitts beschriebenen Wege durch Vergleich mit den wahrscheinlichen hand numbers des dealer errechnet werden. Dadurch erhält man anstelle des Erwartungswertes aus Formel (b) einen errechenbaren Ersatzerwartungswert $e_{DH}(N)$, welcher zu dem Wert aus Formel (b) wegen der Ungleichung (h) in der Beziehung

(i) $$e_{DH}(N) \leq \hat{e}_{DH}(N)$$

steht.

Um zu zeigen, daß die Werte aus Ungleichung (i) dazu ausreichen, um eine Strategie für »draw or stand with hard hands« zu begründen, ist die Ausgangsformel (a) in

(j) $$e_{DH}(N) > e_{SH}(N)$$

mit der Aussage umzukehren, daß überall dort in Zahlentafel 2a, wo die Ungleichung (j) besteht, der Spielzug draw strategisch geboten ist. Wegen der Ungleichung (i) hat die Relation (j) die Beziehung

(k) $$\hat{e}_{DH}(N) > e_{SH}(N)$$

zur Folge, welche echt gewährleistet, daß die in Zahlentafel 2a nicht umrandeten Felder keine hard standing numbers markieren, hier also strategisch draw geboten ist. Damit findet schließlich die Ungleichung (a) für den in Zahlentafel 2a umrandeten Bereich der hard standing numbers als Grundlage für die Strategie »draw or stand with hard hands« ihre mathematische Berechtigung.

Für die Karten 2 und 3 aus dealer shows ergibt Zahlentafel 2a die minimale hard standing number 13. Man erkennt aus Zahlentafel 2a, daß der player gegen 2 und 3 in dealer shows bei der Entscheidung stand mit der hand number 12 die

DEALER'S HAND NUMBER

3 + 10 + 10 = 23!

5 + 7 + 1 = 13

PLAYER'S HAND NUMBER

Beispiel 2:
Trotz der Gefährlichkeit der »3« in dealer shows (schwarze Mamba) ist Ihnen gemäß Strategieempfehlung E.6 nicht anzuraten, sich bei »13« noch für »draw« zu entscheiden. Mit dieser standing number gewinnen Sie immerhin mit einer Wahrscheinlichkeit von 37,387% durch »dealer busts«.

negativen Ergebniserwartungen −0,29278 bzw. −0,25225 hat. Dann ist es aber besser, wenn der player unter Hinnahme des Risikos player busts sich für draw entscheidet, weil er dadurch zu den höheren Erwartungswerten −0,25339 bzw. −0,23369 gelangt. Bei der größeren hand number 13 kehren sich die Relationen um: Stand erbringt wieder die Erwartungswerte −0,29278 bzw. −0,25225. Dagegen würde der player seine hand durch draw auf die hard number 13 wegen der erhöhten Gefahr von player busts auf die Erwartungswerte −0,30779 bzw. −0,29121 verschlechtern. Oberhalb der minimalen hard standig number 13 treten die Nachteile von draw gegenüber stand immer stärker in Erscheinung. Damit wird die bereits in Abschnitt 2.5 ausgesprochene Feststellung numerisch belegt, daß im Falle ($N_1 < N_2$) auch N_2 eine strategisch gebotene standing number ist, wenn bereits N_1 die Eigenschaft einer solchen standing number besitzt.

Im Bereich der Zahlen 4 bis 6 aus dealer shows ergibt sich aus Zahlentafel 2a die minimale hard standing number 12. Gegenüber diesen relativ schwachen Karten in dealer shows lohnt es sich für den player nicht, das Risiko von player busts einzugehen. Allerdings erkennt man aus Zahlentafel 2a, daß für die hard number 12 gegen 4 in dealer shows die Erwartungswerte

- (−0,21106) für stand,

- (−0,21354) für draw

sehr nahe beieinander liegen. Hierauf gründet sich eine in Abschnitt 16.5 behandelte Ausnahmeempfehlung von Griffin (76a), die ich allerdings für das europäische Black Jack nicht für so stark erachte, als daß ich sie in die hier empfohlene optimale Black Jack-Strategie hätte aufnehmen wollen.

Andere Verhältnisse trifft man im Bereich der Karten 7 bis 10 und As aus dealer shows an. Hier beträgt die minimale hard standing number 17. Bei dem dadurch gebotenen draw auf die hand number 16 läuft der player das große Risiko von player busts, was wesentlich dazu beiträgt, daß dieser hand number im oberen Teil von Zahlentafel 2a negative Erwartungswerte zugeordnet sind. Bei Karten 7 bis 10 und As in dealer shows fallen diese Erwartungswerte aber immerhin noch höher aus als die entsprechenden Erwartungswerte zur hand number 16 im unteren Teil von Zahlentafel 2a, wo die Entscheidung stand unterstellt wurde. Die Zahlentafel 2a zeigt deutlich, daß der player mit draw auf 16 eine schlechte Spielsituation zwar nicht grundlegend, jedoch etwas zu verbessern vermag.

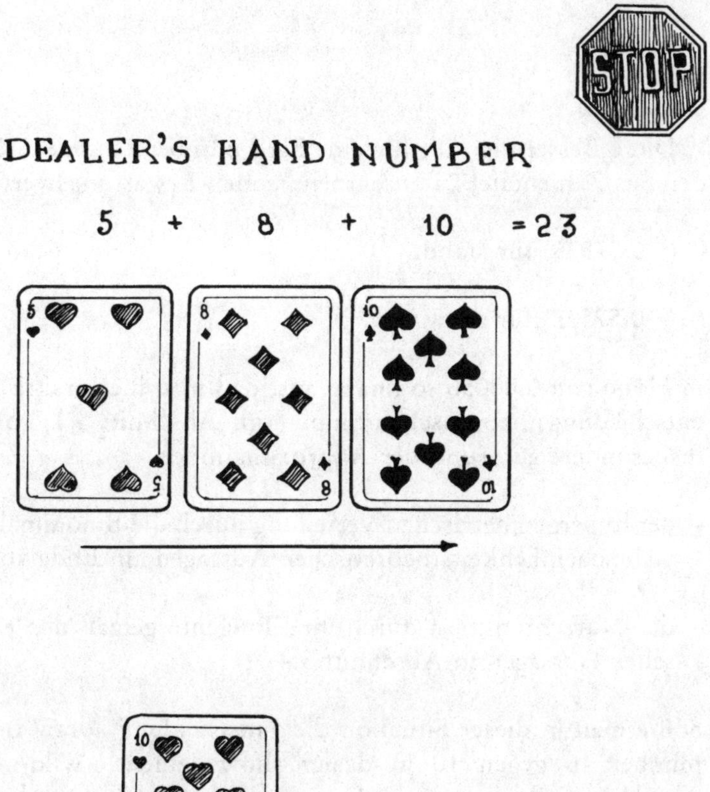

Beispiel 3:
Die »5« ist nahezu die schwächste Karte in dealer shows, denn sie führt mit einer Wahrscheinlichkeit von 41,640 % zu »dealer busts«. Hierauf sollten Sie – um zu gewinnen – es ankommen lassen und sich nicht bei »12« mit dem Risiko (Wahrscheinlichkeit 30,769 %) von »player busts« für »draw« entscheiden.

Diese Besserung fällt für eine hard number 16 gegen 10 in dealer shows mit den aus Zahlentafel 2a zu entnehmenden Erwartungswerten

- (−0,57578) für stand,

- (−0,57522) für draw

in Höhe von 0,00056 so knapp aus, daß man hier praktisch von Indifferenz im entscheidungstheoretischen Sinne (vgl. Abschnitt 5.1) sprechen muß. Das gilt insbesondere aufgrund der Approximationen

- der hypergeometrischen Verteilung durch die Binominalverteilung gemäß den wahrscheinlichkeitstheoretischen Aussagen am Ende von Abschnitt 4.1,

- der Nutzenfunktion durch ihre Tangente gemäß den entscheidungstheoretischen Aussagen in Abschnitt 5.4.

Sollte man in dieser Situation die Entscheidung »draw or stand« mit der hard number 16 gegen 10 in dealer shows einem »Wild-assed Guessing« (vgl. Abschnitt 6.2) überlassen? Das widerspräche dem Streben nach einer rational begründeten optimalen Strategie. Die Lösung des hier gegebenen Dilemmas sehe ich in der folgenden auf Griffin (76b) zurückgehenden Teilung der hard number 16 in die beiden Fälle:

Kommt die hard hand im ersten dealing step gemäß Abschnitt 2.3 durch die Zuteilung von zwei Karten an den player zustande, so rechtfertigt die kleine Kartenanzahl von drei Karten (zwei Karten in der hand des player, eine Karte in dealer shows) am ehesten den Ersatz der hypergeometrischen Verteilung durch die Binominalverteilung gemäß Abschnitt 4.1. Jetzt ist der aus Zahlentafel 2a hervorgehenden Differenz der Erwartungswerte der Vorzug zu geben, welche als Regelfall die Entscheidung »draw« der Entscheidung »stand« mit der hard number 16 gegen 10 in dealer shows präferiert.

Entsteht dagegen die hard number 16 erst bei einem späteren dealing step so, daß der player eine hard hand mit drei oder mehr Karten hält, so entfernt sich die reale Situation einer hypergeometrischen Verteilung von der ideellen Binominalverteilung. Hier muß eine merkliche Beeinflussung der Kartenfolge selbst bei einem Kartenpack von 6 decks in Betracht gezogen werden. Es ist anzunehmen, daß jetzt die Wahrscheinlichkeit, um durch das nächste draw von der hard number 16 ins pat zu gelangen, niedriger als 5/13 = 0,38462 ausfällt. Bereits eine

Minderung dieser Wahrscheinlichkeit um etwas mehr als 0,15 % würde den geringen Abstand 0,00056 zwischen den beiden hier zu vergleichenden Erwartungswerten aus Zahlentafel 2a überrunden. Das spricht dafür, entsprechend der Empfehlung von Griffin mit einer aus drei oder mehr Karten bestehenden hard hand, welche die hand number 16 aufweist, gegen 10 in dealer shows für »stand« zu optieren.

Dagegen möchte ich den weitergehenden Rat von Griffin (76c), man solle die obige Empfehlung nur dann befolgen, falls die aus drei Karten oder mehr bestehende hard hand mit der hand number 16 keine »6« enthält, als überspitzt nicht in die Strategieempfehlungen übernehmen. Bei dieser Überbetonung der Relationen zwischen den wahrscheinlichkeitstheoretischen Erwartungswerten wird nicht genügend dem Umstand Rechnung getragen, daß die Erwartungswerte gemäß Abschnitt 5.4 lediglich Näherungswerte für die Nutzen darstellen, wenn man die Nutzenfunktion durch ihre Tangente approximiert.

Gegen 7 bis 10 und As aus dealer shows verspricht die minimale standing number 17 gemäß dem unteren Teil von Zahlentafel 2a durchgehend nur negative Erwartungswerte. Diese sind aber sämtlich mehr oder weniger größer als die entsprechenden negativen Erwartungswerte im oberen Teil der Zahlentafel 2a, wo die Annahme draw auf diese hard number getroffen wird. Gemäß der aus Zahlentafel 2a abzuleitenden Strategie für »draw or stand« hat sich der player mit der hard standing number 17 abzufinden. Ein draw hierauf wäre wegen des zu hohen Risikos player busts ungünstiger.

Gestatten Sie mir an dieser Stelle den aus der praktischen Spielerfahrung herrührenden Exkurs: Die optimale Strategie fordert von Ihnen nach den vorstehenden numerischen Ableitungen gegen die hand numbers 2, 3 sowie 7 bis 10 und As in dealer shows die Option draw im stiff des player mit dem mehr oder weniger großen Risiko von player busts. Sie werden bei Befolgen dieser Empfehlung das schlechte Spielende player busts häufig hinzunehmen haben und dann später sehen, daß die Kartenfolge des dealer auch mit dealer busts endet. Hätten Sie im stiff nicht draw ausgeübt, so hätten Sie das einzelne Black Jack-Spiel gewonnen, statt verloren. Damit sind wir wieder bei dem »hätten« des Ungewißheitsspielers von Abschnitt 6.4. Wenn Sie als player dagegen die optimale Black Jack-strategy befolgen, nehmen Sie einen temporären Mißerfolg als miteinkalkuliert hin. Sie wissen, daß es auf den Erfolg im Zuge einer ganzen Spielserie ankommt. Lassen Sie sich deshalb nicht von negativen Augenblicksituationen beirren, sondern vertrauen Sie auf das aus Zahlentafel 2a zu entnehmende Wissen um die statistischen Zusammenhänge. Die Vorteilhaftigkeit ihrer zutreffenden Berücksichtigung ist durch die Spielpraxis belegt.

Die Zahlentafel 2a enthält ausschließlich hand numbers des Bereichs 12 bis 21. Für hand numbers bis 11 stellt sich die Alternative »draw or stand« gar nicht, weil hier stets draw zu einer erhöhten hand number führt, ohne daß das Risiko von player busts besteht.

Die nachfolgende Zahlentafel 2b »draw and stand with hard hand« beginnt dagegen mit der niedrigst möglichen player's hard number 2 und reicht von hier hoch bis zur hard number 21. Der Bereich der hard standing numbers gemäß Zahlentafel 2a wurde auch in Zahlentafel 2b eingerahmt.

Den in Zahlentafel 2b mitgeteilten Erwartungswerten des player bezüglich des Spielergebnisses liegt in weiten Teilen die oben anhand von Zahlentafel 2a entwickelte Strategie »draw or stand« für hard hands zugrunde: Es wird angenommen, daß der player entweder überhaupt nicht, oder einmal, oder mehrfach die Option draw ausübt, je nachdem zu welcher hand number er angesichts der Karte in dealer shows gelangt.

Für die hard standing numbers des in Zahlentafel 2b umrahmten Bereichs bedeutet das Befolgen der vorstehend skizzierten Maxime »stand«. Deshalb stimmen die Erwartungswerte $e_{DSH}(N)$ im umrahmten Bereich von Zahlentafel 2b mit den Erwartungswerten $e_{SH}(N)$ des umrahmten Bereichs des unteren Teils von Zahlentafel 2a überein.

War gemäß den aus der Zahlentafel 2a gezogenen Erkenntnissen für eine hard number die Option draw geboten, so kann dieser Spielzug erneut auf eine derartige hand number führen. In diesem Falle ist draw so lange zu wiederholen, bis eine hard standing number erreicht ist, oder player busts eintritt. Das gilt besonders für die hard numbers 2 bis 11, um welche die Zahlentafel 2b gegenüber Zahlentafel 2a erweitert wurde, wo nach dem oben Gesagten ohne Frage draw wahrzunehmen ist.

Von den hard numbers 2 bis 10 der Zahlentafel 2b aus kann durch Hinzuziehen eines As sich eine soft number des Bereichs 13 bis 21 einstellen. Für diese gilt dann die im folgenden Abschnitt 8.3 entwickelte Strategie »draw or stand« für soft hands. Diese Strategie wurde in den Erwartungswerten für die hard numbers 2 bis 10 der Zahlentafel 2b bereits vorweg berücksichtigt.

Umgekehrt können die in Zahlentafel 2b aufgeführten hard numbers 12 bis 18 im Laufe eines Black Jack-Spiels aus einer soft hand durch draw gemäß der im nächsten Abschnitt 8.3 entwickelten Strategie »draw or stand« für soft hands dadurch entstehen, daß sich eine soft hand in eine hard hand verwandelt. In diesem Falle ist zur Spielfortsetzung auf diese hard hand die hier entwickelte Strategie »draw or stand« für hard hands weiter anzuwenden.

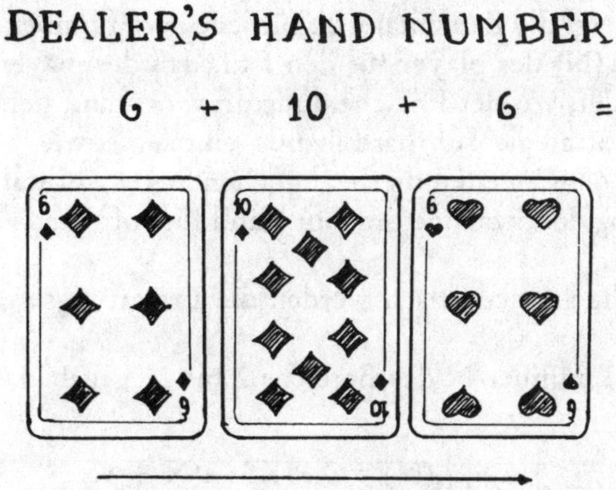

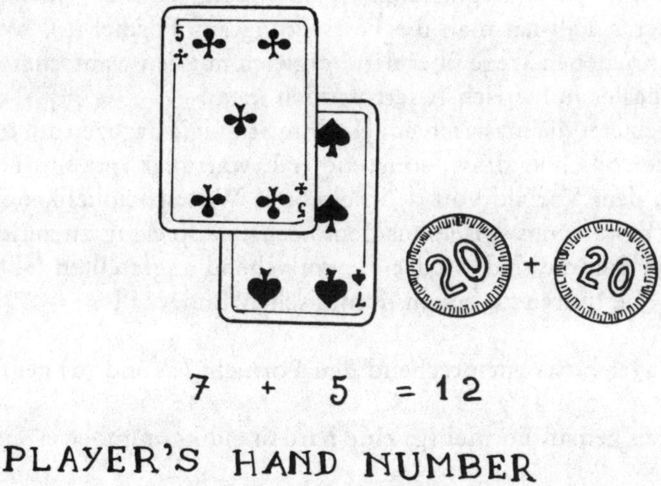

Beispiel 4:
Richtig! Die »6« in dealer shows führt mit einer Wahrscheinlichkeit von 42,315 % zu »dealer busts«. Deshalb ist gemäß der Strategieempfehlung E.6 hier die »12« Ihre minimale hard standing number, die Sie zum Gewinn des Spiels zu führen vermag.

Im ganzen zeigt die Zahlentafel 2b für jede hard number N den Gewinnerwartungswert $e_{DSH}(N)$ des player für den Fall, daß der player eine hand mit dieser hard number hält, vor der Entscheidung draw or stand steht und die diesbezügliche optimale Strategie für hard hands einmal, sowie bei Bedarf wiederholt anwendet. Ab dem zweiten diesbezüglichen Step kann statt für hard hands auch die Anwendung der Strategie draw or stand für soft hands in Betracht kommen.

Wahrscheinlichkeitstheoretisch werden die Erwartungswerte $e_{DSH}(N)$ wie folgt errechnet:

Ist eine hard number N des Bereichs 2 bis 21 gegeben, so hat man:

(l) $$e_{DSH}(N) = \sum_{K=1}^{10} P(K) \cdot e(N + K)$$

In dieser Formel bedeuten die P(K) wieder wie in Formel (b) die dort numerisch angegebenen Wahrscheinlichkeiten für das Ziehen von Karten mit den Werten K.

Ist der schon in Formal (c) angesprochene Fall von player busts gegeben, so folgt wieder die numerische Festsetzung aus Formel (d).

Ist (N + K) eine hard number, so ist aufgrund der in diesem Abschnitt entwickelten Strategie bekannt, ob strategisch draw oder stand geboten ist. Im letzteren Fall hat man die Festsetzung aus Formel (g), welche auf dem bereits beschriebenen Wege über den Vergleich mit den wahrscheinlichen hand numbers des dealer numerisch fixiert werden kann.

Gebietet die inzwischen bekannte Strategie dagegen auf die hard number (N + K) den Spielzug draw, so ist dieser Erwartungswert $\hat{e}_{DH}(N + K)$ aus Formel (f) nach dem Vorbild von (l) in eine mit Wahrscheinlichkeiten gewichtete Summe von Erwartungswerten aus dem nächsten Spielzug zu zerlegen. Auf die Glieder dieser Summe sind wieder die vorstehend angestellten Überlegungen anzuwenden. Sie führen zu einem numerischen Ende, falls

– player busts entsprechend den Formeln (c) und (d) gegeben ist,

– man gemäß Formel (g) eine hard standing number erreicht.

Ist nochmals draw geboten, so hat man erneut die Summenzerlegung (l) anzuwenden. Dieser iterative Prozeß endet gemäß den Ausführungen im folgenden Abschnitt 8.3 nach höchstens 14 Schritten. Dann erreicht man mit Sicherheit player busts oder eine hard standing number.

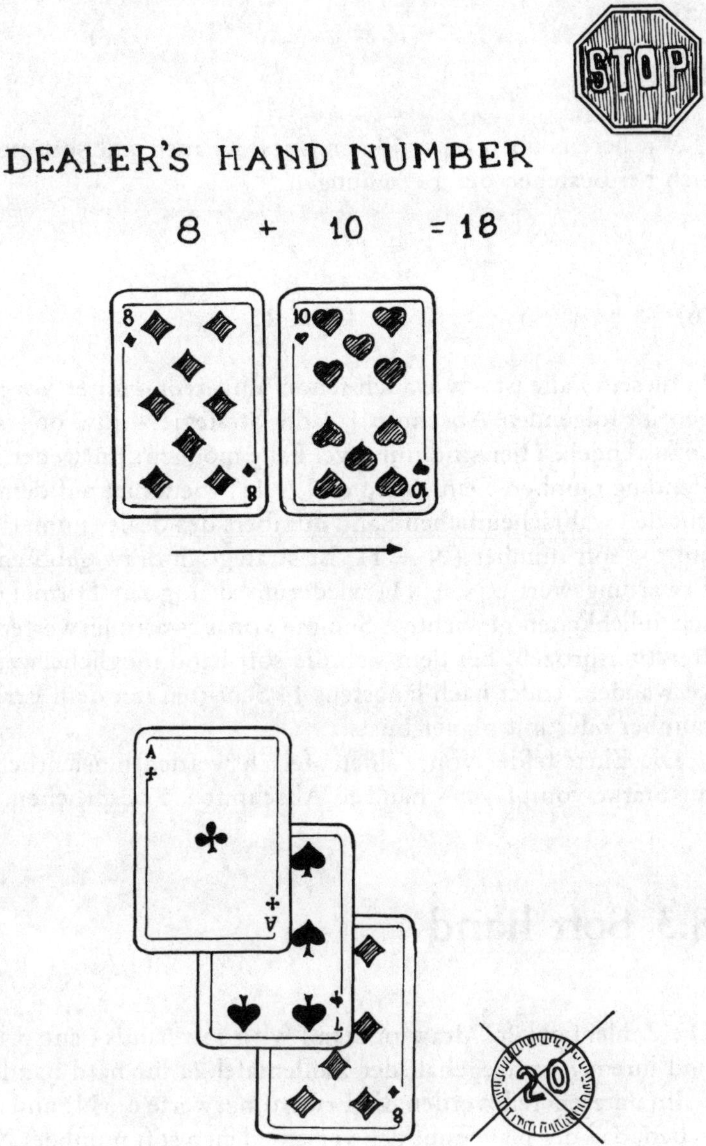

Beispiel 5:
Die »8« gehört zu den starken Karten in dealer shows, während player's hand number »16« schwach ist. Hier sollten Sie nicht risikoscheu sein und sich für »draw« entscheiden, sie würden damit Ihre Spielerwartung von −51,052 % (bei der hier gezeigten fehlerhaften Spielentscheidung für »stand«) auf −45,844 % verbessern.

Wie bereits oben gesagt, kann (N + K) auch eine soft number sein. Das ergibt sich bei Bestehen der Beziehungen

(m) $K = 1$

(n) $(N + 11) \leq 21$

In diesem Falle ist – wie auch schon mitgeteilt – unter Vorgriff auf die Ableitungen im folgenden Abschnitt 8.3 die Strategie »draw or stand with soft hands« anzuwenden. Hier sind nur zwei Fälle möglich: Entweder ist (N + 11) eine soft standing number. Dann wird e(N + 11) wiederum auf dem Wege des Vergleichs mit den wahrscheinlichen hand numbers des dealer numerisch ermittelt. – Oder auf die soft number (N + 11) ist strategisch draw geboten. Dann hat man den Erwartungswert e(N + 11) wiederum analog zur Formel (l) in eine mit Wahrscheinlichkeiten gewichtete Summe von Erwartungswerten zu zerlegen. Dieser Iterationsprozeß, bei dem sich die soft hand möglicherweise in eine hard hand verwandelt, endet nach längstens 14 Schritten mit dem Erreichen einer standing number oder mit player busts.

Die Einzelfelder von Zahlentafel 2b werden hinsichtlich ihrer Aussage über die Stärke von player's hand in Abschnitt 8.5 besprochen.

8.3 Soft hand

Die Zahlentafel 2c »draw or stand with soft hands« entspricht in ihrem Aufbau und ihrem Aussagegehalt der Zahlentafel 2a für hard hands:

Im unteren Teil werden die Erwartungswerte $e_{SS}(N)$ unter der Annahme angegeben, daß der player auf den verschiedenen soft numbers N für »stand« optiert. Da es in Relation zum Ergebnis der Kartenfolge des dealer bei dieser Unterstellung keinen Unterschied macht, ob der player eine soft hand oder eine hard hand hält, stimmen die Erwartungswerte im unteren Teil von Zahlentafel 2c mit denen aus Zahlentafel 2a überein.

Im oberen Teil von Zahlentafel 2c wurde die zu Zahlentafel 2a analoge Annahme getroffen, daß der player auf seine soft hand mit der hand number N eine und nur eine Karte zieht. Das führt (*weiter Seite 138*)

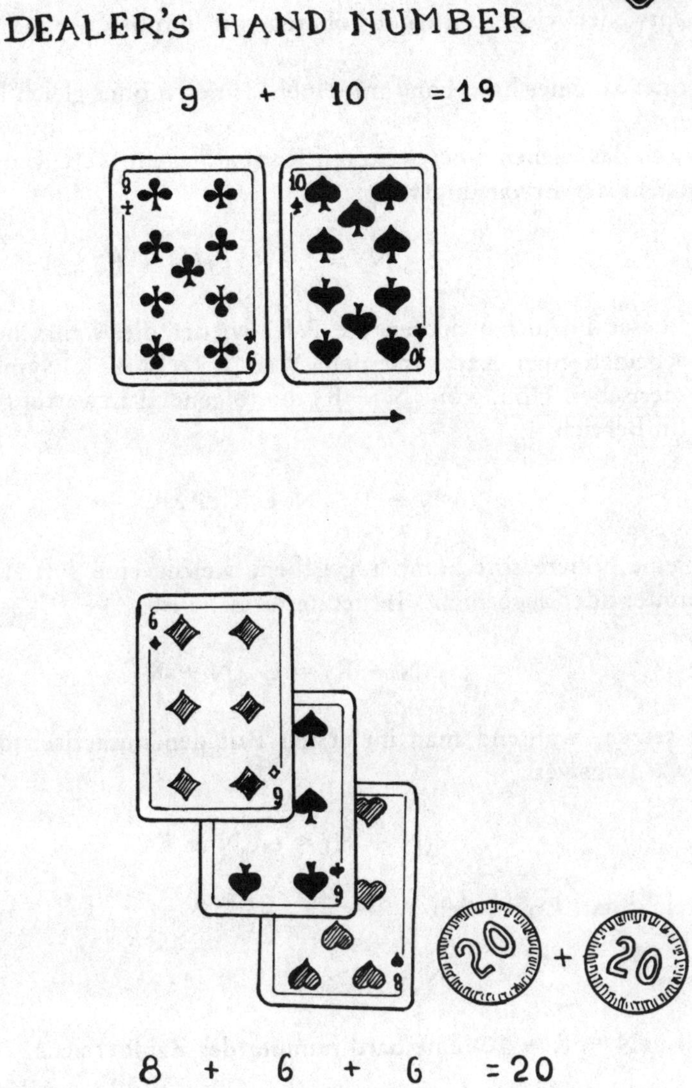

Beispiel 6:
Gegen die starke »9« in dealer shows war es richtig, das Risiko von »player busts« nicht zu scheuen, sich mit der hand number »14« für »draw« zu entscheiden und zu gewinnen!

– entweder wieder zu einer höheren soft number,

– oder zu einer hard hand mit einer kleineren oder gleich hohen hand number.

Durch das Ziehen einer weiteren Karte mit dem Wert K auf die soft number N entsteht der Erwartungswert:

(a) $$\hat{e}_{DS}(N) = \sum_{K=1}^{10} P(K) \cdot e(N + K)$$

In dieser Formel bedeuten die P(K) wieder die Wahrscheinlichkeiten für das Erscheinen einer Karte mit dem Wert K. e(N + K) symbolisiert je nach der numerischen Höhe von (N + K) die folgenden Erwartungswerte:

Im Bereich

(b) $$N + 1 \leq N + K \leq 21$$

ist eine höhere soft number gegeben, welche eine soft standing number sein könnte, oder auch nicht. Im letzteren Falle ist

(c) $$e(N + K) = \hat{e}_{DS}(N + K)$$

zu setzen, während man im ersten Fall den numerisch direkt errechenbaren Erwartungswert

(d) $$e(N + K) = e_{SS}(N + K)$$

erreicht hat. Ergibt sich

(e) $$N + K > 21$$

so ist (N + K − 10) eine hard number des Zahlbereichs

(f) $$12 \leq N + K - 10 \leq N$$

Für solche hard numbers wurden in Zahlentafel 2b die in Abschnitt 8.2 mit e_{DSH} bezeichneten Erwartungswerte errechnet. Zu setzen ist deshalb im Falle (e):

(g) $$e(N + K) = e_{DSH}(N + K - 10).$$

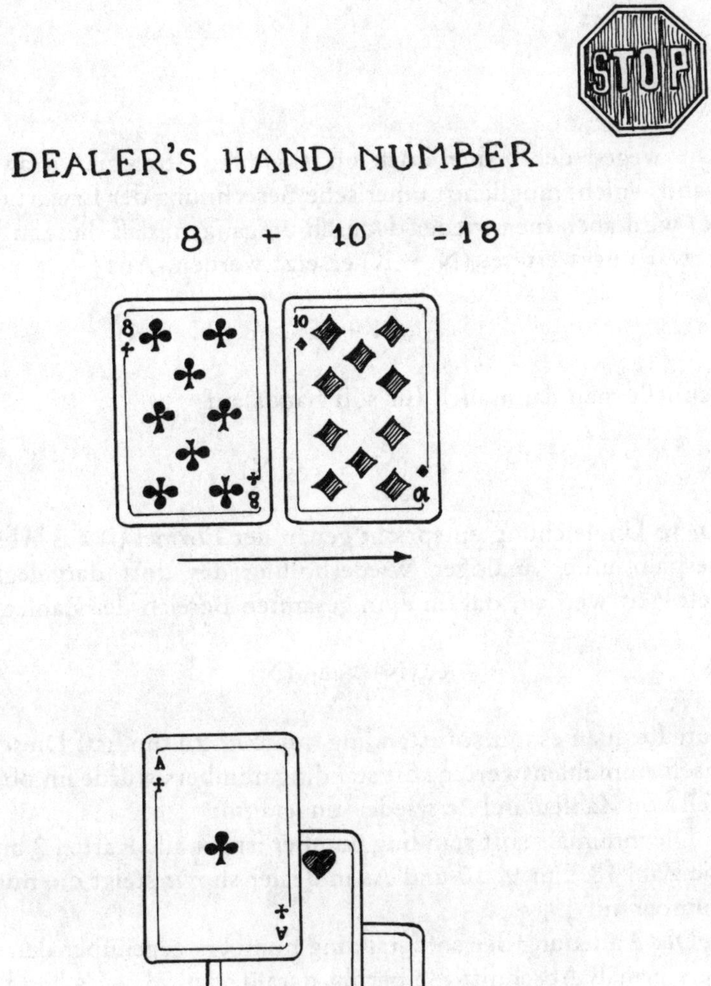

Beispiel 7:
Das ist einer der elementaren Fehler bezüglich der soft number »17« in player's hand. Gegen die starke »8« in dealer shows beträgt Ihre Spielerwartung bei der Entscheidung »stand« lediglich −38,195%. Ihre Spielerwartung hätten Sie durch die Entscheidung »draw« auf −7,292% verbessern können.

Die wegen der bisher noch unbekannten Strategie »draw or stand with soft hands« nicht mögliche numerische Berechnung der Erwartungswerte aus Formel (c) wird auch hier wieder dadurch umgangen, daß diese in Formel (a) durch die Erwartungswerte $e_{SS}(N + K)$ ersetzt werden. Aus

(h) $$\hat{e}_{DS}(N + K) > e_{SS}(N + K)$$

schließt man dann auch für soft hands auf:

(i) $$e_{DS}(N) \leq \hat{e}_{DS}(N)$$

Diese Ungleichung entspricht genau der Formel (i) aus Abschnitt 8.2. Es kann deshalb unter analoger Wiederholung des dort dargelegten Gedankengangs gefolgert werden, daß in dem gesamten Bereich der Zahlentafel 2c, wo

(k) $$e_{SS}(N) > e_{DS}(N)$$

zutrifft, man es mit soft standing numbers zu tun hat. Dieser Bereich der strategisch empfehlenswerten soft standing numbers wurde im oberen und im unteren Teil von Zahlentafel 2c wieder eingerahmt.

Die minimale soft standing number ist für alle Karten 2 bis 8 aus dealer shows die Zahl 18. Für 9, 10 und As in dealer shows steigt die minimale soft standing number auf 19.

Die Anhebung der soft standing numbers gegenüber den hard standing numbers gemäß Abschnitt 8.2 beruht darauf, daß player's hand numbers 17 und 18 als standing numbers durchweg bzw. in einem weiten Bereich der Karten aus dealer shows relativ schwach sind, was aus den diesbezüglichen negativen Erwartungswerten des übereinstimmenden unteren Teils der Zahlentafeln 2a und 2c hervorgeht. Unter diesem Gesichtspunkt empfiehlt es sich für den player, eine soft hand mit draw auszureizen, weil ein direktes player busts mit einer soft hand ausgeschlossen ist. Der player läuft lediglich Gefahr, daß sich seine soft hand in eine schwächere hard hand verwandelt.

Als Grundlage für die Betrachtungen in Abschnitt 8.6 wurden die rechnerischen Untersuchungen über die Erwartungswerte von soft hands in der Zahlentafel 2d weitergeführt. Hier findet man die Erwartungswerte der Spielergebnisse, wenn eine soft hand mit der hand number am linken Rand der Zahlentafel 2d gegen eine Karte aus dealer shows gemäß der Kopfleiste von Zahlentafel 2d spielt.

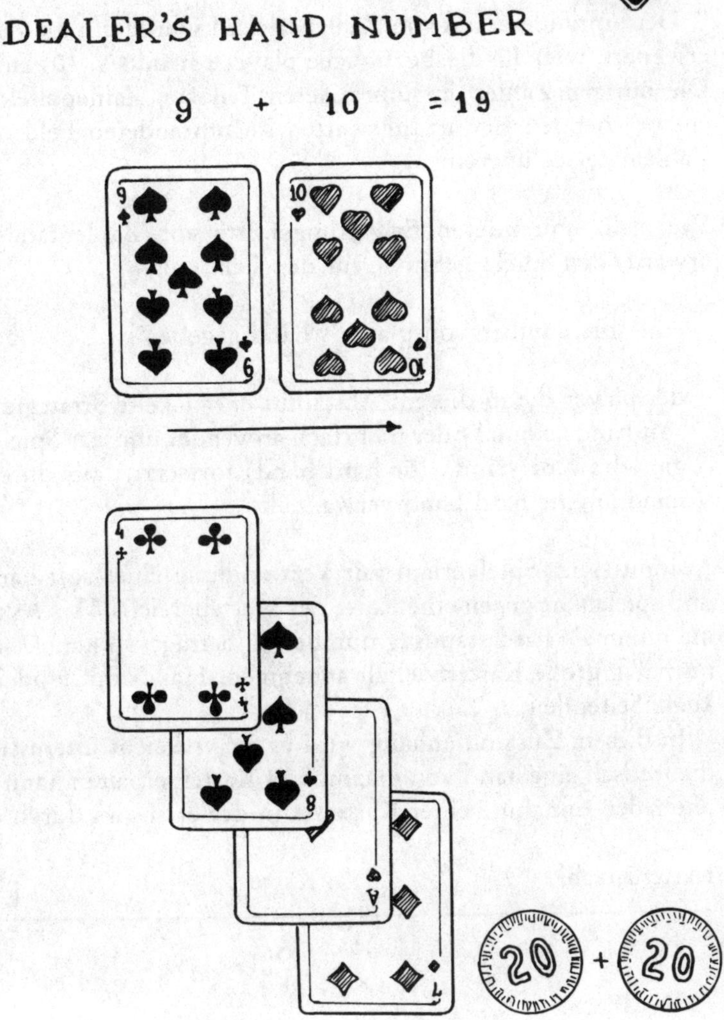

Beispiel 8:
So wird eine player's soft hand mit Risikobereitschaft erfolgreich ausgespielt: Gegen die starke »9« in dealer shows wäre die soft standing numer »18« zu schwach gewesen, der Weg führte deshalb durch die zweimalige Option für »draw« über die hard number »16« dann doch noch zu der gewinnenden player's hand number »20«.

Der umrandete Teil von Zahlentafel 2d wurde um die Zeile »BLACK JACK« erweitert, weil die diesbezügliche player's hand (A, 10) zu den soft hands zählt. Die übrigen Zahlen im umrandeten Teil von Zahlentafel 2d stimmen mit den entsprechenden Erwartungswerten im umrandeten Feld des unteren Teils von Zahlentafel 2c überein.

Die nicht umrandeten Erwartungswerte von Zahlentafel 2d bewerten die zu erwartenden Spielergebnisse für den Fall, daß

- eine soft number von player's hand gegeben ist,
- der player die in diesem Abschnitt entwickelte Strategie »draw or stand« für soft hands einmal oder mehrfach anwendet und das Spiel u. U. mit der Strategie »draw or stand« für hard hands fortsetzt, falls durch draw sich die soft hand in eine hard hand verwandelt.

Kommt es im Spielverlauf zur Verwandlung einer soft hand in eine hard hand und spielen Sie gegen eine Karte des Wertebereichs 7 bis As aus dealer shows, wo die minimale hard standing number 17 beträgt, so kann Ihre hand eine verhältnismäßig große Kartenvielfalt annehmen. Hands mit 5 oder 6 Karten sind dann keine Seltenheit.

In diesem Zusammenhang wird es Sie vielleicht interessieren, daß der player theoretisch eine hand von maximal 14 Karten erhalten kann. Dieser Fall entsteht unter der Annahme einer Karte As in dealer shows durch die Spielzüge:

Kartenanzahl		Karte	player's hand number
8	×	As	18
1	×	4	+ 4
			22
			− 10
			12
4	×	As	+ 4
			16
1	×	jede	+ ≥ 1
14			≥ 17

8.4 Strategietafeln für »draw or stand«

Die in den Zahlentafeln 2a bis 2d gezeigten numerischen Erwartungswerte

- sind zur Entwicklung der Strategieempfehlungen für »draw or stand« unbedingt erforderlich,
- können bei der Beurteilung der Spielstärke verschiedener player's hands gute Dienste leisten.

Für die Durchführung der Strategie »draw or stand« am Black Jack-Tisch kommt es jedoch nicht auf die einzelnen numerischen Erwartungswerte der hands an, sondern es ist lediglich von praktischem Interesse, in welchen Bereichen die Ungleichungen (a) der Abschnitte 8.2 und 8.3 bestehen. Diese ordinale Prüfung hat der Computer für »draw or stand« jeweils im übereinstimmenden oberen Teil der Abbildungen 3a und 3b vorgenommen (Seite 213 f.). Dort wurden alle Felder mit hard standing numbers (links) und soft standing numbers (rechts) angekreuzt. Es ist Ihnen zu empfehlen, sich diese graphischen Strategietafeln visuell einzuprägen, damit Sie am Black Jack-Tisch ohne zögerndes Überlegen Ihre Entscheidungen bezüglich »draw or stand« treffen können, sobald Ihnen angesichts einer bestimmten Karte in dealer shows eine hand zufällt, deren hand number zwischen 12 und 21 liegt. Für hand numbers bis 11 ist stets »draw« angebracht.

Die wiederum übereinstimmenden graphischen Strategietafeln im oberen Teil der Abbildungen 4a und 4b kennzeichnen die hard standing numbers und die soft standing numbers in verkürzter Form:

Für hard hands sind ausschließlich die Felder für standing numbers des Zahlbereichs 12 bis 17 schraffiert. Es gilt als selbstverständlich, daß

- auf hand numbers bis 11 draw angebracht ist,
- die player's hand numbers 18 bis 21 oberhalb der standing number 17 auf jeden Fall hard standing numbers darstellen.

Für soft hands sind lediglich die Felder für standing numbers in den Zeilen von player's hand numbers 18 und 19 schraffiert. Hier hat man sich zu merken, daß mit einer soft hand

- bis zur hand number 17 auf jeden Fall draw geboten ist,
- die hohen hand numbers 20 und 21 auf jeden Fall soft standing numbers darstellen.

Eine Besonderheit ergibt sich in den Abbildungen 4a und 4b, wo zusätzlich das Feld der hard number 16 gegen 10 in dealer shows gekreuzt ist. Hiermit wird die in Abschnitt 8.2 herausgearbeitete Zwischenstellung der hard number 16 gegen 10 in dealer shows zum Ausdruck gebracht: Enthält die diesbezügliche hard hand des player nur zwei Karten, so ist draw geboten, die hard number 16 ist jetzt also noch keine standing number. Umfaßt dagegen die hard hand mit der hand number 16 drei oder mehr Karten, so empfiehlt sich »stand«, was in diesem Ausnahmefall die hard number 16 gegen 10 in dealer shows zu einer standing number macht.

8.5 Starke und schwache hard hands

Bitte betrachten Sie jetzt nochmals die Zahlentafel 2b, deren Erwartungswerte Ihnen sagen, welche hard hands im Black Jack-Spiel als stark und welche als schwach zu beurteilen sind. Stark möchte ich eine hand nennen, wenn deren Ergebniserwartung 0,20 beträgt oder darüber liegt. Schwache hands sind solche mit negativen Erwartungswerten. Die hands mit Erwartungswerten zwischen etwa 0,00 und rund 0,20 nehmen bei dieser Ordnung eine Mittelstellung ein. Dabei werden an den Grenzen dieses Bereichs hands mit zu der einen oder anderen Kategorie gerechnet, damit nicht auf zu viele Ausnahmen ohne besondere Bedeutung aufmerksam gemacht werden muß.

Für die Bewertung selbst sind weiterhin zwei Situationen zu unterscheiden:

a) Sie haben eine hard standing number mit einem Erwartungswert im umrandeten Teil von Zahlentafel 2b erreicht und warten darauf, daß der dealer seine Karten auflegt.

b) Sie befinden sich noch im Spiel mit einer hard hand mit einer hand number bis 11 oder einer hard number im stiff, für die gemäß Zahlentafel 2b draw angezeigt ist, weil der ihr zugehörige Erwartungswert nicht im umrandeten Teil dieser Tabelle liegt.

Zu a):

Alle player's hands mit standing numbers bis 17 sind schwach. Das gilt selbst für den Bereich der Karten 4 bis 6 aus dealer shows.

Die standing number 18 liegt für die Karten 2 bis 5 und für 8 in dealer shows im Mittelbereich. Sie ist nur stark gegen 6 und 7 in dealer shows. Die hard standing number 18 weist ausgeprägte Schwächen gegen die Karten 9, 10 und As in dealer shows auf.

Insgesamt ist das für die hard standing number 18 eine schlechte Beurteilung. Man hat die folgenden Wahrscheinlichkeiten für die Karten in dealer shows zu beachten, bei denen die unterschiedliche Bewertung der hard standing number 18 Platz greift:

dealer shows	Wahrscheinlichkeit	Beurteilung der hard standing number 18
2, 3, 4, 5, 8	0,38462	mittel
6, 7	0,15385	stark
9, 10, As	0,46154	schwach

Für die hard standing number 19 kann man die folgende entsprechende tabellarische Wertung geben:

dealer shows	Wahrscheinlichkeit	Beurteilung der hard standing number 19
2 bis 9	0,61538	stark
10, As	0,38462	schwach

Erst die hard standing numbers 20 und 21 sind durchweg (Ausnahme 20 gegen As in dealer shows) starke hands des player.

Zu b):

Alle hard numbers des stiff (12 bis 16) sind ausgesprochen schwach.

Alle hard numbers von 11 bis herunter zu 2 sind gegen As in dealer shows wegen der Gefahr von dealer's BLACK JACK ebenfalls merklich schwach. Dasselbe gilt für alle hand numbers 10 bis herunter zu 2 gegen »10« in dealer shows.

Die hand numbers 11 und 10 sind gegen 2 bis 8 in dealer shows stark. Für 9 und 10 in dealer shows geht die Spielstärke der vorgenannten player's hands merklich in den Mittelbereich und darunter zurück.

Die hand number 9 liegt für 2 bis 8 in dealer shows im Mittelbereich, gegen starke Karten in dealer shows wird die hand number 9 des player zunehmend merklich schwach.

Ab der hand number 8 abwärts bis zur 2 verzeichnet man bis auf wenige Ausnahmen (8 gegen 5, 6 und 7) gegen alle Karten in dealer shows schwache player's hands. Die Erwartungswerte von player's hand liegen für Karten in dealer shows von 2 bis 7 durchweg knapp unter 0,00 oder etwas darüber. Dadurch bleibt das Spiel offen. Beachten Sie, daß Ihre Ergebniserwartung, als Sie Ihr bet in der box plazierten, aber noch keine Karte vor Ihnen lag, gemäß den statistischen Mittelwertaussagen in dem späteren Abschnitt 13.1 knapp den Wert 0,00 unterschritt. Bei kleinen hand numbers benötigen Sie häufig mindestens zwei weitere Karten, um zu Ihrer standing number zu gelangen. Bei diesem draw-Prozeß können Sie im Laufe des Spiels durchaus noch eine starke hand bekommen.

8.6 Starke und schwache soft hands

Zur Zahlentafel 2d ist erläuternd zu sagen:

Vorweg stellt man aufgrund eines Vergleichs der Zahlentafeln 2b und 2d fest, daß soft hands durchweg wesentlich stärker sind als hard hands mit derselben hand number. Das ist nicht überraschend, weil sich aus einer soft hand nie ein direktes player busts ergeben kann.

Mit großem Abstand ist die stärkste soft hand die Kartenkombination (A, 10) = BLACK JACK. Der zu ihr gehörende Erwartungswert für das Spielergebnis ist aber nur für 2 bis 9 in dealer shows gleich 1,5 bets. Für 10 und 11 in dealer shows erfährt der Gewinnerwartungswert für player's BLACK JACK eine Minderung, weil stand off ohne Gewinnauszahlung zustande kommen kann, wenn der dealer selbst BLACK JACK erreicht.

Im Sinne der am Anfang von Abschnitt 8.5 gegebenen Klassifizierung sind die soft standing numbers 19 bis 21 bis auf wenige nachstehend genannte Ausnahmen gegen sämtliche Karten aus dealer shows stark. Ausnahmen bilden die folgenden soft hands mit den Bewertungen:

soft standing number	dealer shows	Bewertung
20	As	mittel
19	10, As	schwach

Die soft standing number 18 ist lediglich gegen 6 und 7 in dealer shows stark, gegen 2 bis 5 und gegen 8 in dealer shows mittelmäßig.

Für 9, 10 und As in dealer shows sind alle soft numbers von 18 bis herunter zu 12 schwach.

Ist eine Karte 2 bis 8 in dealer shows gegeben, so sind die soft numbers 17 bis herunter zu 12 durchweg mittelmäßig bis schwach.

Aber auch hier haben Sie zu beachten, daß das Spiel bei weitem noch nicht abgeschlossen ist. Sie haben in dem letztgenannten Bereich der soft numbers »draw« wahrzunehmen, was im weiteren Spielablauf zu starken soft hands führen kann, zumindest aber eine hard hand ergibt, die möglicherweise noch ein erfolgreiches Spielende zu erbringen vermag.

9. Strategie für »double down«

9.1 Ableitung der Strategie

Bereits in Abschnitt 2.6 wurden als Kriterium für ein vorteilhaftes double down die Formeln

(a) $e_D(N) \leq e(N)$

(b) $2 \times e_D(N) > e(N)$

(c) $e(N) \geq e_D(N) > 0$

mitgeteilt und bezüglich ihrer Aussage diskutiert. Es kann deshalb in dieser Hinsicht auf die dortigen Ausführungen zurückverwiesen werden. An dieser Stelle ist nur der folgende Nachtrag angebracht:

- Die in den obigen Formeln vorkommenden Symbole »e« sind wahrscheinlichkeitstheoretische Erwartungswerte E(X) im Sinne von Abschnitt 4.2.

- Gemäß den Ausführungen am Ende von Abschnitt 5.4 können die Erwartungswerte näherungsweise als Nutzen aufgefaßt werden, die der player zu maximieren sucht, falls die Nutzenfunktion u(x) sich auch im Bereich von (−2 bets) bis (+2 bets) wegen geringer betsize durch eine Gerade approximieren läßt.

Die Strategie für double down wird in Zahlentafel 2e numerisch entwickelt:
Der untere Teil von Zahlentafel 2e mit den Erwartungswerten e(N) für N = 9, 10 und 11 mit der Überschrift

NO DOUBLE DOWN

ist ein Ausschnitt aus Zahlentafel 2b.
Im oberen Teil von Zahlentafel 2e sind unter der Überschrift

DOUBLE DOWN

die Erwartungswerte ($2 \times e_D(N)$) tabelliert, in welchen

- die Verdopplung des stake auf 2 bets,

- das handicap der Zuteilung von nur einer weiteren Karte

Berücksichtigung findet.

Für double down kommen nur solche hand numbers in Betracht, für welche die obige Ungleichung (b) besteht. Man ersieht aus Zahlentafel 2e, gekennzeichnet durch eine Umrahmung, daß diese Bedingung für die folgenden Kombinationen von player's hand und der Karte in dealer shows erfüllt ist:

double down player's hand number	dealer shows
11	2 bis 9
10	2 bis 9
9	3 bis 6

Wichtig ist, daß im europäischen Black Jack-Spiel im Gegensatz zu dem Spiel in Amerika (vgl. Abschnitte 16.1 und 16.2) double down gegen 10 und As im wesentlichen deshalb nicht in Betracht kommt, weil beide Karten die Gefahr von dealer's BLACK JACK beinhalten. Die Nichtbeachtung dieser Regel ist ein in europäischen Casinos häufig beobachteter Spielerfehler.

Double down ist im praktischen Spielablauf für die strategisch angebrachten Fälle wie folgt motiviert:

Die hard numbers 11, 10 und 9 in dem umrahmten double down-Bereich von Zahlentafel 2e sind auch schon ohne Wahrnehmung dieser Spieloption durchweg starke, zumindest aber mittelmäßige hands im Sinne der Beurteilung von Abschnitt 8.5. Das rührt daher, daß die nächste gezogene Karte mit großer Wahrscheinlichkeit eine 9, eine 10 oder ein As ist, wodurch man in den Bereich der starken standing numbers 19 bis 21 gelangt. Dieser Aussicht wird durch Wahrnehmung von double down mit dem Setzen eines weiteren bet Rechnung getragen. Während die Spielregeln des Black Jack sonst verlangen, daß der player sein bet plaziert, bevor er weiß, ob ihm eine starke oder eine schwache hand zufällt, bietet ihm das Casino mit der Option double down die Möglichkeit, angesichts einer schon aufliegenden guten hand ein weiteres bet zu setzen, wodurch die Spielergebniserwartung des player gesteigert wird.

Seien Sie aber bei Wahrnehmung von double down nicht enttäuscht, wenn die Ihnen zugeteilte einzige Karte nicht 9, 10 oder As ist und damit keine erfolgversprechende hohe standing number erbringt. Dieses Risiko, im Extremfall gegen 7 bis 9 aus dealer shows mit einer hard standing number im stiff zu enden, wurde bei der Errechnung der Erwartungswerte im oberen Teil der Zahlentafel 2e berücksichtigt. Sie haben dann das Black Jack-Spiel noch nicht verloren. Entnehmen Sie der Zahlentafel 1, daß im Bereich der Karten 7 bis 9 in dealer shows immerhin dealer busts mit einer Wahrscheinlichkeit zwischen rd 0,26 und rd 0,23 eintritt. Das ergibt dann trotz Ihres temporären Pechs für Sie einen Gewinn in Höhe von 2 bets, falls Sie der Strategieempfehlung folgend double down wahrgenommen haben.

Eine mit stillem Humor zu ertragende Situation ergibt sich, wenn Ihnen bei double down zu der hand number 11 ein As zufällt. Das vermittelt Ihnen die schwache hard standing number 12 im stiff. Hätte der dealer Ihnen bei double down auf die hand numbers 9 oder 10 dieselbe Karte zugeteilt, so wären Sie auf der sehr guten standing number 20 bzw. 21 angelangt.

Gemäß der Definition der hand numbers 9, 10 und 11 müßte es eigentlich selbstverständlich sein, daß hierunter nur hard hands zu verstehen sind, für die in europäischen Casinos das double down in Betracht kommt. Aber weit gefehlt! Ich habe öfter »Spielkünstler« beobachtet, welche die guten soft standing numbers 19 und 20 durch Reduktion der As-Zählung von 11 auf 1 als hard numbers 9 und 10 interpretieren und hierauf double down wahrnehmen. Was diese Spieler verschenken, erkennt man aus einem Vergleich der Zahlentafeln 2d und 2e (oberer Teil), was an einem Beispiel demonstriert werden soll:

Gemäß Zahlentafel 2d beträgt der Erwartungswert der soft standing number 20 gegen 9 in dealer shows 0,75836 bets. Wird dagegen diese soft number 20 als

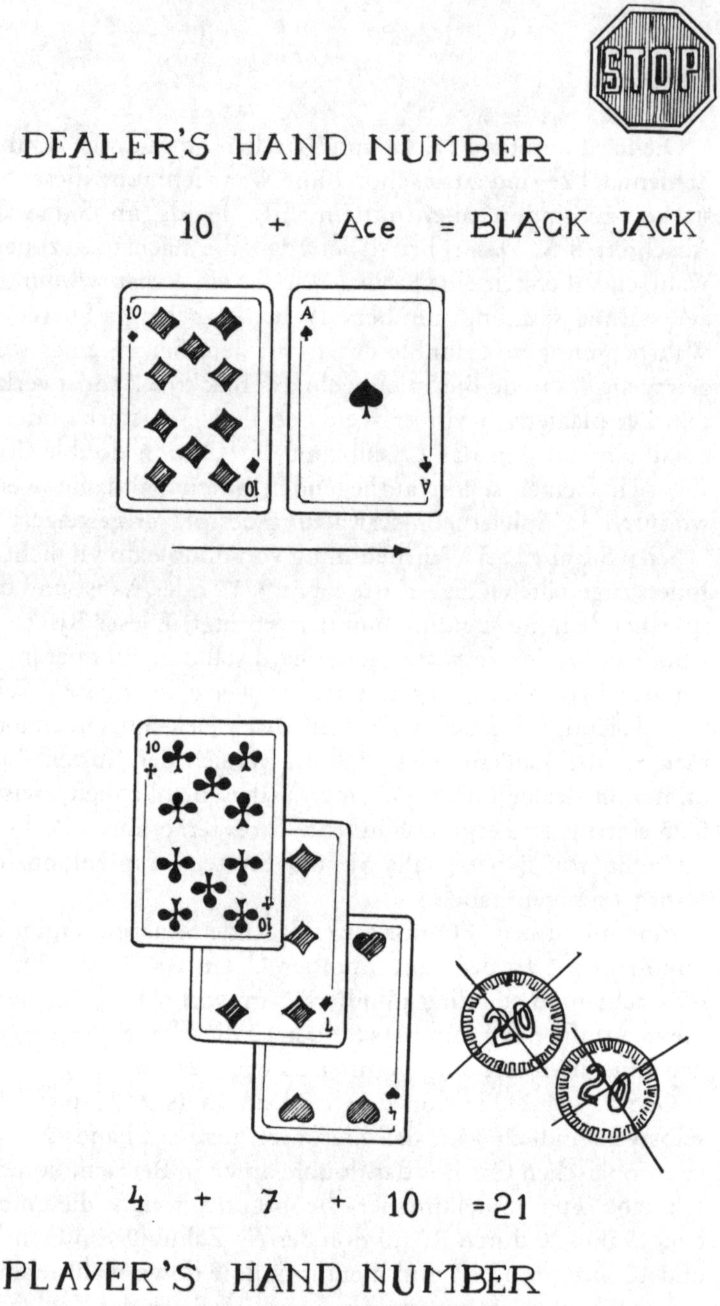

Beispiel 9:
Hier sehen Sie, warum man in Europa davon absehen sollte, gegen »10« in dealer shows mit der hand number »11« für »double down« zu optieren. Sie verlieren dann u. U. einen auf 2 bets gesteigerten stake mit der hand number »21« gegen dealer's BLACK JACK!

hard number 10 aufgefaßt, so ergibt sich gemäß dem oberen Teil von Zahlentafel 2e nach Vollzug des double down lediglich der reduzierte Spielerwartungswert 0,14433 bets.

In Anbetracht einer solchen Erwartungsverschlechterung kann man nur annehmen, daß hier im Sinne von Abschnitt 6.5 ein Spiel aus Lust am Nervenkitzel betrieben wird. Daß eine vollkommene Unwissenheit über die erhebliche Minderung der Ergebniserwartung besteht, ist kaum vorstellbar.

Abschließend werde auf diejenigen Felder von Zahlentafel 2e hingewiesen, wo

- die Relation (c) nicht gegeben ist und deshalb die Ungleichung (b) von vornherein ausgeschlossen wird,

- zwar die Relation (c) besteht, jedoch eine zu starke Reduktion gemäß Ungleichung (a) eintritt, welche die Ungleichung (b) nicht zum Zuge kommen läßt.

Der erste Fall ist für »9«, »10« und »11« weitgehend gegen die starken Karten 10 und As in dealer shows gegeben. Er tritt auch für »9« gegen »9« in dealer shows auf. Der zweite Fall ist für die hard number 9 gegen die Karten 2, 7 und 8 in dealer shows sowie für die hard number 11 gegen »10« in dealer shows zu verzeichnen.

9.2 Strategietafeln für »double down«

Im unteren übereinstimmenden linken Teil der Abb. 3a und 3b hat der Computer wieder die Felder angekreuzt, auf denen double down empfehlenswert ist.

Entsprechend ist der übereinstimmende untere Teil der unteren graphischen Strategietafeln von Abb. 4a und von Abb. 4b gestaltet. Hier sind alle Felder der Kombinationen von player's hand numbers und dealer shows, für welche double down strategisch vorteilhaft wahrzunehmen ist, schraffiert.

Auch bezüglich der vorstehenden graphischen Konstellationen ist zu empfehlen, sich diese für den praktischen Gebrauch am Black Jack-Tisch visuell einzuprägen.

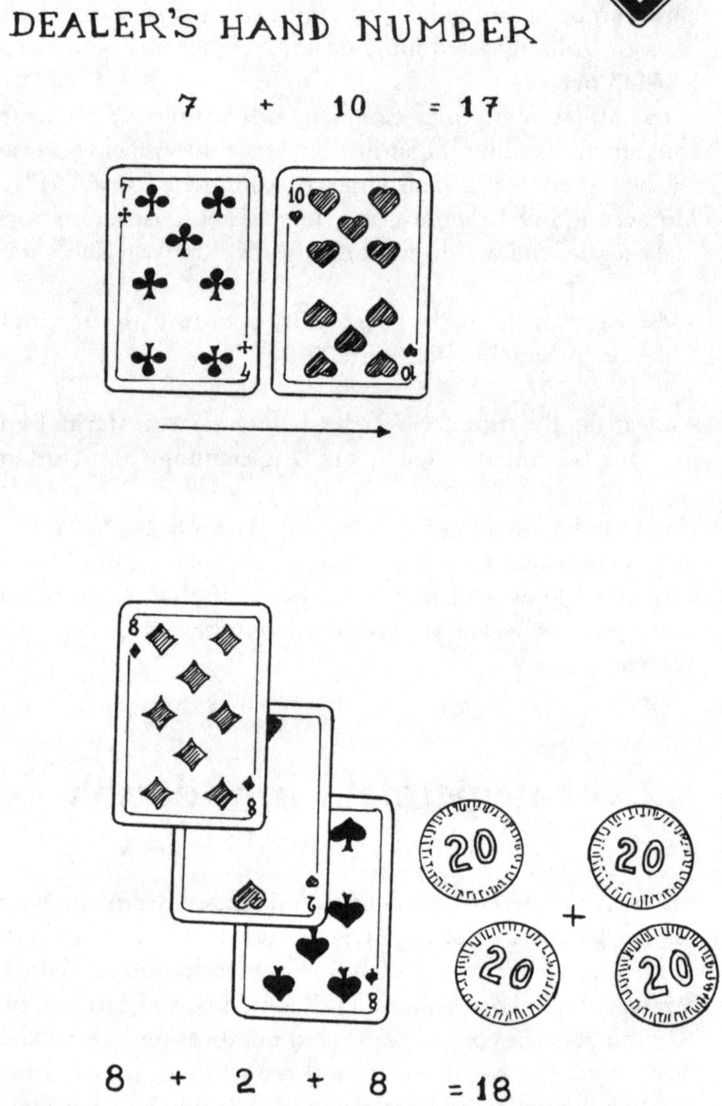

Beispiel 10:

Ja, es empfiehlt sich, gegen »7« in dealer shows mit der hand number »10« für »double down« zu optieren. Sie verbessern damit Ihre Spielerwartung von +25,691 % auf +39,241 %.

10. Strategie für »split pairs«

10.1 Ableitung der Strategie

Die formalen Kriterien für split pairs wurden bereits in Abschnitt 2.7 mitgeteilt. Entscheidend war hierbei die Formel:

(a) $$2 \times e(N) > e(2 \times N)$$

dergemäß zwei geteilte hands, ausgehend von der hand number N, dem player mehr Erfolg versprechen als die ungeteilte hand mit der höheren hand number $(2 \times N)$.

Split pairs führt, wie bereits in Abschnitt 2.7 angedeutet, zu unterschiedlichen numerischen Abständen in der Ungleichung (a), je nachdem die

- extended rules,
- resplit rules,
- restrictive rules

herrschen. Für alle drei Regeln sind die numerischen Werte aus der obigen Ungleichung (a) den Zahlentafeln 2f, 2g und 2h zu entnehmen.

Die Strategie des split pairs soll zuerst für den einfachsten Fall, das sind die restrictive rules, anhand der Zahlentafel 2h entwickelt werden:

Der untere Teil von Zahlentafel 2h ist ein Ausschnitt von Zahlentafel 2b für die geraden hard numbers 4 bis 20. Hinzu tritt als oberste Zeile aus Zahlentafel 2d die Zeile für die soft number 12, die mit der soft hand (A, A) gegeben ist. Wie in den Abschnitten 8.2, 8.3 sowie 8.5 und 8.6 besprochen wurde, eröffnen die hand numbers (2 × N) im unteren Teil von Zahlentafel 2h unter der kennzeichnenden Überschrift

NO SPLIT PAIRS VERSUS RESTRICTIVE RULES

bei Durchführung von »draw or stand« ein mehr oder weniger aussichtsreiches Black Jack-Spiel. Es ist die Frage zu beantworten, ob der player seine Ergebniserwartung dadurch zu verbessern vermag, daß er sein Spiel »draw or stand« unter Wagung eines zusätzlichen bet auf den zwei geteilten hands mit der startenden hand number N vollzieht. Dazu wurden im oberen Teil von Zahlentafel 2h aus Zahlentafel 2b die doppelten Erwartungswerte (zweifacher Einsatz auf ein Paar von hands!) zu den hand numbers 2 bis 10 übernommen. Lediglich die oberste, dem Paar (A, A) zugeordnete Zeile enthält die zur hand number 11 bei double down errechneten Werte aus Zahlentafel 2e, weil der player bei der Wahrnehmung von split pairs für (A, A) wie bei double down auf jede hand lediglich noch eine Karte zugeteilt erhält.

Nachdem so die Zahlentafel 2h durch die vorstehend skizzierte Erstellung der oberen Tabelle

SPLIT PAIRS VERSUS RESTRICTIVE RULES

vervollständigt ist, kann daran gegangen werden zu prüfen, für welche Kombinationen von player's hand und der Karte aus dealer shows die eingangs angegebene Ungleichung besteht. Hierzu sind die entsprechenden Ergebniserwartungen aus dem unteren und dem oberen Teil von Zahlentafel 2h miteinander zu vergleichen. Der Bereich, in welchem die Ungleichung (a) erfüllt ist, wurde in beiden Teilen der Zahlentafel 2h umrahmt. Er erbringt bei den restrictive rules die Strategieempfehlungen für split pairs:

split pairs	dealer shows
(2, 2)	4 bis 7
(3, 3)	4 bis 7
(6, 6)	3 bis 6
(7, 7)	2 bis 7
(8, 8)	2 bis 9
(9, 9)	2 bis 9 außer 7
(A, A)	2 bis 10

Zu den einzelnen Feldern mit split pairs werden die Kommentierungen gegeben:

Die hands (2, 2) und (3, 3) mit den hand numbers 4 und 6 sind schwach. Die aus ihnen hervorgehenden geteilten hands mit den hand numbers 2 und 3 sind ebenfalls nicht sehr erfolgversprechend, jedoch liegen die diesen hand-Paaren zugeordneten Ergebniserwartungen immerhin höher als in dem Fall, daß der player von der Option split pairs nicht Gebrauch gemacht hätte.

Die dem stiff zugehörigen hard hands (6, 6), (7, 7) und (8, 8) mit den hand numbers 12, 14 und 16 sind merklich schwache hands des player. Dieser verbessert seine Position deutlich, wenn er in den oben angegebenen strategisch angebrachten Bereichen durch split pairs hands mit den hand numbers 6, 7 und 8 herstellt. Das wird besonders bei Bildung der geteilten hands (8), (8) aus dem Paar (8, 8) erkennbar.

Das Wahrnehmen der Option split pairs für das Paar (9, 9) verbessert die Position des player durchgehend deshalb, weil nach den Feststellungen in Abschnitt 8.5 die hand number 18 als für den player nicht besonders günstig zu beurteilen ist. Von der hand number 9 ausgehend eröffnet sich der player bessere Spielchancen. Das gilt allerdings nicht, wenn eine Karte 7 in dealer shows liegt. Gemäß Zahlentafel 1 besteht dann die erhöhte Wahrscheinlichkeit 0,36857 für dealer's standing number 17. Hiergegen sollte die hand number 18 des player durch split pairs nicht aufgegeben werden. Entsprechend zeigt Zahlentafel 2h eine Minderung der Ergebniserwartung des player, wenn dieser hier seine hand (9, 9) mit der hand number 18 in ein geteiltes Paar von hands mit der hand number 9 verwandeln würde.

Die Wahrnehmung des split pairs für (A, A) erbringt im Bereich der Karten 2 bis 9 aus dealer shows ebenso gute Ergebniserwartungen wie double down auf die hard number 11. Das von der Strategie empfohlene Splitten des Paares (A, A) gegen 10 in dealer shows muß man als Verlegenheitslösung bezeichnen: Hier wird aus einer ungünstigen Position das Bestmögliche gemacht. Wegen der großen Gefahr von dealer's BLACK JACK wäre es aber hinausgeworfenes Geld, wenn man weitergehend das Paar (A, A) gegen As in dealer shows splitten würde. Geben Sie sich mit der schlechten Ergebniserwartung −0,32187 für die soft hand (A, A) mit der soft number 12 zufrieden, versuchen Sie durch draw daraus das Beste zu machen, lassen Sie sich aber nicht dazu verleiten, durch split pairs von (A, A) gegen As in dealer shows sich die überaus schlechte Ergebniserwartung −0,53988 einzuhandeln.

Aus Zahlentafel 2h ist weiterhin numerisch zu entnehmen, warum bei den restrictive rules das split pairs für die Paare (4, 4), (5, 5) und (10, 10) gänzlich ausgeschlossen ist. Mit einem solchen fehlerhaften Spielzug würden Sie, wie der

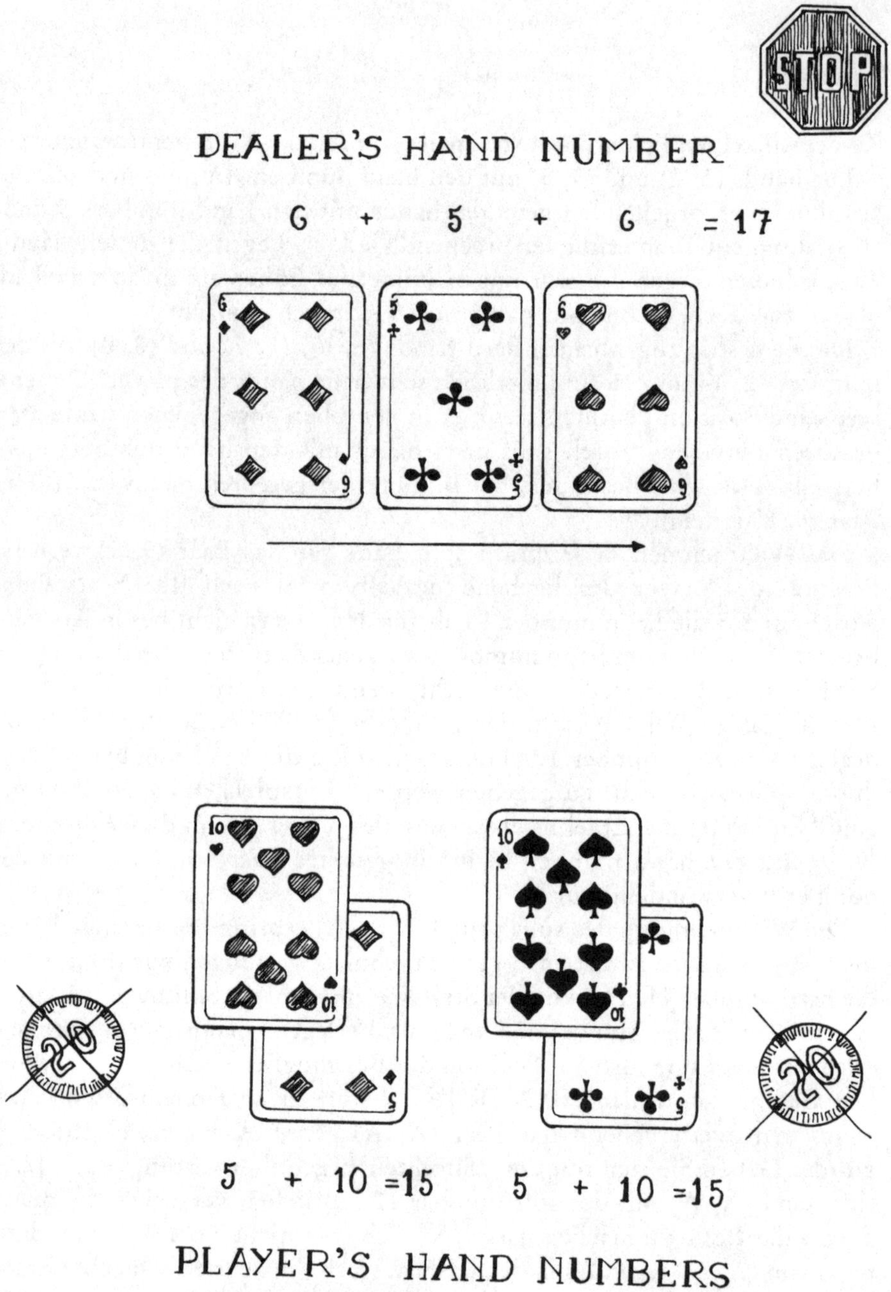

Beispiel 11:
Von »split pairs« bezüglich eines Paares der Karten »5« ist selbst gegen die schwache »6« in dealer shows abzuraten. Sie verringern damit Ihre Spielerwartung von +57,559 % auf −0,237 %.

Vergleich des oberen und des unteren Teils von Zahlentafel 2h zeigt, Ihre Ergebniserwartung wesentlich mindern. Das gilt ganz besonders hinsichtlich des manchmal beim »Spiel aus Lust am Nervenkitzel« (vgl. Abschnitt 6.5) zu beobachtenden Teilen der Paare (5, 5) und (10, 10).

Wie man aus den umrahmten Teilen der Zahlentafel 2g entnimmt, gelten für split pairs bei Herrschen der resplit rules dieselben Strategieregeln wie bei den restrictive rules. Dadurch daß der player bei den resplit rules jedoch mehr als 2 geteilte hands bilden darf, erhöht sich seine Ergebniserwartung bei Wahrnehmung des strategisch richtigen split pairs stärker als bei den restrictive rules. Das wird besonders bei dem Splitten des Paares (8, 8) offenbar: Erhalten Sie bei den restrictive rules nach dem split pairs dieses Paares auf eine der beiden geteilten hands im nächsten dealing step eine weitere Karte mit dem Wert 8, so stehen Sie mit dieser hand an der unangenehmsten Stelle des stiff, nämlich auf der hard number 16, ohne sich aus dieser ungünstigen Situation – außer durch die Flucht nach vorn mittels draw – befreien zu können. Die resplit rules eröffnen Ihnen dagegen die Chance, durch resplit eine weitere hand mit der anfänglichen hand number 8 zu eröffnen. Das ungünstige split pairs (10, 10) und (5, 5) wird bei resplit innerhalb der resplit rules in seiner Wirkung noch verheerender als es schon bei einmaligem split pairs innerhalb der restrictive rules ist. Man erkennt aus dem oberen Teil der Zahlentafel 2g, daß der Erwartungswert für die geteilten hands (10, 10) und (5, 5) sich noch wesentlich weiter mindert als gemäß Zahlentafel 2h. Den gehobenen »Spielkünstlern«, die ein resplit bezüglich 10er-Karten fertigbringen, kann man nur bescheinigen, daß sie das Black Jack-Spiel auf ihre Art spannend zu machen vermögen, falls ihnen die Göttin Fortuna bei diesem fehlerhaften Spiel einmal einen statistisch durchaus möglichen erhöhten Gewinn zugute kommen läßt.

Bei den extended rules, denen die Zahlentafel 2f gewidmet ist, erweitert sich die Strategieregel für split pairs zu:

split pairs	dealer shows
(2, 2)	2 bis 7
(3, 3)	2 bis 7
(4, 4)	5 und 6
(6, 6)	2 bis 6
(7, 7)	2 bis 7
(8, 8)	2 bis 9
(9, 9)	2 bis 9 außer 7
(A, A)	2 bis 10

Es ist interessant, die Relationen und die absolute Höhe der Ergebniserwartungen in den neu hinzukommenden Bereichen des split pairs von (2, 2) und (3, 3) gegen 2 und 3 in dealer shows sowie von (6, 6) gegen 2 in dealer shows und schließlich von (4, 4) gegen 5 und 6 in dealer shows zu beobachten.

Die zusätzliche Wahrnehmung von split pairs bezüglich (2, 2) und (3, 3) gegen 2 und 3 in dealer shows und von (6, 6) gegen 2 in dealer shows führt von negativen Ergebniserwartungen zu etwas günstigeren negativen Ergebniserwartungen. Auch split pairs von (4, 4) gegen 5 und 6 in dealer shows vermag die Ergebniserwartung, diesmal im positiven Bereich, nur geringfügig zu steigern. Trotzdem ist das erweiterte split pairs anzuraten, weil der player keine ihm gebotene Gelegenheit auslassen sollte, seine Ergebniserwartung zu steigern.

Diese Empfehlung ist nicht allein eine Folgerung aus Zahlentafel 2f. Eingehende Computerrechnungen, in welchen sehr lange Folgen von Black Jack-Spielen simuliert wurden, haben gezeigt, daß der player sich im Ergebnis merklich schlechter stellt, wenn er die strategisch gebotenen Fälle split pairs, welche von negativen Erwartungswerten für die hands (N, N) auf etwas verbesserte negative Erwartungswerte für die geteilten hands (N), (N) führen, ausläßt.

Sofern split pairs sowohl bei den resplit rules als auch bei den extended rules strategisch angebracht ist, beobachtet man durch einen Vergleich jeweils des oberen Teils der Zahlentafel 2f und 2g, daß die extended rules bis hinauf zum split pairs von (9, 9) höhere Ergebniserwartungen generieren als die resplit rules in vergleichbaren Fällen. Das ist auf die Möglichkeit des double down after split pairs bei den extended rules zurückzuführen. Dieser Spielzug eröffnet dem player durch eventuelles double down auf geteilte hands die Möglichkeit, seine Ergebniserwartung nochmals zu steigern, falls sich für eine oder mehrere dieser hands eine der hand numbers 9, 10 oder 11 einstellt.

Besonders die extended rules können es mit sich bringen, daß durch resplit und durch double down after split pairs der stake des player sich bis auf das 8-fache des original bet erhöht. (Vgl. hierzu Zahlentafel 3 und Abschnitt 11.) In Anbetracht dessen muß auch bezüglich split pairs auf die in Abschnitt 5.4 begründete Bedingung hingewiesen werden, daß die betsize eine individuell bedingte Höhe nicht überschreiten sollte. Nur dann ist die Approximation der Nutzenfunktion u(x) des player während des Black Jack-Spiels durch eine Gerade im relevanten Bereich des stake gut genug dafür, daß der wahrscheinlichkeitstheoretische Erwartungswert als Nutzenmaßstab zur Strategiefindung herangezogen werden kann. Hinter diesem Satz steht meine Beobachtung an vielen Black Jack-Tischen, daß manche Spieler wegen einer überhöhten betsize davor zurückschrecken, sämtliche ihnen gebotenen Möglichkeiten des split pairs, des

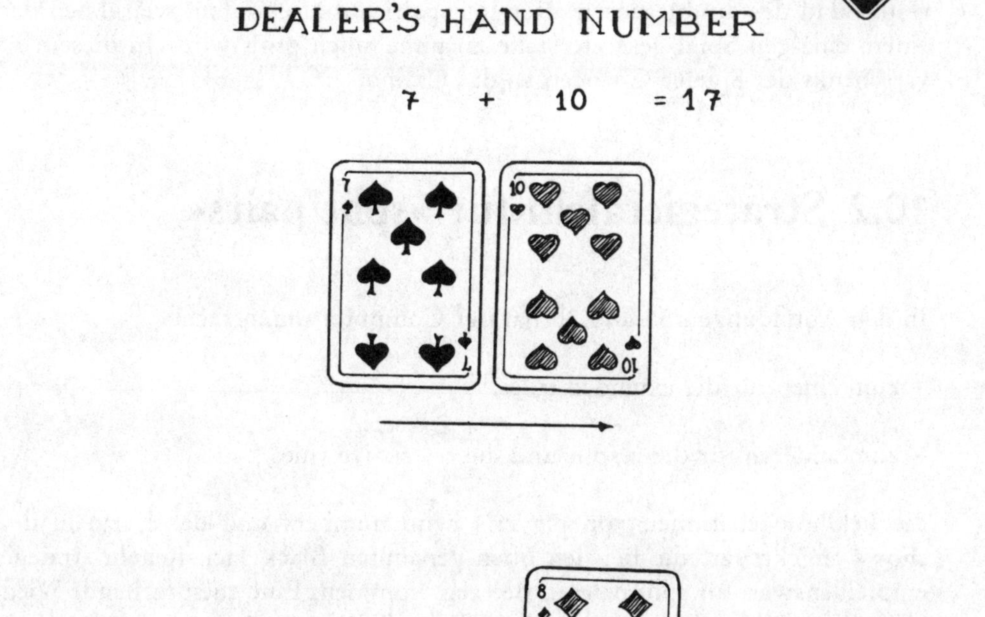

Beispiel 12:
Die aus zwei Karten »8« zusammengesetzte player's hand number »16« ruft nach »split pairs« gegen »7« in dealer shows. Sie verbessern durch diesen Spielzug Ihre Spielerwartung von –41,478 % auf +16,441 %.

resplit und des double down after split pairs auszuschöpfen, weil ihnen der in einem einzigen Spiel gesetzte stake zu unheimlich groß wird. In diesem Falle verschenkt der Spieler Chancen an das Casino.

10.2 Strategietafeln für »split pairs«

In den Abbildungen 3a und 3b hat der Computer unten rechts

– zum einen für die extended rules,

– zum anderen für die resplit und die restrictive rules

die Feldkonstellationen von player's hand numbers und der Karte in dealer shows angekreuzt, die bei den oben genannten Black Jack-Regeln strategisch empfehlenswert für split pairs in Betracht kommen. Eine entsprechende Wiedergabe dieser Bilder findet man in dem oberen Teil der unteren graphischen Strategietafeln der Abbildungen 4a und 4b.

Auch bezüglich split pairs wird empfohlen, sich die Bilder aus den Abb. 3a und 3b bzw. 4a und 4b visuell einzuprägen, um sie beim praktischen Black Jack-Spiel gegenwärtig zu haben. Dabei hat der player genau darauf zu achten, ob er in einem Casino mit

– den extended rules,

– den resplit oder restrictive rules

spielt, weil in Abhängigkeit von diesen Spielregeln erweiterte bzw. verengte strategische Möglichkeiten für split pairs bestehen.

11. Die Größe des stake in Abhängigkeit von den Spielregeln

Nachdem Sie in den Abschnitten 9. und 10. erfahren haben, wie sich im praktischen Spiel Ihr stake und damit Ihre Gewinnchancen im einzelnen Black Jack-Spiel vergrößern können, dürfte es von Interesse sein zu wissen, auf welchen Umfang Ihr stake anzuwachsen vermag.

Das hängt wesentlich von den geltenden Spielregeln

– restrictive rules,

– resplit rules,

– extended rules

ab.

Antworten auf die vorstehend aufgeworfenen Fragen gibt die Zahlentafel 3, deren Ergebnisse wie folgt zusammengefaßt werden können:

Regel	Praktische Maximalgröße des stake bets	Durchschnittliche Größe des stake 1 bet = 100 % %
restrictive rules	2	108,603
resplit rules	5	108,990
extended rules	8	110,118

Die Wahrscheinlichkeit für größere stakes nimmt gemäß Zahlentafel 3 nach oben hin stark ab. Beachtet man aber, daß bei den extended rules die Wahrscheinlichkeiten für stakes von 3 und 4 bets 0,650 % bzw. 0,158 % betragen, so werden Sie mir glauben, daß ich in Casinos, wo die extended rules gelten, schon oft mit stakes von 3 und 4 bets gespielt habe. Mehrfach habe ich sogar stakes mit 6 bets gesetzt. Es ist aber wesentlich häufiger vorgekommen, daß mir während einer ganzen Folge von 200 Black Jack-Spielen trotz der extended rules keine hand zugefallen ist, die es mir strategisch erlaubt hätte, anders als bei den restrictive rules meinen stake auf mehr als 2 bets zu steigern. Trotzdem bevorzuge ich entsprechend der Strategieempfehlung E.2 des Abschnitts 1.2 Casinos mit den extended rules, weil ich es nicht gerne sehe, wenn mir erhöhte Gewinnchancen durch Regelbarrieren des Casinos versperrt werden.

12. Bewertung und Ablehnung der insurance

Ich hoffe, Ihnen mit den Darlegungen in den Abschnitten 7. bis 10. nahegebracht zu haben, daß das finanzielle Ergebnis eines einzelnen Black Jack-Spiels, ausgedrückt in bets, eine Zufallsvariable X im Sinne von Abschnitt 4.2 ist, falls der player an den Entscheidungspunkten der in den Abschnitten 2.14 bis 2.16 besprochenen Spielflußdiagrammen Abb. 2a, 2b und 2c der optimalen Black Jack-strategy folgt. Es bedeute speziell X_A die Zufallsvariable des Spielausgangs, wenn As in dealer shows liegt.

Dem player wird in dieser Situation vom Casino die Option auf insurance geboten. Hierauf gibt es zwei Alternativen des player:

a) Der player lehnt insurance ab.
b) Der player setzt 0,5 bets auf die insurance-Leiste des Black Jack-Tisches, nimmt also die Wette darauf an, daß der dealer durch Hinzuziehen einer Karte mit dem Wert 10 die hand (A, 10) = BLACK JACK erreicht.

Im Falle a) bildet der player eine zusätzliche entartete Zufallsvariable Y_o mit der einzigen Realisation

(a) $$Y_o = 0$$

für welche die Wahrscheinlichkeit

(b) $$P(Y_o = 0) = 1$$

besteht. Y_o tritt additiv zu X_A und bildet mit der Zufallsvariablen des Black Jack-Spiels selbst zusammen eine zusammengesetzte Zufallsvariable

(c) $$Z_{Ao} = X_A + Y_o$$

Im Falle b) entsteht durch die Entscheidung des player für die insurance eine zusätzliche Zufallsvariable Y_I mit den möglichen Realisationen

(d) $$Y_I = -0{,}5 \; ; \; Y_I = +1{,}0$$

Die erste Realisation tritt ein, wenn der dealer nicht BLACK JACK erreicht und deshalb der player seinen Einsatz auf insurance in Höhe von 0,5 bets verliert. Die zweite Realisation ist bei dealer's BLACK JACK gegeben und vermittelt dem player aus der insurance den Gewinn von 1,0 bet.

Mit der am Ende von Abschnitt 4.1 fixierten Wahrscheinlichkeit für das Erscheinen einer Karte mit dem Wert 10 in Höhe von 4/13 ergeben sich die Wahrscheinlichkeiten für die Realisationen der Zufallsvariablen Y_I gemäß den Formeln (d) zu:

(e) $$P(Y_I = -0{,}5) = 9/13 \; ; \; P(Y_I = +1{,}0) = 4/13$$

Das Gesamtspielergebnis für den player, additiv zusammengesetzt aus der Zufallsvariablen X_A für das Black Jack-Spiel selbst und aus der Zufallsvariablen Y_I für die insurance, ist die Zufallsvariable

(f) $$Z_{AI} = X_A + Y_I$$

Für die Beurteilung der insurance wird wie bei der Entwicklung der optimalen Spielstrategie wieder die wahrscheinlichkeitstheoretische Erwartung (vgl. Abschnitt 4.2) herangezogen. Dabei sind die Erwartungswerte für die beiden alternativen Zufallsvariablen Z_{Ao} und Z_{AI} zu bilden, welche das Gesamtspielergebnis des player einmal ohne und einmal mit insurance beschreiben. Es ergibt sich unter Verwendung des Additionstheorems der Formel (i) von Abschnitt 4.2:

(h) $$E(Z_{Ao}) = E(X_A) + E(Y_o)$$

(i) $$E(Z_{AI}) = E(X_A) + E(Y_I)$$

Um festzustellen, welcher der beiden vorstehenden Erwartungswerte größer ist und deshalb dem player ein vorteilhafteres Spiel verspricht, kann man die Differenz

$$\text{(j)} \qquad \triangle E_I = E(Z_{AI}) - E(Z_{Ao})$$
$$= E(Y_I) - E(Y_o)$$

bilden und mit dem level »0« vergleichen.

Bevor das geschieht, werde auf den interessanten Sachverhalt aufmerksam gemacht, daß bei dem Vergleich von $E(Z_{Ao})$ und $E(Z_{AI})$ der Erwartungswert $E(X_A)$ herausfällt. Seine Höhe ist für die Beurteilung der insurance irrelevant. Damit wird die in Spielerkreisen weit verbreitete irrige Ansicht widerlegt: »Eine gute hand sollte man versichern, eine schlechte hand nicht.« – Die Zufallsvariable X_A kann tatsächlich unterschiedlich hohe Erwartungswerte $E(X_A)$ für den player generieren, je nachdem, welche Karten diesem im ersten dealing step gemäß Abschnitt 2.3 zugefallen sind. Aber ganz gleichgültig, ob $E(X_A)$ hoch oder niedrig ist, dieser Wert spielt gemäß Gleichung (j) für die Beurteilung der insurance keine Rolle.

Das gilt allerdings nur, wenn im Bereich eines bet die in Abschnitt 5.4 angenommene Möglichkeit der Approximation der Nutzenfunktion durch eine Gerade besteht. Weist die Nutzenfunktion des Spielers dagegen infolge einer überhöhten betsize bereits im Bereich eines bet eine merkliche Krümmung auf, so ist die Differenzbildung (j) nicht möglich, und es kommt zu einer Beeinflussung des Nutzens $u(Y_I)$ durch die Wertung $u(X_A)$. Hieraus resultiert die obige »Spielerregel« bezüglich der fehlerhaften Bewertung der insurance.

Hier werden dagegen die Näherungsformeln (a) und (d) des Abschnitts 5.4 bei hinreichend kleiner betsize der rationalen Beurteilung der insurance zugrunde gelegt. Das soll nun durch die numerische Berechnung der Differenz in Gleichung (j) geschehen:

Aufgrund der trivialen Verteilung aus Formel (b) hat man:

$$\text{(k)} \qquad E(Y_o) = 0$$

Der player hat ja hier mit Sicherheit weder mit einem Gewinn noch einem Verlust aus der insurance zu rechnen.

Für die Wahrscheinlichkeitsverteilung (e) der Zufallsvariablen Y_I ergibt sich unter Anwendung der Formel (c) des Abschnitts 4.2:

$$\text{(l)} \qquad E(Y_I) = (9/13) \times (-0{,}5) + (4/13) \times 1{,}0$$
$$= (1/13) \times (-0{,}5)$$

Schließlich erhält man als numerische Auswertung von Formel (j):

(m) $$\triangle E_I = -(1/13) \times 0{,}5$$

Die vorstehende negative Zahl kennzeichnet die insurance als ein für den player sehr ungünstiges Glücksspiel. Im nächsten Abschnitt 13.1 werden Sie daran erinnert, daß die Verlusterwartung des Roulette beim Spiel auf Plein (1/37) und beim Spiel auf einfache Chancen (1/74) des jeweiligen Einsatzes beträgt. Der Faktor 0,5 in Formel (m) darf Sie über die Unvorteilhaftigkeit der insurance nicht täuschen. Er kommt dadurch zustande, daß Sie nur 0,5 bets auf insurance setzen dürfen. Würden Sie denselben Einsatz im Roulette-Spiel wagen, so hätten Sie eine wesentlich größere Chance, das Spiel ohne Verlust absolvieren zu können.

Aufgrund der obigen Ableitungen muß ich Ihnen dringend abraten, auf die Option »insurance« einzugehen. Sie wollen doch Black Jack spielen und nicht ein schlechtes Roulette!

Die insurance wird auch in der amerikanischen Black Jack-Literatur wegen ihrer Unvorteilhaftigkeit durchweg abgelehnt. Als Beispiele nenne ich die Literaturstellen Wong (77), Patterson (78), Humble/Cooper (79).

Ein Wort zum Schluß: Die Irrelevanz des Wertes $E(X_A)$ für die negative Beurteilung der insurance sollte Sie auch davon abhalten, auf die verkürzte Auszahlung von 1,0 bet einzugehen, falls Sie gegen ein As in dealer shows BLACK JACK halten. Sie spielen nicht nur ein einziges Black Jack-Spiel, sondern sollten eine ganze Spielfolge durchstehen. Dann summieren sich die Überhänge von jeweils 0,5 bets, die Sie durch den Gewinn von 1,5 bets für BLACK JACK erhalten. Auf diese Mehrgewinne durch das Versichern eines BLACK JACK zu verzichten, bedeutet, dem Casino Geld zu schenken. Hierzu verweise ich besonders auf die obige Literaturstelle (78).

13. Die Wahrscheinlichkeitsverteilungen für Roulette und für Black Jack

13.1. Die Wahrscheinlichkeitsverteilungen für 1 Spiel

Bevor ich darauf eingehe, welche Wahrscheinlichkeitsverteilungen Ihnen ein Black Jack-Spiel bietet, möchte ich Ihre Aufmerksamkeit auf die Zahlentafeln 4a und 4b lenken, wo als Vergleichsbasis die Wahrscheinlichkeitsverteilungen für Roulette bei Spiel

– auf Plein,

– auf einfache Chancen

numerisch dargestellt sind: Das Roulette-Spiel auf Plein führt mit der großen Wahrscheinlichkeit von 97,30 % zu dem Verlust Ihres Einsatzes, bietet dafür aber mit der geringen Wahrscheinlichkeit von 2,70 % den hohen Gewinn des 35fachen Einsatzes. Der wahrscheinlichkeitstheoretische Erwartungswert für das Roulette-Spiel auf Plein beträgt

(a) $$-1/37 = -2{,}7027\,\%$$

Diese negative Erwartung kommt beim Roulette dadurch zustande, daß der Roulette-Kessel einschließlich der magischen Zahl zéro 37 Zahlenfelder umfaßt, Roulette hinsichtlich der Gewinnauszahlung jedoch so gehandhabt wird, wie wenn nur 36 Spielresultate möglich wären. Der sehr große Abstand zwischen dem Verlust und dem Gewinn beim Roulette-Spiel auf Plein erbringt für dieses Spiel gemäß Zahlentafel 4a die sehr große Varianz (vgl. Abschnitt 4.2) von 34,0804.

Beim Roulette-Spiel auf einfachen Chancen ist es in europäischen Casinos üblich, den Einsatz »zu sperren«, falls zéro fällt. Der Roulette-Spieler hat aber wie beim american roulette einen Anspruch darauf, bei zéro den halben Einsatz zurückzuerhalten und damit abschließend 50% seines Einsatzes zu verlieren. Eine genaue wahrscheinlichkeitstheoretische Untersuchung ergibt, daß diese Variante für den Roulette-Spieler günstiger ist als das Sperren des Einsatzes.* Es wird deshalb in Zahlentafel 4b diese Art des Roulette-Spiels auf einfachen Chancen betrachtet. Dieses ist dann wie folgt charakterisiert:

Mit der Wahrscheinlichkeit (18/37) verliert der Spieler seinen Einsatz. Mit derselben Wahrscheinlichkeit fällt ihm ein Gewinn in Höhe seines Einsatzes zu. Mit der Wahrscheinlichkeit (1/37) tritt zéro mit Verlust des halben Einsatzes ein. – Die Wahrscheinlichkeitsverteilung des Roulette-Spiels auf einfachen Chancen besitzt gemäß Zahlentafel 4b den Erwartungswert

$$-1/74 = -1{,}3514\,\% \qquad \text{(b)}$$

Die Varianz ist mit 0,9795 verhältnismäßig klein. Hierin kommt zum Ausdruck, daß das Roulette-Spiel auf einfachen Chancen bei einem geringen Verlustrisiko aber auch nur niedrige Gewinnchancen eröffnet.

Die Zahlentafeln 5a, 5b und 5c zeigen die Wahrscheinlichkeitsverteilungen für je 1 Black Jack-Spiel unter Zugrundelegung der

- extended rules (Zahlentafel 5a)
- resplit rules (Zahlentafel 5b)
- restrictive rules (Zahlentafel 5c)

Diese Verteilungen besitzen die Kennzahlen:

* Eine genaue wahrscheinlichkeitstheoretische Untersuchung finden Sie in Pierre Basieux, Roulette – Die Zähmung des Zufalls, 4.Auflage, München 1996.

Regel	Erwartungswert bezogen auf 1 Spiel %	Erwartungswert bezogen auf Einsatz %	Varianz
extended rules	−0,4502	−0,4088	1,2356
resplit rules	−0,6095	−0,5592	1,1982
restrictive rules	−0,7253	−0,6678	1,1926

Die in der linken Zahlenspalte der vorstehenden Tabelle erscheinenden leicht negativen statistischen Erwartungswerte (−0,0045), (−0,0061) und (−0,0073) sind es, auf welche bei der Diskussion in Abschnitt 8.5 vorgreifend hingewiesen wurde. Der Black Jack-Spieler besitzt vor Beginn jedes einzelnen Black Jack-Spiels die vorgenannten, in Abhängigkeit von den Spielregeln etwas unterschiedlichen leicht negativen wahrscheinlichkeitstheoretischen Erwartungswerte, sobald er sein bet plaziert hat. Diese Erwartungswerte können wegen ihres Vorzeichens »–« aber nicht als dialektisches Argument für die Ablehnung des Black Jack-Spiels dienen. Entscheidend ist, welchen Nutzen u(Y) der player dem unbestimmten Ausgang Y einer ganzen Folge von Black Jack-Spielen zuordnet. Diese Frage wird in Abschnitt 15. beantwortet.

Bezüglich der Zweiteilung der oben mitgeteilten Erwartungswerte ist die folgende Erklärung angebracht: Die Zahlentafeln 5a bis 5c erbringen die wahrscheinlichkeitstheoretischen Erwartungswerte für die dort gezeigten Wahrscheinlichkeitsverteilungen, wobei 1 Spiel statistisch als Einheit gezählt wird. Gemäß der in Abschnitt 11. besprochenen Zahlentafel 3 hat der player im Durchschnitt einer langen Spielfolge je Spiel durch Wahrnehmung von double down und von split pairs nicht nur 1 bet zu setzen, sondern einen durchschnittlich erhöhten stake. Bezieht man die durchschnittlichen Spielergebnisse auf den Einsatz, um zu spezifischen Erwartungswerten zu gelangen, die mit denen beim Roulette-Spiel vergleichbar sind, so reduzieren sich die negativen Erwartungswerte aus den Zahlentafeln 5a bis 5c zu den in der zweiten Spalte in der letzten Tabelle mitgeteilten negativen Erwartungswerten in % des Einsatzes.

Ein Vergleich der Zahlentafeln 5a bis 5c sowie der obigen zusammenfassenden Tabelle mit den Zahlentafeln 4a und 4b zeigt, daß die durchschnittliche Verlusterwartung bei Black Jack wesentlich kleiner ausfällt als beim Roulette. Dabei registriert man eine Rückläufigkeit der Verlusterwartung, wenn man von den restrictive rules über die resplit rules zu den extended rules übergeht. Worauf dieser Effekt zurückzuführen ist, kann man den Zahlentafeln 5a bis 5c entnehmen:

Vergleicht man zunächst in diesen Zahlentafeln die Wahrscheinlichkeiten für den Verlust von 1 bet (Argument −1,0 bet) mit dem Gewinn von 1 bet oder von 1,5 bets bei BLACK JACK (Argumente +1,0 bet bzw. +1,5 bets), so beobachtet man in allen Zahlentafeln 5a bis 5c ein starkes Übergewicht der Verlustwahrscheinlichkeiten. Ein Black Jack-Spieler, der nicht von allen strategisch gebotenen Optionen double down und split pairs Gebrauch macht, stellt sich im Black Jack-Spiel finanziell merklich schlechter als beim Roulette-Spiel.

Die relativ günstigen Ergebnisse des Black Jack-Spiels und seine Überlegenheit gegenüber dem Roulette kommen dadurch zustande, daß die durch double down und split pairs erzeugten Mehrfachspiele jeweils eine höhere Gewinnwahrscheinlichkeit als Verlustwahrscheinlichkeit aufweisen. Dazu vergleiche man in den Zahlentafeln 5a bis 5c jeweils paarweise die den Argumenten (−2 bets; +2 bets), (−3 bets; +3 bets) usw. zugeordneten Wahrscheinlichkeiten. Man stellt fest, daß innerhalb eines solchen Paares dem positiven Argument stets eine höhere Wahrscheinlichkeit als dem negativen Argument zugehört.

Die Varianzen sind beim Black Jack-Spiel durchgehend merklich größer als beim Roulette-Spiel auf einfachen Chancen. Das gilt besonders für die extended rules. Diese beinhalten zwar – auf das einzelne Spiel bezogen – höhere Risiken für den player als das Roulette-Spiel auf einfachen Chancen, eröffnen dem player aber einen sehr viel breiteren Gewinnfächer.

13.2 Die Wahrscheinlichkeitsverteilungen für Spielfolgen

In den Zahlentafeln 6a und 6b wurden die Wahrscheinlichkeitsverteilungen für den gain dargestellt, der sich einstellt, wenn man alternativ 100, 200 oder 400 Roulette-Spiele auf Plein oder auf einfache Chancen wahrnimmt.

Gerade die Zahlentafel 6a für das wiederholte Roulette-Spiel auf Plein mag zeigen, wie problematisch die Spielbeurteilung nach Maßgabe des wahrscheinlichkeitstheoretischen Erwartungswertes ist: Entsprechend der Formel (i) des Abschnitts 4.2 vervielfacht sich die negative Ergebniserwartung von −2,7027 bets je 100 Spiele auf das 4fache, wenn man zu der Variante von 400 Roulette-Spielen auf Plein übergeht. Aber bereits die Wahrscheinlichkeitsverteilung für 100 derartige Roulette-Spiele weist eine erhebliche Zerrissenheit auf, die sich bei vergrößerter Spielanzahl noch mehr steigert. Bei 100 Roulette-Spielen auf Plein besteht eine Wahrscheinlichkeit von 24,396 % dafür, daß der Spieler mehr als 30 Einsätze verliert. Mit der Wahrscheinlichkeit 24,665 % hält sich der Verlust im Bereich zwischen 27 und 30 Einsätzen. Zwischen 6 und 9 Einsätzen gewinnt der Roulette-Spieler mit der Wahrscheinlichkeit 22,381 %. Dafür daß der Gewinn 30 Einsätze übersteigt, beträgt die Wahrscheinlichkeit 28,558 %. Angesichts eines solch breiten Spektrums verliert der wahrscheinlichkeitstheoretische Erwartungswert als rechnerische Durchschnittszahl (vgl. Abschnitt 4.2) an Aussagekraft. Wäre der Erwartungswert allein für die Spielbeurteilung maßgebend, so gäbe es keine permanenten Roulette-Spieler!

Eine ganz andere Struktur besitzen die Wahrscheinlichkeitsverteilungen der Zahlentafel 6b, die für das wiederholte Roulette-Spiel auf einfachen Chancen gelten. Hier wird eine starke Zentrierung der Wahrscheinlichkeitsmasse um die mit wachsender Spielanzahl stärker ins Negative absinkenden Erwartungswerte beobachtet. Man hat jedoch auch zu beachten, daß die aufgrund der Formel (j) des Abschnitts 4.2 zunehmende Varianz eine verstärkte Ausbreitung der Wahrscheinlichkeitsverteilung nach unten und oben mit sich bringt, wenn man von 100 über 200 zu 400 Roulette-Spielen übergeht.

Nach diesen vorbereitenden Betrachtungen können die in den Zahlentafeln 7a, 7b und 7c dargestellten Wahrscheinlichkeitsverteilungen für 100, 200 und 400 Black Jack-Spiele bei Geltung der extended, resplit and restrictive rules relativ kurz abgehandelt werden:

Die Wahrscheinlichkeitsverteilungen für die Black Jack-Spielfolgen in den Zahlentafeln 7a, 7b und 7c ähneln in ihrer Form den Wahrscheinlichkeitsverteilungen von Zahlentafel 6b für das wiederholte Roulette-Spiel auf einfache Chancen. Es bestehen nur geringe, visuell kaum wahrnehmbare Unterschiede aufgrund

- der näher bei 0 gelegenen Erwartungswerte,
- der größeren Varianzen.

Bezüglich der letzteren, in den Zahlentafeln 7a, 7b und 7c genannten Zahlwerte werde noch die folgende entschuldigende Bemerkung nachgetragen:

Aufgrund der Formel (j) des Abschnitts 4.2 muß die Varianz theoretisch bei Übergang von 100 zu 200 und zu 400 Spielen genau auf das Doppelte und das Vierfache ansteigen. Wenn die Zahlwerte in den Zahlentafeln 7a, 7b und 7c insbesondere bei 400 Spielen etwas von diesem Gesetz abweichen, so ist das auf numerische Unzulänglichkeiten bei der Erstellung der Zahlentafeln 7a, 7b und 7c mittels Computerrechnungen zurückzuführen. Es wurde bei der Konstruktion dieser Zahlentafeln vom statistischen »Gesetz der großen Zahlen« Gebrauch gemacht, demgemäß die »relative Häufigkeit« eines unbestimmten Ereignisses mit zunehmender Anzahl der Versuchswiederholungen gegen die Wahrscheinlichkeit dieses Ergebnisses konvergiert (80). Bei je 1 Million auf dem Computer simulierter Black Jack-Spiele ergeben sich

- 10000 Folgen von 100 Spielen.
- 5000 Folgen von 200 Spielen.
- 2500 Folgen von 400 Spielen.

Die rückläufige Anzahl der statistisch jeweils als ein »Versuch« zu wertenden Spielfolgen bringt es mit sich, daß die Wahrscheinlichkeitsverteilungen für längere Spielfolgen numerisch stärker fehlerbehaftet sind als die kürzeren Spielfolgen. Vergleicht man jedoch die in den Zahlentafeln 7a, 7b und 7c ausgewiesenen numerischen Varianzen mit den Zahlwerten, die sich durch Anwendung der Formel (j) des Abschnitts 4.2 für 200 und 400 Spiele durch Verdopplung und Vervierfachung der Varianz von 100 Spielen hätten einstellen müssen, so registriert man nur relativ geringe numerische Abweichungen. Sie deuten darauf hin, daß den Wahrscheinlichkeitsverteilungen der Zahlentafeln 7a, 7b und 7c für die praktische Bewertung des Black Jack-Spiels ein großes Vertrauen entgegengebracht werden kann.

14. Betting strategies for Black Jack

14.1 Das Ziel von betting strategies

Betting strategies sagen dem player,

- ob und nach welchen Kriterien er innerhalb einer Spielfolge seine betsize variieren soll,
- bei Eintritt welcher Sachverhalte der player die jeweilige Spielfolge beenden sollte.

Einstein (81) empfiehlt ein progressives betting folgender Art:

Der player soll wechselweise »small bets« und »big bets« setzen. Die »big bets« machen das 5fache der »small bets« aus. – Der player hat eine Spielfolge mit einem small bet zu beginnen, auf ein big bet überzuwechseln, sobald er ein Spiel gewonnen hat und bei diesem big bet so lange zu bleiben, bis ein Spielverlust entsteht. Danach tritt wieder Wechsel auf das small bet ein. – Der player hat seine Spielfolge zu beenden, wenn er entweder das 12fache des big bet verloren oder das 9fache des big bet gewonnen hat. Längstens soll der player unabhängig vom Gewinn oder Verlust nach einer Stunde die Spielfolge abbrechen.

Einstein will glauben machen, daß man aufgrund seiner betting strategy den wahrscheinlichkeitstheoretischen Erwartungswert des Black Jack-Spiels auf +1,4 % des summierten Spieleinsatzes zu steigern vermöchte (82).

Patterson stellt mit Recht fest, daß durch ein variables betting die durchschnittliche wahrscheinlichkeitstheoretische Erwartung einer Black Jack-Spielfolge nicht verändert wird (83). Dementsprechend wird die Schrift von Einstein durch Patterson als unzutreffend und als nicht empfehlenswert abgelehnt (84). Dasselbe ablehnende Urteil ist bezüglich der Schrift von Popik (84a) geboten.

Den Äußerungen von Patterson ist unbedingt zuzustimmen. Es ergibt sich aus der Formel (i) des Abschnitts 4.2, daß ein variables betting während einer Black Jack-Spielfolge niemals das Fortpflanzungsgesetz des wahrscheinlichkeitstheoretischen Erwartungswertes zu durchbrechen vermag. Ein variables betting, insbesondere ein progressives betting in einer Gewinnphase vermag aber die Form der zu einer langen Spielfolge gehörenden Wahrscheinlichkeitsverteilung über dem gain zu beeinflussen. Hierzu zitiere ich Schneeweiß (85):

»Markowitz stellt fest, daß Spieler auch in ein symmetrisches Spiel, das oft wiederholt wird, durch entsprechende Variation der Einsätze die gewünschte Schiefe hineinbringen können. Sie brauchen nur ihre Einsätze zu erhöhen, solange sie am Gewinnen sind, und sie erniedrigen, sobald sie verlieren. Bei konsequenter Verfolgung dieser Strategie entsteht automatisch eine linkssteile Wahrscheinlichkeitsverteilung für den Gesamtgewinn (bzw. -verlust) einer Spielserie. Ein solches Verhalten wurde von Mosteller und Nogee beobachtet und für ihre experimentelle Nutzenmessung als störend empfunden.«

Die vorstehend erwähnte Schiefe einer linkssteilen Wahrscheinlichkeitsverteilung verspricht dem Spieler hohe Gewinne mit kleinen Wahrscheinlichkeiten (86). Solche Wahrscheinlichkeitsverteilungen sagen Glückspielern zu, welche die Mentalität von Lotto-Spielern mit Systemschein haben und eine entsprechend geformte, Risikopräferenz anzeigende Nutzenfunktion bilden (vgl. Abschnitt 5.4).

In Abschnitt 15.1 beschreibe ich die Nutzeneinschätzung durch einen Black Jack-player mittels einer mehr konservativen repräsentativen Nutzenfunktion; denn ich möchte nicht gamblers, sondern players das Black Jack-Spiel empfehlend nahebringen.

Die von mir in Abschnitt 14.3 für die weiteren Untersuchungen in Betracht gezogenen betting strategies verfolgen in Hinblick auf die vorerwähnte Nutzenfunktion eines player, der kalkuliertes beschränktes Risiko einzugehen bereit ist, um Gewinne zu machen, das Ziel, die Wahrscheinlichkeitsverteilungen einer mehr oder weniger langen Spielfolge so zu formen, daß sich für den player Nutzenmaximierung einstellt. Welche der einzelnen durchgerechneten betting strategies letztlich zu empfehlen ist, wird in Abschnitt 15.3 gezeigt werden.

14.2 Das Gebot des flat betting

Innerhalb der in Betracht gezogenen betting strategies gehe ich vom flat betting, d. h. von gleich hohen betsizes während einer Spielfolge, aus. Als Grundlage hierfür ist im wesentlichen der folgende Gesichtspunkt maßgebend:

Der player hat vor jedem Black Jack-Spiel sein bet zu plazieren, bevor er weiß, ob ihm im ersten dealing step gemäß Abschnitt 2.3 eine erfolgversprechende hand zufällt. Das allein ist aber für das flat betting noch nicht entscheidend. Ausschlaggebend ist die dem Black Jack-Spiel innewohnende Eigenart, daß der player zur Wahrung seiner Chancen erst während des Spiels, wenn er eine entsprechend gute hand hält, seinen stake durch Setzen weiterer bets steigern darf. Hierfür steht dem player nur eine beschränkte bankroll zur Verfügung, die er rationell zu verwenden hat, um gegen das Casino, vertreten durch den dealer, zu bestehen.

Zur Demonstration des Gebotes gleichbleibender bets und der Gefahren, die bei Verletzung dieser Regel gegeben sind, möchte ich Sie mit den beiden folgenden Beispielen konfrontieren:

a) Sie haben während einer Spielfolge Ihre betsize auf das Doppelte des von Ihnen regulär gespielten Betrages vergrößert. Sie erhalten gegen »9« in dealer shows das Kartenpaar (8, 8). Hier empfiehlt Ihnen die in Abschnitt 10. entwickelte Strategie die Wahrnehmung von split pairs. Aus Zahlentafel 2h entnehmen Sie aber, daß Sie – bezogen auf 1 bet – Ihre Ergebniserwartung lediglich von –0,50932 auf –0,42037 vergrößern. Werden diese Nutzenwerte mittels Ihrer regulären betsize gemessen, so tritt eine Nutzensteigerung von –1,01864 auf –0,84074 ein. Diese schlechten Ergebnisaussichten können in Ihnen die Erwägungen wecken, nach dem Motto »Warum soll ich mein gutes Geld dem schlechten nachwerfen?« vom split pairs Abstand zu nehmen. Dann sind Sie aber gerade auf dem Weg des systematischen Ungewißheitsspielers gemäß Abschnitt 6.4, der keinen Spielerfolg verspricht.

b) Sie haben während einer Spielfolge Ihre betsize auf die Hälfte des regulären Betrages verringert. Es fällt Ihnen jetzt bei »6« in dealer shows ein 10er-Paar zu. Dann haben Sie gemäß dem unteren Teil von Zahlentafel 2h, bezogen auf Ihre reguläre betsize, eine Ergebniserwartung von

$$0{,}5 \times 0{,}70396 = 0{,}35198$$

Sie haben somit durch die Reduzierung Ihrer betsize Ergebniserwartung eingebüßt. Sie könnten jetzt in Anbetracht des niedrigen Einsatzes auf die Idee kommen, bezüglich der hand (10, 10) split pairs wahrzunehmen, weil die Karte mit dem Wert 6 in dealer shows mit hoher Wahrscheinlichkeit zu dealer busts führt. Sie könnten unter diesem Gesichtspunkt dazu geneigt sein, Ihren vorher gemachten betting-Fehler durch Verdoppelung Ihres stake im Zuge von split pairs wieder zu korrigieren. Dann ergibt sich gemäß dem oberen Teil der Zahlentafel 2h – wiederum bezogen auf Ihre reguläre betsize – die Ergebniserwartung

$$0{,}5 \times 0{,}57559 = 0{,}28780$$

Auch in diesem Falle verleitet Sie die Änderung der betsize zu einem fehlerhaften Spiel.

Die in den Beispielen a) und b) numerisch aufgezeigten Minderungen der wahrscheinlichkeitstheoretischen Erwartungen für den Spielausgang werden von Ihnen nicht als Nutzenminderung empfunden, falls die hier besprochenen fehlerhaften Spielzüge dem Ziel dienen, einen vorher gemachten Fehler zu korrigieren. Ihre Präferenzordnung läßt sich in diesem Falle nicht mehr mittels der linearen Approximation der Nutzenfunktion gemäß den Ausführungen am Ende von Abschnitt 5.4 beschreiben. Die Variation Ihrer betsize während einer Spielfolge bringt Sie dazu, während eines einzelnen Black Jack-Spiels wertende Erwägungen unter Zugrundelegung eines deformierten Präferenzfeldes anzustellen, die Sie von der mit rationaler coolness zu befolgenden optimalen Spielstrategie ablenken.

Ich muß deshalb meine dringende Empfehlung für das flat betting wiederholen. Nur die konsequente Befolgung des Gebotes gleichbleibender bets gewährleistet Ihnen, Ihre beschränkte bankroll effektiv im strategisch fehlerfreien Spiel einzusetzen. Vergeben Sie keine Gewinnchancen, indem Sie während einer Spielfolge willkürlich Ihre betize herabsetzen. Behalten Sie sich eine Erhöhung Ihres stake auf mehr als 1 bet nur für die Fälle vor, in welchen aufgrund der Ihnen aus den Zahlentafeln 2e bis 2h bekannten guten Ergebniserwartungen das Plazieren eines oder mehrerer zusätzlicher bets für Sie erfolgversprechend ist.

In diesem Sinne rate ich Ihnen davon ab, sogenannte »Paroli-Spiele« zu machen, bei denen ein Spieler nach dem Gewinn eines Spiels seinen durch die Gewinnzahlung verdoppelten Einsatz für das nächste Spiel stehen läßt.

Da gemäß den Ausführungen am Schluß von Abschnitt 4.2 bei Spiel eines player auf zwei hands in zwei boxes die beiden hierdurch entstehenden Zufallsvariablen bezüglich des Ausgangs dieser simultanen Black Jack-Spiele korreliert sind, hat die temporäre Wahrnehmung eines solchen Spiels der Tendenz nach dieselbe deformierende Wirkung auf die Wahrscheinlichkeitsverteilung einer langen Spielfolge wie die vorübergehende Erhöhung der betsize. Ich rate Ihnen deshalb auch von einer solchen Spielvariation ab, um das flat betting nicht auf diese Weise zu durchbrechen.

Der dealer möchte Sie auch häufig zum progressiven betting anregen: Falls Sie ein Spiel mit einem auf 2 bets erhöhten stake gewonnen haben, zahlt Ihnen der dealer oft den Gewinn nicht in Chips Ihrer regulären betsize aus, sondern gibt Ihnen einen einzigen Chip mit dem doppelten Wert. Beträgt z. B. Ihre reguläre betsize 50 DM, so erhalten Sie bei Gewinn eines Doppelspiels statt 2 Chips von 50 DM 1 Chip mit dem Wert 100 DM. Benötigen Sie im Zuge der Spielfolge diesen Betrag für einen Spieleinsatz, so sollten Sie keine Hemmungen haben, sich das größere Chip vom dealer wechseln zu lassen, damit Sie beim flat betting bleiben können.

14.3 Die in Betracht gezogenen betting strategies

Die weiterhin betrachteten betting strategies mit flat betting sind durch die folgenden Kriterien für die Beendigung einer Spielfolge gekennzeichnet:

a) Es werden alternativ maximal 100, 200 oder 400 Black Jack-Spiele innerhalb einer Spielfolge durchgeführt. Kommt nicht schon vorher eines der drei folgenden Kriterien b), c) oder d) für die Beendigung der Spielfolge zum Zuge, so hat der player mit Vollendung der vorgenannten Anzahl von Einzelspielen seine Spielfolge abzuschließen. Bei mit 7 players voll besetztem Black Jack-Tisch können Sie im Durchschnitt mit 60 Spielen in der Stunde rechnen. Das ergibt die ungefähren Spieldauern

   - 100 Spiele: Etwa 1½ Stunden
   - 200 Spiele: Etwa 3½ Stunden
   - 400 Spiele: Etwa 6½ Stunden

b) Es werden alternative bankrolls von 10, 20, 30 oder 40 bets angenommen. Hat der player im Zuge einer Spielfolge seine ganze bankroll verloren, so ist die Spielfolge zu beenden. Im Interesse eines optimalen Spiels wird jedoch angenommen und ist für das praktische Spiel zu empfehlen, über die bankroll hinaus Geld in Chips umzutauschen und im Spiel einzusetzen, falls bei Aufzehrung der bankroll die Gelegenheit für die Steigerung des stake durch double down oder durch split pairs gegeben ist. Dieser Überhang an Chips darf aber nur temporär eingesetzt werden und hat nicht für die Fortsetzung der Spielfolge Verwendung zu finden, falls das Mehrfachspiel gewonnen worden ist.

c) Es wird ein terminal gain von alternativ 5, 10, 15 oder 20 bets fixiert, bei dessen Erreichen oder Überschreiten die Spielfolge abzuschließen ist. Eine Überschreitung des terminal gain kann eintreten, wenn durch BLACK JACK im Laufe der Spielfolge oder durch ein gewonnenes letztes Mehrfachspiel der player einen höheren Gewinn als nur 1 bet je Black Jack-Spiel erhält.

d) Wird im Zuge der Spielfolge die Hälfte der bankroll verloren, so reduziert sich der teminal gain von den in c) angenommenen Beträgen auf »0«. Der player beendet dann seine Spielfolge, sobald er dahingehend einen Ausgleich erzielt hat, daß er den Black Jack-Tisch ohne finanziellen Verlust verlassen kann. Auch in diesem Falle ist es möglich, daß durch BLACK JACK oder durch ein am Ende gewonnenes Mehrfachspiel sich ein geringfügiger positiver Chip-Überhang einstellt.

14.4 Die Wahrscheinlichkeitsverteilungen für Spielfolgen bei Anwendung von betting strategies

Wie schon in Abschnitt 14.1 gesagt, verfolgt eine betting strategy das Ziel, die Form der Wahrscheinlichkeitsverteilung für den gain einer Spielfolge so zu gestalten, daß sie von dem player als günstig beurteilt wird.

Die Zahlentafeln 8a, 8b und 8c zeigen am Beispiel der Kriterien

- bankroll 30 bets,
- terminal gain 10 bets,

wie solch deformierte Wahrscheinlichkeitsverteilungen aussehen:

Im Gegensatz zu den nahezu symmetrischen Wahrscheinlichkeitsverteilungen der Zahlentafeln 7a, 7b und 7c besitzen die Wahrscheinlichkeitsverteilungen der Zahlentafeln 8a, 8b und 8c jeweils eine Verdichtung der Wahrscheinlichkeitsmasse in der Nähe der gains

- terminal gain: +10 bets,
- 0-Ergebnis: 0 bets,
- Verlust der bankroll: –30 bets.

Die Konzentration der Wahrscheinlichkeitsmasse in der Nähe des terminal gain nimmt mit wachsender möglicher Spielanzahl je Spielfolge zu. Dafür wächst aber auch die Wahrscheinlichkeit für den Verlust der ganzen bankroll. Die Wahrscheinlichkeitsmasse insgesamt wird durch die Beendigungsimperative für die Spielfolge aus der betting strategy auf einen engeren gain-Bereich zusammengedrängt, als dies in den Zahlentafeln 7a, 7b und 7c, besonders bei Spielanzahlen von 200 und 400, zu beobachten war.

Die Zahlentafeln 9a, 9b und 9c vermitteln ein zusammengefaßtes Bild bezüglich der Verteilung der Wahrscheinlichkeitsmasse bei Anwendung der verschiedenen in Betracht gezogenen betting strategies. Die hier zu erkennenden Charakteristika der verschiedenen betting strategies sollen anhand einiger Beispiele aus Zahlentafel 9a erläutert werden:

Verfügt der player über eine bankroll von lediglich 10 bets und setzt er sich das bescheidene Ziel eines terminal gain von 5 bets, so wird dieser Gewinn in Abhängigkeit von der zugelassenen Anzahl von Einzelspielen mit den folgenden Wahrscheinlichkeiten erreicht:

Maximale Spielanzahl	Wahrscheinlichkeit für das Erreichen des terminal gain %
100	47,7947
200	48,6003
400	48,9440

Es besteht aber auch die relativ große Gefahr des Gesamtverlustes der kleinen bankroll von 10 bets und eine große Wahrscheinlichkeit dafür, daß die Spielfolge mit dem 0-Ergebnis endet. Aus Zahlentafel 9a entnimmt man hierfür die Wahrscheinlichkeiten:

Maximale Spielanzahl	Wahrscheinlichkeit für	
	Verlust der bankroll %	0-Ergebnis %
100	26,3177	23,7922
200	27,5464	23,8136
400	27,6927	23,3633

Daß die in den beiden letzten Tabellen mitgeteilten, aus Zahlentafel 9a entnommenen Wahrscheinlichkeiten bei zunehmender maximaler Spielanzahl so wenig differieren, ist darauf zurückzuführen, daß die Spielfolge bei der kleinen bankroll 10 bets und dem niedrigen terminal gain 5 bets mit großer Wahrscheinlichkeit stets nach durchschnittlich etwa 35 Spielen aufgrund des Greifens der Kriterien b), c) oder d) des Abschnitts 14.3 ihr Ende findet.

Ein ganz anderes Bild bietet sich, wenn man im anderen Extrem das Beispiel

– bankroll 40 bets,

– terminal gain 20 bets

näher betrachtet. Hier erbringt die Zahlentafel 9a die folgenden Wahrscheinlichkeiten:

Maximale Spielanzahl	Wahrscheinlichkeit für Verlust der bankroll %	0-Ergebnis %	Erreichen des terminal gain %
100	0,0499	10,8230	6,4978
200	1,3161	8,0565	18,3712
400	7,7177	10,3983	31,9519

In dem hier angenommenen Fall beendet meist das Kriterium a) von Abschnitt 14.3 (maximale Anzahl der Einzelspiele) die Spielfolge. Die Wahrscheinlichkeit dafür, daß der player den von ihm erstrebten terminal gain von 20 bets erreicht, nimmt mit wachsender Maximalzahl der zugelassenen Spiele merklich zu. Allerdings steigt auch das Risiko, die gesamte große bankroll von 40 bets zu verlieren.

Beschränkt der player mit der bankroll 40 bets seinen terminal gain auf 10 bets, so entnimmt man der Zahlentafel 9a die folgenden Wahrscheinlichkeiten:

Maximale Spielanzahl	Wahrscheinlichkeit für Verlust der bankroll %	0-Ergebnis %	Erreichen des terminal gain %
100	0,0499	8,4087	33,8552
200	1,3120	4,7800	50,0295
400	7,0658	7,2706	59,4684

Auch hier liegen die Wahrscheinlichkeiten für den Verlust der gesamten bankroll in derselben Größenordnung wie im voraufgegangenen Beispiel des höheren terminal gain von 20 bets. Diesmal wird der reduzierte terminal gain von 10 bets aber mit merklich höheren Wahrscheinlichkeiten erzielt. Vergleicht man die jeweils entsprechenden Gewinnwahrscheinlichkeiten für den terminal gain der einzelnen betting strategies in den Zahlentafeln 9a, 9b und 9c miteinander, so stellt man in bezug auf diese Wahrscheinlichkeiten wieder die Rangfolge

(1) extended rules (Zahlentafel 9a)

(2) resplit rules (Zahlentafel 9b)

(3) restrictive rules (Zahlentafel 9c)

fest. Dem player werden somit auch bei Anwendung von betting strategies höhere Gewinnchancen eröffnet, je mehr Möglichkeiten die Spielregeln bieten, den stake bei guter player's hand durch resplit oder durch double down after split pairs zu steigern.

Zum Abschluß noch eine Bemerkung hinsichtlich der in den Zahlentafeln 9a, 9b und 9c nachrichtlich mitgeteilten, in bets ausgedrückten durchschnittlichen Verlusterwartungen (negative »advantage«):

Die durchschnittliche Verlusterwartung je 100 Spiele wird durch die betting strategies nicht berührt. Sie finden deshalb in der diesbezüglichen Spalte der Zahlentafeln 9a, 9b und 9c durchgehend die Durchschnittszahlen

– extended rules	–0,4502 %
– resplit rules	–0,6095 %
– restrictive rules	–0,7253 %

welche bereits aus den in Abschnitt 13.1 besprochenen Zahlentafeln 5a, 5b und 5c bekannt sind. Dagegen differiert der durchschnittliche Verlust in Abhängigkeit von der betting strategy, charakterisiert durch bankroll, terminal gain und Maximalanzahl der zugelassenen Spiele sehr stark. Aus dem Verhältnis dieser Durchschnittszahlen zu den obigen %-Sätzen lassen sich Schlüsse darüber ziehen, wie viele Einzelspiele innerhalb einer Spielfolge aufgrund der Beendigungskriterien der einzelnen betting strategy im Durchschnitt zustande kommen.

Vorstehend wurde das Wort »Durchschnitt« mehrfach benutzt. Sie wissen bereits aus Abschnitt 4.2, welche reservierte Haltung gegenüber der Aussagekraft von Durchschnittszahlen ich einnehme. Denken Sie zurück an unseren Restaurantbesuch mit dem Genuß von 2 Fischen, von denen Sie durchschnittlich einen gegessen haben! Für die Spielbewertung kommt es darauf an, wie der player die durch eine betting strategy generierte Wahrscheinlichkeitsverteilung über dem gain einer Spielfolge als Ganzes aufgrund des in Abschnitt 5.3 vorgestellten Bernoulli-Prinzips beurteilt.

15. Die Nutzenbewertung von Wahrscheinlichkeitsverteilungen für Spielfolgen

15.1 Die Nutzenfunktion

Bevor ich auf die Besprechung der in Abb. 5 gezeigten Nutzenfunktion des player im einzelnen eingehe, möchte ich unter Rückgriff auf die Ausführungen der Abschnitte 5.1 und 5.4 zwei Bemerkungen voranschicken:

a) Das Präferenzfeld jedes Individuums ist dessen höchstpersönliche Angelegenheit. Ich kann deshalb keinem player vorschreiben, welchen Nutzen er dem Black Jack-Spiel grundsätzlich und den hierbei zu erzielenden Spielergebnissen entgegenzubringen hat. Trotzdem erlaube ich mir, eine repräsentative Nutzenfunktion der Bewertung des Black Jack-Spiels zugrunde zu legen. Sie soll dazu dienen, aufzuzeigen, wie man bei einer von vielen players vertretenen Anschauung zu einer positiven Einstellung zum Black Jack-Spiel bei Befolgung

   - einer optimalen Spielstrategie,

– einer optimalen betting strategy

gelangt.

b) Das Präferenzfeld eines player und die hieraus entspringende Nutzenfunktion ändert sich in Abhängigkeit von der gegebenen Umweltsituation. Hat der player sich für das Black Jack-Spiel entschieden und sitzt er am Spieltisch, so sind seine Empfindungen bezüglich des Gewinns oder Verlustes von einem bet oder von mehreren bets in einem einzelnen Spiel ganz andere als die bei Bildung der Entscheidung für eine Spielfolge. Wie ich bei der Entwicklung der optimalen Spielstrategie an verschiedenen Stellen dieses Buches angemerkt habe, sollte der player im einzelnen Spiel bezüglich des auf dem Spiel stehenden stake eine nahezu lineare Nutzenfunktion bilden. Nur bei ihrem Bestehen besitzt der player die kühle Rationalität, um jeden Spielzug gemäß der in diesem Buch entwickelten Black Jack-Strategie ohne Hemmungen durchzuführen. – Zwischen zwei aufeinanderfolgenden Black Jack-Spielen sollte sich der player über die Fortsetzung der Spielfolge keinen wertenden Erwägungen hingeben. Dazu hatte sich der player bereits entschieden, als er am Black Jack-Tisch Platz nahm. – Nur auf diese Anfangssituation bezieht sich die im folgenden betrachtete Nutzenfunktion. Sie wird vom player gebildet, bevor er sich an den Black Jack-Tisch setzt und die von ihm gewollte Spielfolge startet.

Die Nutzenfunktion u(y) in Abb. 5 gibt in Abhängigkeit von dem sicheren gain y den Nutzen wieder, den der player für den Erhalt der geldwerten Zuwendung y bildet. Bei der Interpretation dieser Aussage ist Vorsicht geboten. Schneeweiß führt ein Paradoxon von Marschak an, das sich auf die Kurzformel bringen läßt (87): »Leben ist schön, sterben ist nicht schön, aber das riskante Bergsteigen ist schöner als leben.«

Leben ist eben nicht gleich leben. Es kommt darauf an, welcher Lebensraum einem Individuum geboten wird. Das Entsprechende gilt auch für das Dargebot des gain y in der Nutzenfunktion u(y): y kann nicht einfach in der Hingabe oder Hinnahme eines Geldbetrages /y/ bestehen. y muß darüber hinaus dem player etwas Äquivalentes bieten, das

– der Atmosphäre eines Casinos entspricht,

– den player während eines Abends intellektuell genauso anspannt und befriedigt wie eine Folge von Black Jack-Spielen.

Der player ist bereit, für ein so verpacktes sicheres y einen beschränkten Geldbetrag auszugeben. Lieber wäre es dem player als natürlichem Egoisten jedoch, wenn er zu dem genüßlichen Abend eingeladen würde, also kein Geld hierfür aufzuwenden hätte. Am meisten würde der player es schätzen, wenn er von dem netten Abend noch ein geldwertes Gastgeschenk mit nach Hause nehmen könnte.

Die Nutzenfunktion u(y) ist durch das Präferenzfeld des wertenden player bis auf eine lineare Transformation bestimmt. Um diese Funktion numerisch eindeutig zu fixieren, hat man anzugeben, in welcher Situation der Nutzen »0« und wann der Nutzen »1« bestehen soll. Aus grundsätzlichen entscheidungstheoretischen Erwägungen, die hier nicht zu erörtern sind, bevorzuge ich normierte Nutzenfunktionen mit dem Wertbereich

(a) $$0 \leq u(y) \leq 1$$

Dieser Relation genügt auch die Nutzenfunktion u(y) in Abb. 5, deren Argument, der gain y in bets und deren Nutzenordinate u in % von 0 % bis 100 % ausgedrückt sind. Dem gain y = 0 ist der Nutzen

(b) $$u(0) = 40\,\%$$

zugeordnet.

Für negative Werte y nimmt die Nutzenfunktion u(y) zunächst langsam ab und dann für stark negative Beträge y unter –20 bets schneller ab. Es kommt darin die Einstellung des player zum Ausdruck, finanzielle Nachteile zwar nicht gerne zu sehen, sie aber zu tolerieren, solange sie sich in tragbaren Grenzen halten. Ab etwa ($y < -40$ bets) wird das Unbehagen des player so groß, daß die Nutzenfunktion u(y) im weiteren Verlauf nach links bis ($y = -60$ bets) zu dem nicht mehr unterbietbaren Mißvergnügen

(c) $$u(-60) = 0\,\%$$

hin tendiert.

Nach rechts vom Punkt y = 0 aus, wo der obige Nutzenwert (b) gegeben ist, steigt die Nutzenfunktion u(y) der Abb. 5 innerhalb einer kleinen Rechtsumgebung von positiven Argumentwerten steil an. Der konvexe Kurventeil (3) der in Abschnitt 5.4 gezeigten typischen Nutzenfunktion ist innerhalb der repräsentativen Nutzenfunktion in Abb. 5 nahezu ganz unterdrückt. Die Nutzenfunktion geht rechts vom Nullpunkt des gain sehr schnell in eine von unten konkave Kurvenform über. Hierin wird zum Ausdruck gebracht, daß der player zwar einen steigenden gain zunehmend günstiger beurteilt, jedoch mit steigendem gain eine merkliche Sättigung empfindet.

Wie bereits in Abschnitt 5.4 mitgeteilt wurde, ist die allgemeine Form der Nutzenfunktion der Abb. 5 durch praktische Experimente belegt worden.

Für den weiteren Fortgang der Betrachtung ist wesentlich, auf welche Zufallsvariablen Y die Nutzenfunktion der Abb. 5 durch Bildung von

(d) $$u(Y) = E(u(Y))$$

(vgl. Formel (c) des Abschnittes 5.3) anzuwenden ist. Das sind die Zufallsvariablen Y_n des gain aus Abschnitt 4.3, die am Ende der stochastischen Prozesse generiert werden, die aus den Einzelspielen von mehr oder weniger langen Spielfolgen bestehen. Es wird hierzu auf das diesem Buch als Motto vorangestellte, in Abschnitt 5.4 aus dem Buch von Humble/Cooper zitierte chinesische Sprichwort zurückverwiesen, dem gemäß der player vor dem Spiel sich für

- die Regeln,
- die Einsätze,
- die Aufgabezeit

zu entscheiden hat.

Die »Regeln« sind die in diesem Buch entwickelten Einzelzüge der optimalen Black Jack-Strategie.

Die »Einsätze« bedeuten hier die Höhe der bankroll und die Anzahl der sich hieraus ergebenden bets.

Die »Aufgabezeit« ist der Kurzausdruck für die 4 Endkriterien a) bis d) einer Spielfolge aus Abschnitt 14.3.

Die Entscheidung für ein Y bedeutet somit vor Beginn des Black Jack-Spiels die Fixierung des Willens des player, eine bestimmte betting strategy einschließlich der ihr innewohnenden Endregeln einzuhalten.

Um die Wirksamkeit der in Abschnitt 14.3 umschriebenen betting strategies aufzuzeigen, werden vor deren Behandlung in Abschnitt 15.3 vorweg in Abschnitt 15.2 die Nutzenbildungen u(Y) beschrieben, die entstehen, wenn ein player sich einfach vornimmt, alternativ 100, 200 oder 400 Black Jack-Spiele zu machen. Ohne nähere Angabe wird dabei die Annahme getroffen, daß der player finanziell in der Lage ist, eine hierfür bei Eintritt großer Verluste erforderliche bankroll bereitzustellen. Der Vollständigkeit halber werden in Abschnitt 15.2 entsprechende Spielfolgen des Roulette-Spiels auf Plein und auf einfachen Chancen hinsichtlich des für sie gebildeten Nutzens untersucht.

15.2 Die Bewertung von ungehemmten Spielfolgen für Roulette und für Black Jack

Die Wahrscheinlichkeitsverteilungen aus den Zahlentafeln 6a und 6b für Roulette sowie aus den Zahlentafeln 7a, 7b und 7c für Black Jack mit der Zufallsvariablen Y wurden mit dem Bewertungskalkül der Formel (f) des Abschnitts 4.2 behandelt. Als Nutzenfunktion u(y) wurde hierzu die Kurve in Abb. 5 herangezogen, welche Gegenstand der Erörterungen des voraufgegangenen Abschnitts 15.1 gewesen ist.

Das Ergebnis dieser Operation sind Nutzenwerte

(a) $$u(Y) = E(u(Y))$$

welche anzeigen, wie hoch das Ergebnis der Spielfolgen durch den Roulette-Spieler bzw. durch den player beim Black Jack-Spiel eingeschätzt werden. Eine Spielfolge wird positiv bewertet, falls ihr Nutzen u(Y) den in Abschnitt 15.1 fixierten Nutzenwert

(b) $$u(0) = 40$$

überschreitet. Ein Nutzenwert unter 40 % zeigt an, daß der player einer Spielfolge ablehnend gegenübersteht.

Die numerischen Werte u(Y) für die oben angeführten Fälle sind in Zahlentafel 10a zusammengestellt. Sie ergeben das folgende Bild:

Folgen von 100, 200 oder 400 Roulette-Spielen auf Plein werden von dem player mit der Nutzenfunktion aus Abb. 5 abgelehnt. Dabei nimmt die Aversion mit steigender Spielanzahl je Spielfolge merklich zu, was in den Nutzenwerten zwischen rund 35,5% über 33,51% bis herunter zu 31,98% zum Ausdruck kommt. Der player mit der Nutzenfunktion aus Abb. 5 würdigt nicht die mit geringen Wahrscheinlichkeiten zu erzielenden hohen Gewinne beim Roulette-Spiel auf Plein, ihm mißfallen die hierbei mit großer Wahrscheinlichkeit eintretenden hohen Verluste langer Spielfolgen. (Vgl. die in Abschnitt 13.2 besprochene Zahlentafel 6a.)

Mit den vorstehenden Feststellungen wird keine pauschale negative Kritik an dem Roulette-Spiel auf Plein geübt. Ein Roulette-Spieler mit einer anderen Nutzenfunktion mit höherer Risikopräferenz mag seine Freude an hohen Gewinnen mit niedrigen Wahrscheinlichkeiten haben. Diesen Geschmack besitzt aber nicht der player mit der Nutzenfunktion aus Abb. 5.

Das Roulette-Spiel auf einfachen Chancen erfährt für Spielfolgen von 100 und 200 Spielen mit den Nutzenwerten 41,86% und 41,32% eine befürwortende Bewertung durch den player. Dessen Zuneigung geht aber aufgrund der Nutzenbildung 39,55% für Folgen von 400 Roulette-Spielen auf einfachen Chancen verloren. Diese Wertungen rühren davon her, daß die bei 100 und 200 Roulette-Spielen auf einfachen Chancen zu befürchtenden Verluste vom player im Vergleich zu den Gewinnchancen als noch hinnehmbar eingeschätzt werden. Die Verschiebung der Wahrscheinlichkeitsverteilungen aus Zahlentafel 6b für längere Spielfolgen in Richtung negativer Werte des gain dämpfen die Wertschätzung durch den player. Das geht nach dem oben Gesagten so weit, daß gegenüber Folgen von 400 Roulette-Spielen auf einfachen Chancen vom player Ablehnung geäußert wird.

Ungehemmte Folgen von 100, 200 oder 400 Black Jack-Spielen werden von dem player sämtlich mit Nutzenwerten von mehr oder weniger über 40% belegt. Der player steht solchen Spielfolgen also zustimmend gegenüber. Dabei sind die folgenden Tendenzen zu beobachten:

Die Präferenz des player nimmt für wachsende Spielanzahlen ab.

Die Stärke der Präferenz des player für Folgen von Black Jack-Spielen ist bei den extended rules am größten und nimmt ab, wenn man über die resplit rules zu den restrictive rules übergeht.

Für alle drei Regeln des Black Jack sind die Präferenzen des player für dieses Spiel stärker als für das Roulette-Spiel auf einfachen Chancen.

Diese Feststellungen zeigen, daß das Black Jack-Spiel für einen player nicht nur wegen seines intellektuellen Reizes im Vergleich zum Roulette-Spiel attraktiver ist, sondern schon allein aufgrund der vom Black Jack-Spiel gebotenen Gewinnchancen. Alle Spiele wurden nämlich in Zahlentafel 10a einheitlich mit der Nutzenfunktion aus Abb. 5 bewertet. Man kann sich durchaus vorstellen, daß ein player wegen der unterschiedlichen Spielstrukturen von Roulette und von Black Jack

- Passivität beim Roulette nach dem Einsatz, bis die Kugel gerollt ist,
- Aktivität des player durch die verschiedenen Spielzüge auf die Mannigfaltigkeit der möglichen hands beim Black Jack,

für das Roulette-Spiel von vornherein einen »malus« und für das Black Jack-Spiel einen subjektiven »bonus« in seine Wertungen einbezieht. Dann wären Roulette und Black Jack aus der Sicht des player mittels unterschiedlicher Nutzenfunktionen zu bewerten, was den Vorsprung des Black Jack-Spiels vor dem Roulette-Spiel vergrößern würde.

15.3 Die Bewertung von Spielfolgen mit betting strategies für Black Jack

Die im voraufgegangenen Abschnitt besprochenen Nutzenwertungen erbrachten zwar eine höhere Einschätzung des Black Jack-Spiels, vermochten mich aber letztlich nicht zufriedenzustellen, weil sie für zunehmende längere Spielfolgen einen abnehmenden Nutzen zeigen.

Wie lange sollte man also eine Black Jack-Spielfolge ausdehnen? Wong stellt lakonisch fest, daß es keine optimalen »stopping rules« gibt (89). Die von Humble-Cooper empfohlene Regeln, im Zuge einer Gewinnfolge das Spiel nie abzubrechen, aber mit dem Spielen aufzuhören, sobald eine bestimmte Anzahl an bets in ununterbrochener Folge verlorengegangen ist (90), hat mir Anregungen für die Konstruktion der in diesem Buch untersuchten betting strategies gegeben, erschien mir aber insbesondere aus dem folgenden Grunde nicht empfehlenswert: Das Spielende wird zu stark von einer partiellen Folge von Spielausgängen abhängig gemacht. Patterson berichtet darüber, daß ihm schon 22 Verlustspiele in ununterbrochener Folge vorgekommen sind (91).

Die Spielpraxis brachte mich darauf, betting strategies der in Abschnitt 14.3 beschriebenen Art anzuwenden und systematisch zu untersuchen. Die diesbezüglichen Bewertungsergebnisse in den Zahlentafeln 10b bis 10d gehen mit meinen praktischen Erfahrungen konform:

Für die meisten bankrolls und terminal gains stellen sich gemäß den Zahlentafeln 10b bis 10d bei allen Regeln (extended, resplit or restrictive rules) höhere Nutzen für Spielfolgen ein, als sie die Zahlentafel 10a für die entsprechenden ungehemmten Folgen von 100, 200 oder 400 Black Jack-Spielen zeigt. Dem player mit der Nutzenfunktion aus Abb. 5 verschafft es somit eine höhere Befriedigung, wenn er eine der in Abschnitt 14.3 in Betracht gezogenen betting strategies befolgt. Sie sorgen durch

- die Beschränkung
  - der Anzahl der Spiele in einer Spielfolge,
  - der bankroll,
- die Festsetzung eines terminal gain

zum einen dafür, daß sich die möglichen Verluste des player in tragbaren Grenzen halten und zum anderen dafür, daß der player mit merklich hoher Wahrscheinlichkeit den von ihm als erstrebenswert erachteten terminal gain erreicht.

Die Beantwortung der Frage nach einer optimalen Black Jack-Strategie mußte aber weiter gehen. Welcher betting strategy ist der Vorzug zu geben? Wie groß sollte die bankroll des player, ausgedrückt in der Anzahl der bets, sein, damit die Spielfolge nicht aufgrund einer partiellen Verlustserie zu früh ihr unbefriedigendes Ende findet? Wie hoch sollte der player seine Gewinnerwartungen bei der Festsetzung des terminal gain schrauben, ohne damit Aussichten zu bilden, die sich nur mit geringer Wahrscheinlichkeit realisieren lassen? Zugleich muß der terminal gain natürlich auch so hoch bemessen sein, daß er dem player ein Erfolgserlebnis vermittelt.

Unter Zugrundelegung der Nutzenfunktion von Abb. 5 geben die Zahlentafeln 10b, 10c und 10d die übereinstimmende Antwort:

Nutzenmaximierung bei

– bankroll:	40 bets
– terminal gain:	10 bets
– maximale Länge der Spielfolge:	200 Spiele

Es stellen sich in Abhängigkeit von den Regeln die Nutzen ein:

– extended rules (Zahlentafel 10b) 42,6478%

– resplit rules (Zahlentafel 10c) 42,5696%

– restrictive rules (Zahlentafel 10d) 42,5027%

Aus dieser Erkenntnis resultiert die in Abschnitt 1.2 gegebene Strategieempfehlung E.12. Neuere theoretische Untersuchungen und praktische Erfahrungen lehren, daß die in Richtung restrictive rules beschränkten extended rules der Bayerischen Spielbanken etwa so hoch einzustufen sind wie die resplit rules der Casinos Austria.

Zum Abschluß werde mit Blick auf die Zahlentafeln 10b bis 10d sowie 9a bis 9c die Teilempfehlung E.12 e) des Abschnitts 1.2 besonders herausgestellt:

Sie müssen bereit sein, in einer Spielfolge bis zu 200 Black Jack-Spiele zu machen, was erfahrungsgemäß eine Dauer von etwa 3,5 Stunden beansprucht. Ein vorzeitiger Spielabbruch, ohne daß Sie hierzu durch den wenig wahrscheinlichen Verlust Ihrer bankroll oder durch Erreichen des terminal gain veranlaßt werden, verspricht Ihnen nicht den maximalen Erfolg. Das ist aus den niedrigeren Nutzenwerten der Zahlentafeln 10b bis 10d erkennbar, welche bei maximal 100 Spielen den Daten (bankroll = 40 bets, terminal gain = 10 bets) zugeordnet sind.

Die hohe bankroll von 40 bets offeriert Ihnen während der maximalen Spieldauer von 3,5 Stunden einen farbigen Spielverlauf, der sich mit einem surfing against the waves of the Pacific vergleichen läßt. Sie verfügen über genügend Liquidität, um temporäre Verluststrähnen, die Sie zum Tauchen zwingen, zu verkraften, und Sie werden dann von den Wellen wieder nach oben getragen. Mit etwa 50 Prozent Wahrscheinlichkeit führt das zu dem von Ihnen angestrebten terminal gain in Höhe von 10 bets.

Sie sollten die Spielanzahl aber unabhängig von dem nach 3,5 Stunden erzielten gain-Ergebnis nicht weiter steigern, weil Sie dann Gefahr laufen, Ihre bis dahin erreichte gain-Position aufzugeben. Was Ihnen in fehlerlosem Spiel von 3,5 Stunden nicht gelungen ist, sollten Sie durch die Verlängerung der Spieldauer nicht zu erzwingen versuchen.

In etwa ebenso vielen Fällen erreichen Sie aber vor Ablauf der Dauer von 3,5 Stunden Ihren terminal gain von 10 bets. Verbleibt Ihnen dann nochmals während der Betriebsdauer des Black Jack-Tisches Zeit für eine neue Spielfolge von maximal 3,5 Stunden, so können Sie diese am gleichen angebrochenen Abend im Casino angehen, falls Sie hierzu Lust verspüren. Dabei sollten Sie

Ihren vorher gewonnenen terminal gain von der bankroll im Umfang von 40 bets getrennt halten, als wirklichen Gewinn einer gesonderten Spielfolge betrachten und an diesem Abend nicht aufs Spiel setzen. Im schlechtesten Falle des Gesamtverlustes Ihrer bankroll in der zweiten Spielfolge verbleibt Ihnen der terminal gain aus der ersten Spielfolge. Eine mehrfache Wahrscheinlichkeit besteht jedoch dafür, daß Sie auch diese Spielsequenz erfolgreich abschließen und den Abend im Casino mit dem zweifachen terminal gain von 20 bets (2 x 10) beenden können.

Mit den vorstehenden Empfehlungen, zu deren Realisierung ich Ihnen good luck wünsche, ist die Interpretation des chinesischen Sprichwortes abgeschlossen, welches ich als Motto diesem Buch vorangestellt habe.

Ich habe Sie mit den Regeln des Black Jack-Spiels vertraut gemacht, sowohl mit den von den Casinos gesetzten, als auch mit denjenigen, die Sie bei der Anwendung einer optimalen Spiel-Strategie befolgen sollten.

Sie haben die Bedingungen bezüglich der Bemessung Ihrer Einsätze erfahren. Diese sollten nicht zu groß sein, damit die zur Strategieentwicklung angewandte entscheidungstheoretische Methode der linearen Approximation der während jedes einzelnen Spiels gebildeten Nutzenfunktion vertretbar ist. Zugleich sollten Ihre Einsätze aber auch so groß sein, daß Ihnen der terminal gain ein befriedigendes Erfolgserlebnis zu vermitteln vermag.

Schließlich wurde die »Aufgabezeit« als ein aus mehreren Komponenten bestehendes Endkriterium beschrieben, für das Sie sich vor Beginn jeder Black Jack-Spielfolge zu entscheiden haben, damit diese Ihnen, ausgedrückt durch einen maximalen Nutzen, Freude und Gewinnzuversicht bereitet.

Alle Empfehlungen zusammen bilden die optimale Strategie für das europäische Black Jack-Spiel, auf das sich die bisherigen Ausführungen beschränkt haben.

16. Ausblick auf Black Jack in Amerika

16.1 The hole card

Das Black Jack-Spiel in Europa unterscheidet sich von dem Spiel in Amerika, das ist in

– Atlantic City,

– Northern Nevada (Reno, Carson City, Lake Tahoe),

– Las Vegas
  - Strip,
  - Downtown

in einem wesentlichen Punkt. Es ist das die »hole card« des dealer.

Der dealer legt in Amerika bei dem ersten dealing step gemäß Abschnitt 2.3 unter die offene Karte »dealer shows« eine Spielkarte face down, die »hole card« genannt wird. Ist die Karte in dealer shows ein As oder eine Karte mit dem Wert 10, so prüft der dealer vor der Aufforderung an die players zum Black Jack-Spiel seine hole card dahingehend, ob diese als zweite Karte in dealer's hand dadurch BLACK JACK ergibt, daß zu dealer shows

– As eine 10,

– 10 ein As

tritt. Ergeben die Karten »dealer shows« and »hole card« zusammen die hand (A, 10) bzw. (10, A), also dealer's BLACK JACK, so legt der dealer sofort seine hole card auf. Es kommt dann gar nicht zum weiteren Spiel, indem alle players, die nicht ebenfalls BLACK JACK halten, ihr bet verlieren und die players mit BLACK JACK zu stand off kommen.

Fordert der dealer mit As oder 10 in dealer shows die players auf, ihre Spielentscheidungen zu treffen, so können die players davon ausgehen, daß dealer's BLACK JACK ausgeschlossen ist. Das ermöglicht den players, die strategisch empfehlenswerten Spielzüge double down und split pairs zu erweitern:

Es ist jetzt strategisch angebracht, zusätzlich

- double down mit der hand number 11 gegen 10 in dealer shows wahrzunehmen,
- split pairs
  - mit (A, A) gegen As in dealer shows,
  - mit (8, 8) gegen 10 und As in dealer shows

auszuüben.

Sollten Sie in Las Vegas Black Jack spielen, rate ich Ihnen jedoch zur Vorsicht: Einige Casinos, besonders in Downtown, weisen auf einem kleinen Schild diskret darauf hin, daß der dealer seine hole card nur bei As in dealer shows prüft. In diesem Falle können Sie gegen die Karte »10« in dealer shows wie in Europa weder double down auf die hand number 11 wahrnehmen, noch das Paar (8, 8) splitten.

Einige Casinos, die diese restriktive Fallstrickregel früher hatten, sind davon inzwischen abgerückt. Sie versuchen jedoch ihren Rückzug zu vertuschen und den player mit dem folgenden Hinweis zu verwirren: Der dealer prüft seine hole card nur bei As in dealer shows. Ergibt sich im nachhinein, daß der player gegen dealer's BLACK JACK mit »10« in dealer shows verliert, so gilt nur das original bet als gespielt. Die Steigerung des stake durch double down oder durch split pairs ist bei Verlust des Spiels durch dealer's BLACK JACK für den player unschädlich. Er kann also die gleiche Strategie anwenden, wie wenn der dealer seine hole card bei »10« in dealer shows prüfen würde. Man fragt sich, was dann der hier geschilderte Unsinn soll. Ich erhielt hierauf die lakonische Antwort eines »pit boss«: »Das ist eine Kontrolle für das Haus.«

16.2 Beschränktes und erweitertes double down

Die Casinos in Northern Nevada lassen double down nur auf die hard numbers 10 und 11 zu. Es ist also double down auf »9« ausgeschlossen. In einigen Casinos kann man sogar double down nur auf die hand number 11 wahrnehmen.

Das »double down after split pairs«, welches zu den extended rules führt, ist in Atlantic City grundsätzlich zugelassen. Doch wird hier resplit nicht gestattet.

In Northern and Southern Nevada ist double down after split pairs nur in wenigen Casinos möglich. Dafür darf aber überall das mehrfache resplit ausgeübt werden.

Eine besondere Erweiterung des double down im amerikanischen Black Jackspiel besteht darin, daß außer in Northern Nevada diese Option auf jede hand number wahrgenommen werden kann. Das ermöglicht es, strategisch angebracht, auf verschiedene soft hands gegen die Karten 6, 5, 4 und 3 aus dealer shows den Spielzug double down auszuführen. Darüber hinaus empfiehlt sich in »Single-deck games« (vgl. Abschnitt 16.5) auf verschiedene hands mit der hand number 8 double down zu spielen. Bezüglich dieser Strategien verweise ich repräsentativ für einen großen Fächer an amerikanischer Black Jack-Literatur auf Patterson (92).

Da Sie auch in Monte Carlo double down auf soft hands spielen dürfen, wurde dieses Buch in Abschnitt 18 um die Beschreibung der Strategie für »double down with soft hands« erweitert.

16.3 Surrender

Mit der Option »surrender« eröffnen einige Casinos dem player die Möglichkeit, unter Opferung von 0,5 bets nach dem ersten dealing step gemäß Abschnitt 2.3 sich von einer schwachen hand zu befreien. Dadurch entgeht der player dem Risiko, mit dieser hand in einem wenig erfolgversprechenden Spiel 1,0 bet zu verlieren.

Man unterscheidet »early surrender« und »late surrender« (93).

Bei der ersten Version, die bis Ende Mai 1981 in Atlantic City geboten wurde (93a), verliert der player auch dann nur 0,5 bets, wenn sich dealer's BLACK

JACK einstellt, wenn also eine relativ starke hand des player ebenfalls verloren hätte. Beim late surrender verliert der player auf dessen Antrag ausschließlich dann 0,5 bets, wenn nicht dealer's BLACK JACK eintritt. Derzeit gibt es nur »late surrender« und das ausschließlich in wenigen Casinos von Northern and Southern Nevada.

Strategieempfehlungen für early surrender finden Sie u. a. bei Patterson (94) und für late surrender u. a. bei Wong (95). Der leichte Vorteil des late surrender gegenüber der Spielaufnahme des player gegen 10 und As in dealer shows wird wesentlich durch das Spiel mit hole card (vgl. Abschnitt 16.1) erzeugt. Darüber hinaus kommt der Effekt zum Tragen, daß man es mit einem Kartenpack von wenigen Kartendecks zu tun hat (vgl. Abschnitt 16.5). Hierauf ist zurückzuführen, daß z. B. Tulcea (95a) und Humble/Cooper (95b) zu etwas anderen erweiterten Strategieempfehlungen bezüglich late surrender gelangen als Wong (95) mit seiner »Approximate Basic Strategy«.

16.4 The dealer draws to soft 17

Eine besondere Eigenart weist die in Abschnitt 2.10 behandelte Kartenfolge des dealer in

– Northern Nevada,

– Las Vegas Downtown

auf: Hier schreibt die Spielregel dem dealer bei einer soft number 17 nicht »stand«, sondern den Spielzug »draw« vor. Dadurch wird die Kartenfolge des dealer möglicherweise erweitert. Was gemäß den Ausführungen von Abschnitt 8.3 bezüglich einer soft hand mit der hand number 17 für den player gut ist, nämlich auf jeden Fall für »draw« zu optieren, bedeutet auch einen Vorteil für den dealer. Dadurch ergibt »dealer draws to soft 17« eine Verschlechterung der Gewinnchancen für den player (96).

16.5 Single-deck Games

In Atlantic City wird grundsätzlich aus einem Multi-deck shoe gespielt. Auch in Las Vegas ist das Multi-deck game mit 5 oder 6 Decks von je 52 Karten in einem Kartenpack vorherrschend geworden.

In Las Vegas, vereinzelt auf dem Strip, mehr aber noch in Downtown, sowie überwiegend in Northern Nevada wird das Single-deck game mit einem einzigen Kartendeck gespielt.

Bei nur 52 Karten im Pack kann die am Ende von Abschnitt 4.1 getroffene statistische Vereinfachung hinsichtlich der Wahrscheinlichkeitsfixierung für das Erscheinen der verschiedenen Karten nicht Platz greifen. Die Entnahme einzelner Karten im Zuge des Black Jack-Spiels aus dem Kartenpack beeinflußt die Wahrscheinlichkeiten des Auftretens der noch im Restpack verbliebenen Karten merklich. Dadurch ergeben sich gegenüber der in diesem Buch entwickelten optimalen Black Jack-Strategie für europäische Multi-deck games in einem Single-deck game eine Reihe von Strategieveränderungen:

Es besteht für mehr hands die strategische Gelegenheit zum double down und auch zum split pairs. Außerdem wird für einzelne hands des player bezüglich draw or stand ein andere standing number empfohlen als in Multi-deck games (97). Dabei hängt das strategisch gebotene draw or stand – besonders für die hard number 16, aber auch für einige andere hard numbers – von der Zusammensetzung der hand des player ab (97a). Es handelt sich hierbei um Erweiterungen der in Abschnitt 8.2 bezüglich der hard number 16 gegen 10 in dealer shows angestellten Überlegungen, welche bereits im »Multi-deck game« zu einer Abhängigkeit dieser hard number als standing number in Abhängigkeit von der Kartenzusammensetzung der hard hand führte.

Haben Sie die Einzelheiten der komplexen Strategie für das Single-deck game erkannt und wenden Sie diese Strategie im praktischen Casinospiel in Amerika an, so beachten Sie jedoch: Ihnen werden in Las Vegas und vereinzelt in Northern Nevada »Double-deck games« mit einem aus 2 Kartendecks bestehenden Kartenpack geboten. In diesem Falle verändert sich die Spielstrategie gegenüber einem »Single-deck game« in Richtung auf ein »Multi-deck game«. Griffin beschreibt die Strategieabhängigkeit von der Anzahl der im Kartenpack zusammengefaßten Kartendecks (97b).

Dabei gelangt Griffin zu der Feststellung, daß in einem Black Jack-Spiel mit Kartenpacks von 4 bis 7 Decks, abweichend von der in Abschnitt 8.2 begründeten Strategieempfehlung E.6 des Abschnittes 1.2, der Spielzug draw mit player's hands (10, 2) und (2, 10) gegen »4« in dealer shows angezeigt ist (97c). Diese Aussage gründet sich auf die als Nutzenmaß herangezogene wahrscheinlichkeitstheoretische Erwartung und setzt dementsprechend eine streng lineare Nutzenfunktion voraus. Bei 4 und 5 Kartendecks im Kartenpack mag die gegenseitige Kartenbeeinflussung stärker wiegen als die Approximation der Nutzenfunktion durch ihre Tangente. Das bedeutet dann, daß der aus Zahlentafel 2a zu entnehmende kleine Erwartungswertunterschied für player's hard number 12 gegen »4« in dealer shows

- zwischen −0,21106 für stand
- und −0,21354 für draw

sich für die hands (10, 2) und (2, 10) in der Richtung umkehrt. Ich stelle Ihnen aufgrund dieser Erkenntnis von Griffin anheim, auch im europäischen Black Jack-Spiel mit den vorgenannten speziellen hands gegen »4« in dealer shows für draw zu optieren, falls das Casino einen Kartenpack von lediglich 4 oder 5 Kartendecks verwendet. Eine ausdrückliche Empfehlung für diesen Spielzug vermag ich gemäß den Ausführungen in Abschnitt 8.2 jedoch nicht auszusprechen.

Entsprechend ist die von allen anderen in diesem Buch zitierten amerikanischen Autoren abweichende Empfehlung von Wong aufzufassen, auch im Multideck game wie im Single-deck game in jedem Falle für das Paar (6, 6) gegen »2« in dealer shows »split pairs« wahrzunehmen (97d). Falls »double down after split pairs« durch die resplit and restrictive rules ausgeschlossen ist, erscheint mir dieser Spielzug mit einem Kartenpack von 4 und mehr Kartendecks als zu riskant nicht empfehlenswert.

Besonders die erweiterten strategisch optimalen Möglichkeiten des double down im Single-deck game bedeuten für den player, der auf diese Optionen reflektiert, eine Verbesserung seiner durchschnittlichen Ergebniserwartung (98). Dieser Vorteil für den player wird an der zuletzt zitierten Literaturstelle von Humble/Cooper wesentlich höher veranschlagt als der Vorzug des »double down after split pairs« in Multi-deck games. Auch Patterson empfiehlt dem »basic strategy player« das Spiel in den »Single-deck games« (98a).

17. Card counting

Das card counting als gehobene Spielstrategie für Black Jack berücksichtigt den in Abschnitt 4.1 bewußt ausgeklammerten Effekt der gegenseitigen Beeinflussung der einzelnen Karten für ihr Erscheinen aus einem Kartenpack mit beschränkter Kartenanzahl und geht davon aus, daß der player voll über die in Abschnitt 4.1 ebenfalls weggelassenen Informationen bezüglich der schon aus dem Kartenpack gefallenen Karten verfügt. Dabei verspricht das card counting dem player erhöhte Gewinnchancen, wenn die statistischen Wahrscheinlichkeiten für das Erscheinen der hohen Karten »10« und As zugenommen haben und die Wahrscheinlichkeiten für Karten mit niedrigen Zahlwerten, insbesondere für das Auftreten von Karten mit dem Wert 5, zurückgegangen sind (99):

Mit einer erhöhten Wahrscheinlichkeit des Auftretens von Assen, aber insbesondere von Karten des Wertes 10, vergrößert sich die Wahrscheinlichkeit für

– player's BLACK JACK,

– die erfolgreiche Möglichkleit des double down,

und es tritt häufiger der Fall »dealer busts« mit einer standing number des player im Bereich bis 21 ein.

Dagegen begünstigt die erhöhte Wahrscheinlichkeit für das Erscheinen von Karten mit dem Wert 5 den dealer, der jetzt trotz seiner handicap-Regel »draw to 16« mit höherer Wahrscheinlichkeit zu einer standing number im pat gelangt.

Einen kurzen geschichtlichen Abriß der statistischen Untersuchungen, die zur Entwicklung des card counting führten, findet man bei Humble/Cooper (100). Einer der Pioniere des card counting ist Thorp (101), der seit Mitte der 60er Jahre eine Reihe von amerikanischen Statistikern und Informatikern dazu anregte, sich der Theorie und Praxis des card counting zu widmen. Eine Würdigung der großen Namen der Black Jack-Szene

– Ian Anderson

- Julian Braun
- Joel H. Friedman
- Peter A. Griffin
- Lance Humble
- Lawrence Revere
- Arnold Snyder
- Edward O. Thorp
- Ken Uston
- Stanford Wong

findet sich bei Patterson (102). Aus den Arbeiten dieser Autoren möchte ich besonders auf die mathematisch anspruchsvolle Black Jack-Theorie von Griffin (103) hinweisen.

Das card-counting geht davon aus, daß die Wahrscheinlichkeit für das Auftreten der höheren Kartenwerte um so mehr steigt, je höher die relative Anzahl solcher Karten in dem Restpack ist. Dazu hat der card counter zu registrieren, wie viele hohe und wie viele niedrige Karten inzwischen aus dem shoe oder bei Single-deck games aus der Hand des dealer über den Spieltisch gegangen sind. Im Gegensatz zu den direkten Zählsystemen, z. B. des »Ten-Count« von Thorp (104), bedienen sich hierzu die modernen card counting systems des »point counting«. Dazu werden die einzelnen Kartenwerte mit Zahlengewichten belegt, wie das aus dem nachfolgenden Beispiel des point count system »USTON +/−« hervorgeht:

Kartenwert:	2	3	4	5	6	7	8	9	10	As
Zahlengewicht:	0	+1	+1	+1	+1	+1	0	0	−1	−1

Andere point count systems wählen andere Zahlengewichte, wobei der Schwierigkeitsgrad der Handhabung wächst, wenn den verschiedenen Karten stark differenzierte unterschiedlich hohe Zahlengewichte zugeordnet werden. Ein Überblick über die verschiedenen Systeme findet sich u. a. bei Snyder (105).

Einen ersten Hinweis auf die Zusammensetzung des Restpacks vermittelt dem player der »running count« (106). Dazu hat der player mit »0« beginnend alle den einzelnen Kartenwerten zugeordneten Zahlengewichte zu addieren. Erfaßt der player sämtliche gefallenen Karten, so muß der running count wieder bei »0« enden, wenn die Gelegenheit bestünde, den ganzen Kartenpack durchzuzählen. Zwischenzeitlich wird der running count manchmal negativ und manchmal positiv ausfallen. Aufgrund der Bewertung der niedrigen Kartenwerte mit (+1) und der hohen Kartenwerte mit (−1) zeigt ein positiver running count an, daß sich in dem Restpack ein verhältnismäßiges Übergewicht an hohen Karten befindet. Ein negativer running count deutet dagegen darauf hin, daß relativ mehr niedrige Karten in dem Restpack liegen als höhere Karten.

Eine bessere Information über die Zusammensetzung des Restpacks liefert dem player der »true count«, der sich aus dem running count mittels Division durch die Anzahl der noch im Restpack liegenden Kartendecks ergibt (107).

Der card counter hat auf positive Werte des running count bzw. besser des true count zunächst mit der Steigerung seiner betsize zu reagieren, weil jetzt seine Spielergebniserwartung positiv ausfällt (108). Das führt zu einer »betting spread«, z. B. zwischen betsizes von 5 $ in Situationen mit negativem count und 40 $ in Situationen mit hoch positivem count (109). Wong lehnt dieses Spielsystem ab und empfiehlt, außerhalb des Black Jack-Tisches abzuwarten, bis der count positiv wird, und dann möglichst auf mehreren hands simultan zu setzen (110). Hierfür gibt Wong optimale betsizes in Abhängigkeit von der Größe der bankroll und der Höhe der positiven Ergebniserwartung an (111). Eine entsprechende Regel nennen Humble/Cooper aufgrund des »Kelly-Kriteriums« (112).

Eine weitere Verbesserung seiner Ergebniserwartung erzielt der card counter dadurch, daß er in Abhängigkeit von der Höhe des count seine Spielstrategie variiert (113), (114).

Zusammengefaßt hat der card counter somit die folgenden gedanklichen Schritte zu vollziehen:

– Erfassung sämtlicher über den Spieltisch gehenden Karten,

– Wägung der einzelnen Kartenwerte mit Zahlengewichten,

– Addition der Zahlengewichte zum running count,

– Ermittlung des true count durch Berücksichtigung der noch nicht ausgespielten Anzahl an Decks im Restkartenpack,

– Bemessung der variablen optimalen betsize,

– Anpassung der Spielstrategie an den count.

Das Erlernen eines solchen card counting wird in manchen Büchern als relativ einfach bezeichnet. Hiergegen wendet sich Snyder mit der realistischen Feststellung (115):

»Casinos machen eine Menge Geld von card counters. Hoffnungsvoll, daß dieses Buch Sie davon abhält, Ihre Zeit und Ihr Geld in Verfolgung reiner Phantasie zu verschwenden. Da ist Geld an den Black Jack-Tischen zu machen, aber es ist kein leichtes Geld. Card counting ist ein Beruf mit hoher Geschicklichkeit.«

Die harte Arbeit des card counter läßt sich möglicherweise dadurch erträglich machen und sogar effektiver gestalten, wenn ein team von mehreren Spielern mit Aufgabenverteilung das card counting wahrnimmt. Patterson befürwortet diesen Spielstil und offeriert die Schulung solcher player-teams als höchste Stufe des card counting (116).

Wie »einträglich« der Beruf des card counter ist, können Sie den Ausführungen von Patterson (117) entnehmen: Bei einer betting spread zwischen 5 $ und 40 $ je bet veranschlagt Patterson die durchschnittliche betsize auf 10 $. Werden bei voll besetztem Spieltisch 60 Spiele je Stunde gemacht, so bedeutet das einen Gesamtspieleinsatz von 600 $ je Stunde. Die *durchschnittliche* Gewinnerwartung für den card counter soll dann bei Ausschöpfung aller Strategiegebote (true count, betting spread and strategy-variations) 1,5 % hiervon, das sind 9 $ je Stunde, betragen.

Snyder (118) sagt, daß ein card counter, der sich auf der sicheren Seite halten will und über ein Spielkapital von 10 000 $ verfügt, bei Einsatz von 10 $- und 20 $-bets stündlich durchschnittlich 10 $ verdienen kann. Geht dieser card counter dazu über, mit 25-$-chips zu spielen und wählt er eine betting spread von 1 : 4, so kann der card counter lt. Snyder auf einen Stundenverdienst von 25 $ bis 50 $ kommen. Aber (!!!) jetzt läuft der card counter, wieder gemäß Snyder, mit 5 % Wahrscheinlichkeit die Gefahr, sein gesamtes Spielkapital von 10 000 $ zu verlieren.

Auch Wong widmet dem Verlustrisiko beachtenswerte Ausführungen, die in Betracht ziehen, daß der card counter hinsichtlich seines gain eine Zufallsvariable Y mit leicht positivem Erwartungswert E(Y) generiert, deren Varianz V(Y) jedoch dazu führen kann, daß der card counter den durchschnittlichen Gewinn verfehlt und seine bankroll total verspielt (119).

Die meisten Autoren, welche das card counting befürworten, führen den hierbei zu erzielenden leicht positiven wahrscheinlichkeitstheoretischen Erwartungswert als Hauptargument für die von ihnen empfohlene Spielstrategie an. Doch die Casinos haben hiergegen wirksame Gegenmaßnahmen ergriffen. Es sind dies in Europa insbesondere

- Verwendung von Multi-decks (5 oder 6 Decks),
- Aussperren von mindestens ⅓ des Kartenpacks vom Spiel,
- voll besetzte Black Jack-Spieltische.

Snyder beschreibt die Einflüsse dieser Wirkungen auf die Minderung von E(Y) (120) und gelangt dabei zu der ernüchternden Feststellung, daß die Hälfte der in Amerika gebotenen Black Jack-Spiele eines card counter's Zeit nicht wert ist (121).

Snyder gibt einen Bewertungs-Algorithmus an, mit welchem ein potentieller card counter die Spielbedingungen hinsichtlich der Erfolgsaussichten des card counting zu prüfen vermag. Danach ergibt sich ein Zahlindex, welcher die Black Jack-Spielbedingungen für den card counter wie folgt charakterisiert (122):

- Über 50: Ein Gewinner
- 0 bis 50: Ein Zeitverschwender
- Unter 0: Ein Verlierer

Wendet man den »Snyder Profit Index« auf die Spielbedingungen an, welche bei den Regeln und sonstigen äußeren Gegebenheiten in europäischen Casinos i. a. anzutreffen sind, so gelangt man zu einem Wert knapp über oder unter 0. Europäische Casinos sind demnach bei Anlegung der Snyder-Kriterien für card counters kein erfolgversprechendes Feld.

Nach den Ausführungen von Abschnitt 5.3 ist nicht der wahrscheinlichkeitstheoretische Erwartungswert E(Y) für eine Spielbeurteilung maßgebend, sondern die Höhe des Nutzens

$$u(Y) = E(u(Y))$$

Bei dessen Bildung unter Anwendung des card counting haben Sie zu berücksichtigen,

– wieviel Zeit und Geld Sie in das Erlernen des card counting mit Sicherheit zu investieren haben,

– wieviel Mühe es Sie kostet, das card counting im praktischen Spiel durchzuhalten,

– welche Unsicherheiten bezüglich Ihrer Gewinnchancen und Ihres Verlustrisikos bestehen,

– welche Fehlaussagen eines point counting system hinsichtlich der Spielstrategie und der betting strategy (123)
  - systembedingt sind,
  - durch fehlerhaftes Zählen und Schätzen der noch nicht ausgespielten Kartendecks entstehen.

Kommen Sie nach dieser Prüfung zu dem Ergebnis, daß card counting für Sie in Europa interessant ist, so lesen Sie die Beilage »Guide Capital« zu dem Wirtschaftsmagazin »Capital« vom April 1982 (124). Sie finden dort am Schluß des Artikels die Bemerkung: »Wer die komplizierteren Profitstrategien lernen und damit seine Gewinnchancen auf maximal 0,5 Prozent verbessern will, muß sich auf ein hartes Training einstellen. Mindestens drei Counts müssen gleichzeitig mitgehalten werden, und auch die Tabellen für das Stehen/Ziehen, Splitten und Verdoppeln ändern sich in Relation zu den Countwerten. In den USA kann man sich für exorbitante Honorare von Black Jack-Trainern – wie zum Beispiel Ken Uston – zum Casinoprofi ausbilden lassen.«

Meine Empfehlung an Sie geht jedoch dahin, die in Abschnitt 1.2 zusammengefaßt dargestellte optimale Spielstrategie für das europäische Black Jack zu befolgen, die in den Abschnitten 7. bis 15. dieses Buches wahrscheinlichkeits- und entscheidungstheoretisch ausführlich begründet wurde. Diese Strategie verspricht Ihnen nicht mit Sicherheit einen monetären Gewinn, wohl aber einen maximalen subjektiven Nutzen, der sich darin ausdrückt, daß Sie eine beschränkte Anzahl von Black Jack-Spielen mit Wohlbefinden angehen, weil Ihr finanzielles Risiko beschränkt ist, Ihnen zugleich aber auch eine angenehme Gewinnchance eröffnet wird.

18. Soft hand doubling

Wie in Las Vegas erlauben Ihnen auch die Spielregeln der Casinos von Monte Carlo (Grand Casino, Loews Hotel), double down auf alle aus 2 Karten bestehenden hands auszuüben. Damit werden die extended rules um einige Möglichkeiten mehr erweitert, Ihren stake erfolgversprechend zu vergrößern.

Auch bei der Ableitung der diesbezüglichen Strategie ist das handicap zu berücksichtigen, daß Sie nach Wahrnehmung von double down nur eine Karte erhalten. Dazu muß Ihre hand so stark sein, daß gute Aussicht besteht, um mit einer einzigen zusätzlichen Karte zu einer gewinnversprechenden standing number zu gelangen. Diese Voraussetzung ist außer für die hard hand numbers 9, 10 und 11 (vgl. Abschnitt 9.1) lediglich für eine enge Auswahl von soft hands gegen die Karten 3 bis 6 in dealer shows erfüllt.

Der untere Teil von Zahlentafel 11 enthält die Erwartungswerte e(soft hand) für die soft hands (A7) bis (A2) gegen die Karten 2 bis 7 aus dealer shows unter der Überschrift

NO DOUBLE DOWN WITH SOFT HAND

Das ist ein Ausschnitt aus Zahlentafel 2d, womit gesagt wird: Diese Erwartungswerte gehören zu den in Zahlentafel 11 angegebenen players soft hands, wenn Sie von diesen ausgehend der in Abschnitt 8.3 entwickelten Strategie »draw or stand with soft hand« folgen.

Im oberen Teil von Zahlentafel 11 sind die Erwartungswerte (2 x e_D(soft hand)) tabelliert. Sie entstanden mittels eines Computerprogramms aus dem unteren Teil der Zahlentafel 2c unter den Annahmen:

- Sie verdoppeln Ihren stake auf 2 bets.

- Ihre soft hand wird um eine einzige Karte erweitert.

Die grundsätzlichen Überlegungen von Abschnitt 9.1 erbringen auch hier zur Entwicklung der Strategie für das soft hand doubling einen Vergleich der Erwartungswerte des oberen und unteren Teils von Zahlentafel 11. Es wurden in diesen Teiltabellen diejenigen Felder umrahmt, wo die Erwartungswerte des oberen Teils von Zahlentafel 11 größer ausfallen als die entsprechenden des unteren Teils. Hier lohnt sich der Spielzug »double down with soft hand«. Allerdings beobachtet man für die diesbezüglichen Kombinationen von soft hands des Bereichs (A7) bis (A2) gegen die Karten 3 bis 6 in dealer shows keine erheblichen Erwartungssteigerungen durch das soft hand doubling. Dieses ist mit dem ebenso schwach wirksamen double down auf die hard hand number 9 vergleichbar. Trotzdem empfehle ich in Monte Carlo und in Las Vegas die Wahrnehmung des strategisch gebotenen soft hand doubling, weil Sie jede Chance für ein Black Jack-Spiel mit positiver Gewinnerwartung ergreifen sollten. Dabei ist allerdings meine aus Zahlentafel 11 abgeleitete Strategie für soft hand doubling gegenüber den Spielempfehlungen in der amerikanischen Black Jack-Literatur eingeschränkt (125). Ich rate davon ab, double down with soft hand

- mit (A4) gegen 4 in dealer shows,
- mit (A2) gegen 5 in dealer shows,

auszuüben.

Den in den Tabellen von Zahlentafel 11 umrahmten Bereich finden Sie als schraffierte Felder in der Strategietafel von Abb. 6 wieder. Diese Tafel soll Ihnen visuell dazu dienlich sein, die folgende verbal ausgedrückte Strategie für soft hand doubling einzuprägen:

E.13

Ist double down auf alle player 's hands zugelassen, so ist double down mit den folgenden soft hands gegen die Karte in dealer shows geboten:

- Mit (A7) und (A6) gegen 3,
- mit (A7) bis (A5) gegen 4,
- mit (A7) bis (A3) gegen 5,
- mit (A7) bis (A2) gegen 6.

Abbildungen

Abb. 1
The table for the game Black Jack

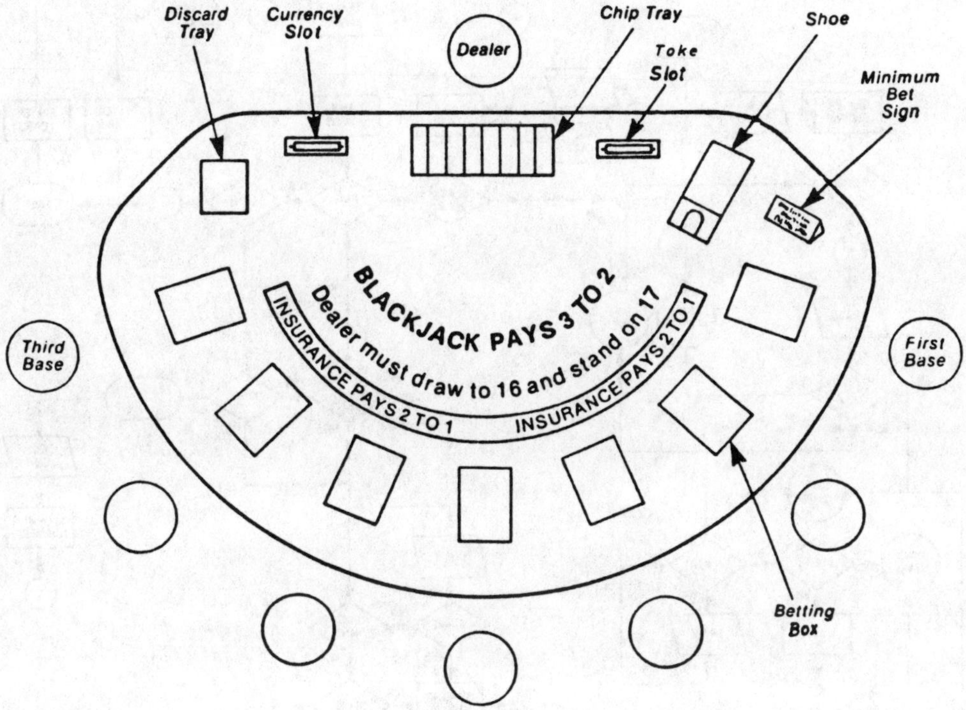

Abb. 2a
The flow-chart of the game Black Jack
Extended rules

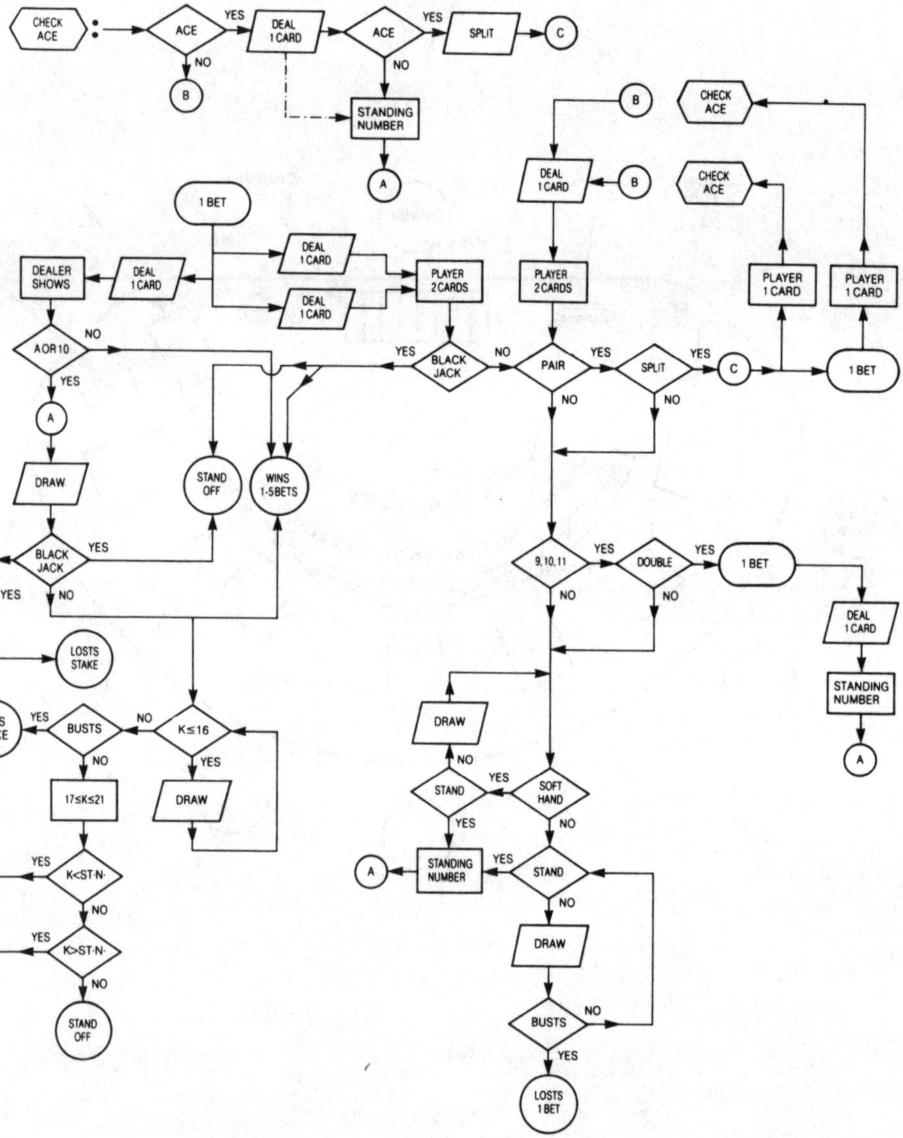

Abb. 2b
The flow-chart of the game Black Jack
Resplit rules

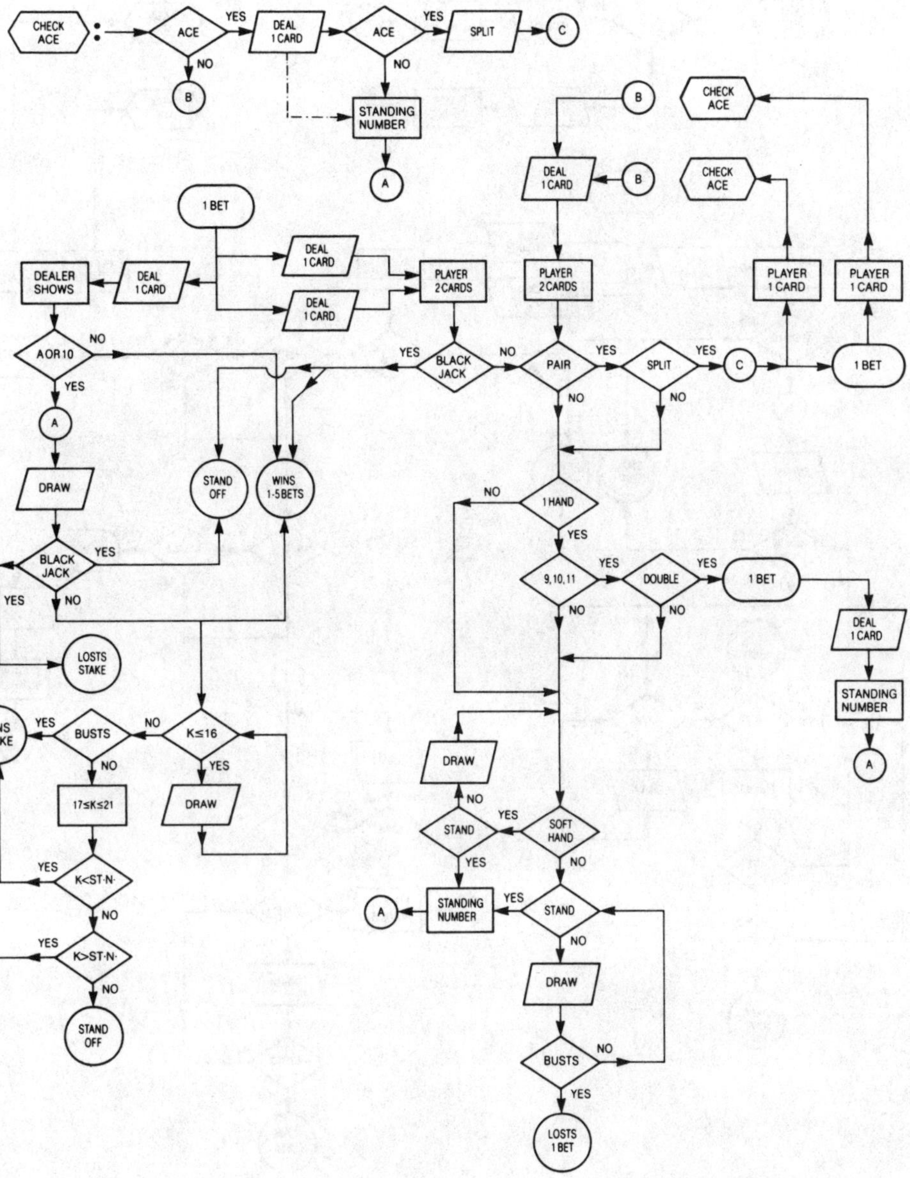

Abb. 2c
The flow-chart of the game Black Jack
Restrictive rules

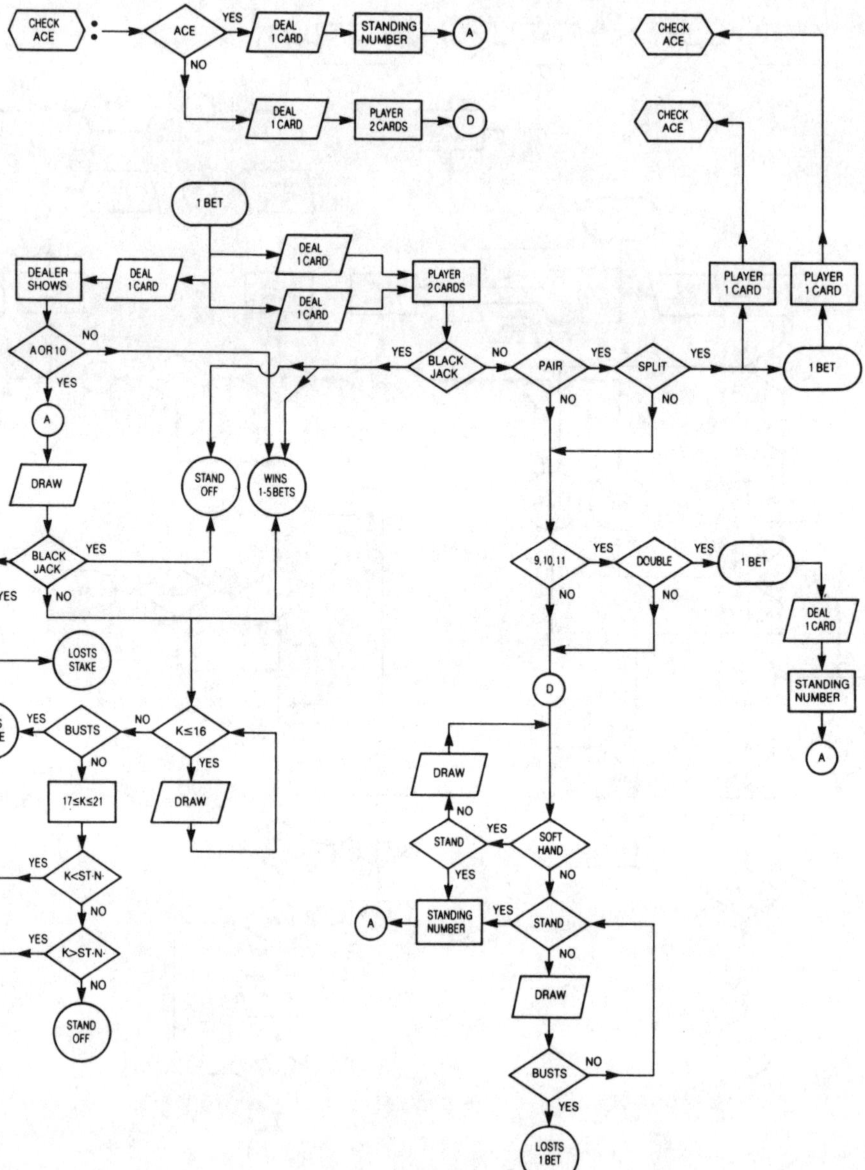

Abb. 3a

BLACK JACK STRATEGY

EXTENDED RULES

STAND WITH

HARD HAND

DEALER SHOWS	2	3	4	5	6	7	8	9	10	A
PLAYER										
21	X	X	X	X	X	X	X	X	X	X
20	X	X	X	X	X	X	X	X	X	X
19	X	X	X	X	X	X	X	X	X	X
18	X	X	X	X	X	X	X	X	X	X
17	X	X	X	X	X	X	X	X	X	X
16	X	X	X	X	X					
15	X	X	X	X	X					
14	X	X	X	X	X					
13	X	X	X	X	X					
12			X	X	X					

SOFT HAND

DEALER SHOWS	2	3	4	5	6	7	8	9	10	A
PLAYER										
21	X	X	X	X	X	X	X	X	X	X
20	X	X	X	X	X	X	X	X	X	X
19	X	X	X	X	X	X	X	X	X	X
18	X	X	X	X	X	X	X			
17										
16										
15										
14										
13										
12										

DOUBLE

DEALER SHOWS	2	3	4	5	6	7	8	9	10	A
PLAYER										
11	X	X	X	X	X	X	X	X		
10	X	X	X	X	X	X	X	X		
9		X	X	X	X					

SPLIT

DEALER SHOWS	2	3	4	5	6	7	8	9	10	A
PLAYER										
A,A	X	X	X	X	X	X	X	X	X	
10,10										
9,9	X	X	X	X	X		X	X		
8,8	X	X	X	X	X	X	X	X		
7,7	X	X	X	X	X	X				
6,6	X	X	X	X	X					
5,5										
4,4				X	X					
3,3	X	X	X	X	X	X				
2,2	X	X	X	X	X	X				

Abb. 3b

BLACK JACK STRATEGY

RESPLIT AND RESTRICTIVE RULES

STAND WITH

HARD HAND

DEALER SHOWS	2	3	4	5	6	7	8	9	10	A
PLAYER										
21	X	X	X	X	X	X	X	X	X	X
20	X	X	X	X	X	X	X	X	X	X
19	X	X	X	X	X	X	X	X	X	X
18	X	X	X	X	X	X	X	X	X	X
17	X	X	X	X	X	X	X	X	X	X
16	X	X	X	X	X					
15	X	X	X	X	X					
14	X	X	X	X	X					
13	X	X	X	X	X					
12			X	X	X					

SOFT HAND

DEALER SHOWS	2	3	4	5	6	7	8	9	10	A
PLAYER										
21	X	X	X	X	X	X	X	X	X	X
20	X	X	X	X	X	X	X	X	X	X
19	X	X	X	X	X	X	X	X	X	X
18	X	X	X	X	X	X	X			
17										
16										
15										
14										
13										
12										

DOUBLE

DEALER SHOWS	2	3	4	5	6	7	8	9	10	A
PLAYER										
11	X	X	X	X	X	X	X	X		
10	X	X	X	X	X	X	X	X		
9		X	X	X	X					

SPLIT

DEALER SHOWS	2	3	4	5	6	7	8	9	10	A
PLAYER										
A,A	X	X	X	X	X	X	X	X	X	
10,10										
9,9	X	X	X	X	X		X	X		
8,8	X	X	X	X	X	X	X	X		
7,7	X	X	X	X	X	X				
6,6		X	X	X	X					
5,5										
4,4										
3,3			X	X	X	X				
2,2			X	X	X	X				

Abb. 4a
The graphical table for the Black Jack-Strategy
Extended rules

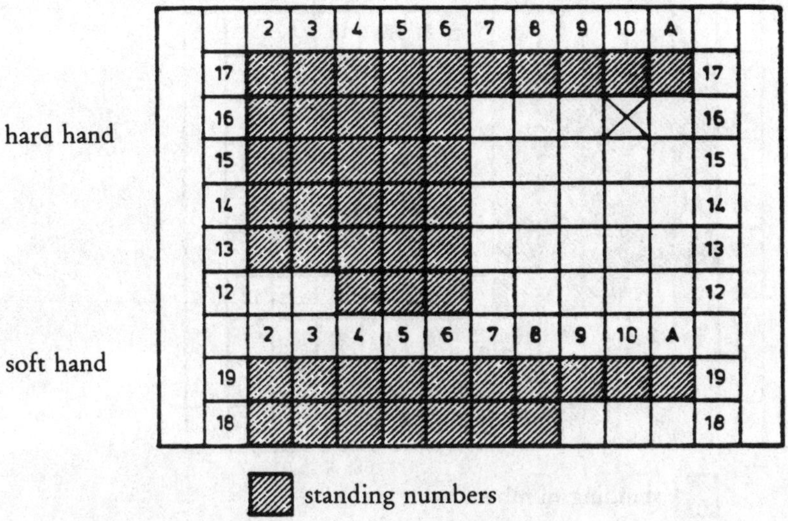

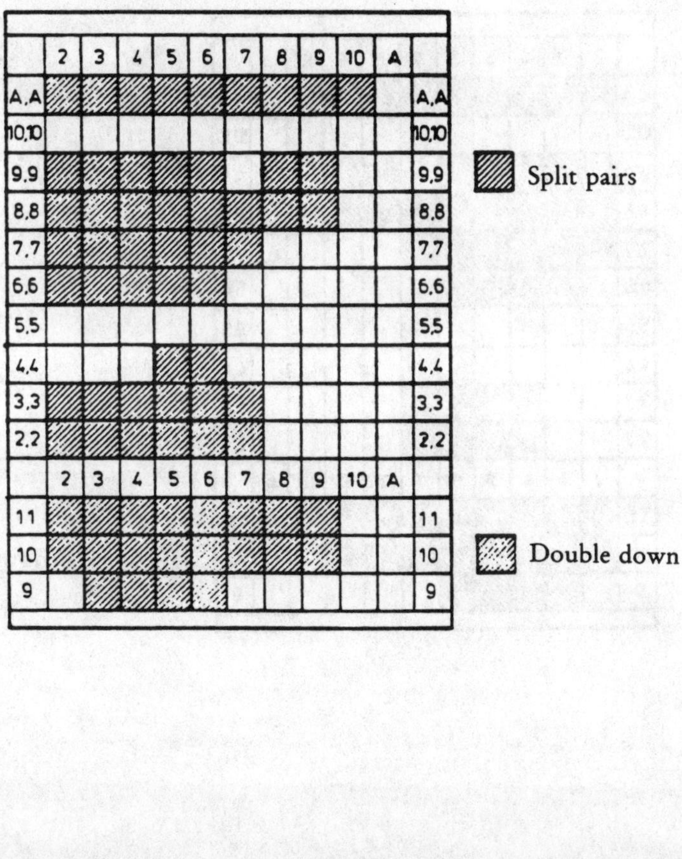

Abb. 4b
The graphical table for the Black Jack-Strategy
Resplit and restrictive rules

hard hand

soft hand

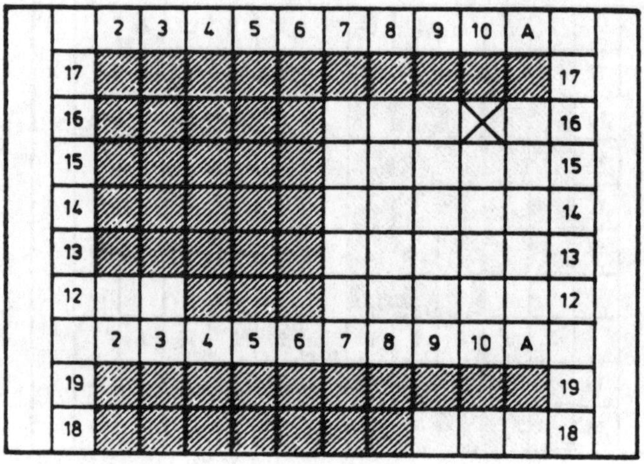

standing numbers

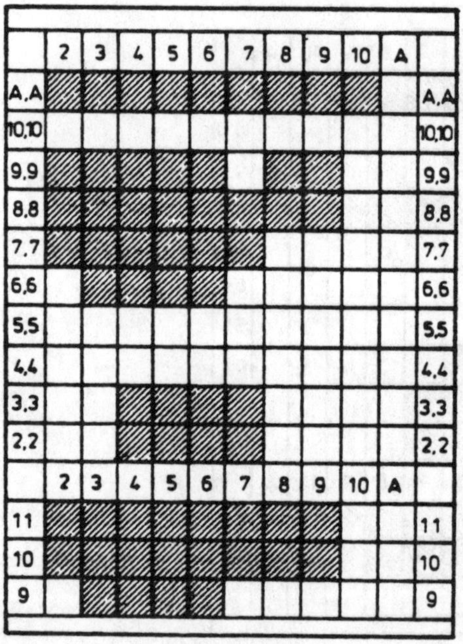

Split pairs

Double down

Abb. 5

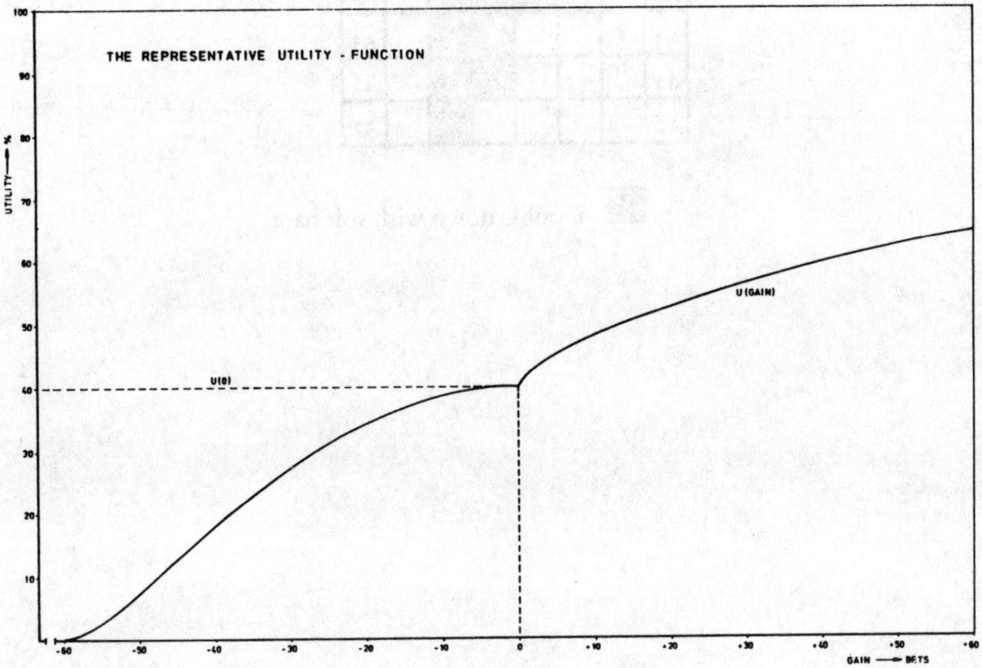
THE REPRESENTATIVE UTILITY - FUNCTION
UTILITY —— %
U(0)
U(GAIN)
GAIN —— BETS
100
90
80
70
60
50
40
30
20
10
-60
-50
-40
-30
-20
-10
0
+10
+20
+30
+40
+50
+60

Abb. 6
The graphical table for the Black Jack-Strategy
soft hand doubling

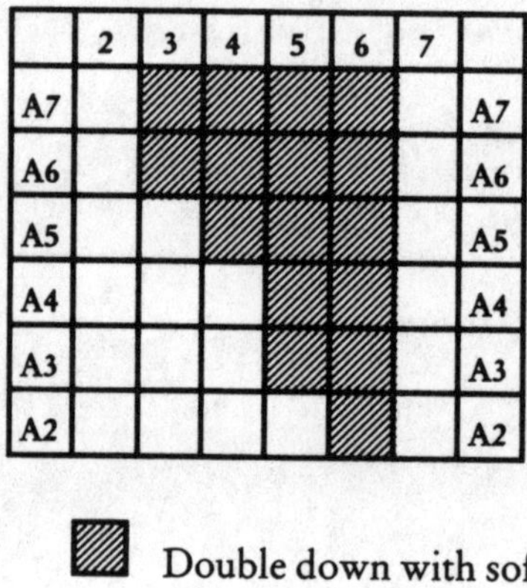

Double down with soft hand

Zahlentafeln

Zahlentafel 1

DEALERS PROBABILITIES

DEALER SHOWS	17	18	19	20	21	BLACK JACK	BUSTS
2	.13981	.13491	.12966	.12403	.11799	0.00000	.35361
3	.13503	.13048	.12558	.12033	.11470	0.00000	.37387
4	.13049	.12594	.12139	.11648	.11123	0.00000	.39447
5	.12225	.12225	.11770	.11315	.10825	0.00000	.41640
6	.16544	.10627	.10627	.10171	.09716	0.00000	.42315
7	.36857	.13780	.07863	.07863	.07407	0.00000	.26231
8	.12857	.35934	.12857	.06939	.06939	0.00000	.24474
9	.12000	.12000	.35076	.12000	.06082	0.00000	.22843
10	.11142	.11142	.11142	.34219	.03450	.07692	.21211
A	.13079	.13079	.13079	.13079	.05387	.30769	.11529
OVER ALL	.14513	.13950	.13346	.18025	.07273	.04734	.28159

Zahlentafel 2a

PLAYERS EXPECTATIONS

DRAW WITH HARD HAND

DEALER SHOWS / PLAYER	2	3	4	5	6	7	8	9	10	A
21	-1.00000	-1.00000	-1.00000	-1.00000	-1.00000	-1.00000	-1.00000	-1.00000	-1.00000	-1.00000
20	-.85523	-.85498	-.85471	-.85448	-.85363	-.85185	-.85149	-.85083	-.86064	-.89763
19	-.72908	-.72803	-.72694	-.72599	-.72255	-.71545	-.71366	-.71557	-.75026	-.80947
18	-.62244	-.62000	-.61746	-.61526	-.60748	-.59114	-.59106	-.61653	-.67477	-.74143
17	-.53615	-.53167	-.52701	-.52299	-.50875	-.48349	-.50598	-.55369	-.61643	-.69352
16	-.47099	-.46377	-.45629	-.44952	-.43093	-.41478	-.45844	-.50932	-.57522	-.66572
15	-.41659	-.40625	-.39560	-.38546	-.36583	-.37442	-.42079	-.47418	-.54259	-.64798
14	-.36219	-.34873	-.33491	-.32140	-.30073	-.33407	-.38314	-.43904	-.50996	-.63025
13	-.30779	-.29121	-.27422	-.25733	-.23563	-.29371	-.34548	-.40390	-.47733	-.61251
12	-.25339	-.23369	-.21354	-.19327	-.17053	-.25336	-.30783	-.36875	-.44470	-.59477

STAND WITH HARD HAND

DEALER SHOWS / PLAYER	2	3	4	5	6	7	8	9	10	A
21	.88201	.88530	.88877	.89175	.90284	.92593	.93061	.93918	.81165	.33075
20	.63999	.65027	.66105	.67036	.70396	.77323	.79182	.75836	.43496	.14609
19	.38630	.40436	.42318	.43951	.49598	.61598	.59385	.28760	-.01866	-.11548
18	.12174	.14830	.17585	.19956	.28344	.39955	.10595	-.18316	-.24151	-.37706
17	-.15297	-.11722	-.08057	-.04494	.01174	-.10681	-.38195	-.42315	-.46436	-.63864
16	-.29278	-.25225	-.21106	-.16719	-.15370	-.47538	-.51052	-.54315	-.57578	-.76943
15	-.29278	-.25225	-.21106	-.16719	-.15370	-.47538	-.51052	-.54315	-.57578	-.76943
14	-.29278	-.25225	-.21106	-.16719	-.15370	-.47538	-.51052	-.54315	-.57578	-.76943
13	-.29278	-.25225	-.21106	-.16719	-.15370	-.47538	-.51052	-.54315	-.57578	-.76943
12	-.29278	-.25225	-.21106	-.16719	-.15370	-.47538	-.51052	-.54315	-.57578	-.76943

Zahlentafel 2b

P L A Y E R S   E X P E C T A T I O N S

DEALER SHOWS	2	3	4	5	6	7	8	9	10	A
PLAYER	DRAW AND STAND WITH HARD HAND									
21	.88201	.88530	.88877	.89175	.90284	.92593	.93061	.93918	.81165	.33075
20	.63999	.65027	.66105	.67036	.70396	.77323	.79182	.75836	.43496	.14609
19	.38630	.40436	.42318	.43951	.49598	.61598	.59385	.28760	-.01866	-.11548
18	.12174	.14830	.17585	.19956	.28344	.39955	.10595	-.18316	-.24151	-.37706
17	-.15297	-.11722	-.08057	-.04494	.01174	-.10681	-.38195	-.42315	-.46436	-.63864
16	-.29278	-.25225	-.21106	-.16719	-.15370	-.41478	-.45844	-.50932	-.57522	-.66572
15	-.29278	-.25225	-.21106	-.16719	-.15370	-.36976	-.41678	-.47158	-.54255	-.64000
14	-.29278	-.25225	-.21106	-.16719	-.15370	-.32128	-.37192	-.43093	-.50736	-.61231
13	-.29278	-.25225	-.21106	-.16719	-.15370	-.26907	-.32361	-.38716	-.46947	-.58249
12	-.25339	-.23369	-.21106	-.16719	-.15370	-.21285	-.27157	-.34001	-.42866	-.55037
11	.23835	.26033	.28302	.30735	.33369	.29215	.22998	.15826	.03337	-.20869
10	.18250	.20609	.23047	.25626	.28780	.25691	.19795	.11653	-.05356	-.25130
9	.07445	.10126	.12898	.15803	.19602	.17187	.09838	-.05218	-.21811	-.35316
8	-.02180	.00801	.03878	.07080	.11496	.08221	-.05990	-.21019	-.30712	-.44410
7	-.10918	-.07658	-.04302	-.00727	.02919	-.06881	-.21060	-.28537	-.37144	-.52236
6	-.14076	-.10729	-.07292	-.03492	-.01301	-.15193	-.21724	-.29264	-.38869	-.51826
5	-.12822	-.09531	-.06148	-.02398	-.00119	-.11945	-.18809	-.26662	-.36623	-.50055
4	-.11491	-.08261	-.04937	-.01238	.01113	-.08828	-.15933	-.24067	-.34387	-.48290
3	-.10052	-.06888	-.03626	.00017	.02447	-.05744	-.13094	-.21508	-.32184	-.46550
2	-.07588	-.04975	-.02210	.01373	.03888	-.02726	-.10316	-.19005	-.30031	-.44848

Zahlentafel 2c

PLAYERS EXPECTATIONS

DEALER SHOWS	2	3	4	5	6	7	8	9	10	A
PLAYER					DRAW WITH SOFT HAND					
21	.23835	.26033	.28302	.30735	.33369	.29215	.22998	.15826	.03337	-.20869
20	.18250	.20609	.23047	.25626	.28780	.25691	.19795	.11653	-.05356	-.25130
19	.12396	.14934	.17558	.20299	.23980	.22062	.15227	.00789	-.15824	-.31167
18	.06291	.09025	.11850	.14761	.19075	.17068	.03968	-.10074	-.20967	-.37203
17	-.00049	.02898	.05933	.09119	.12805	.05382	-.07292	-.15613	-.26110	-.43240
16	-.03275	-.00219	.02921	.06298	.08987	-.01725	-.09057	-.17601	-.28668	-.43865
15	-.03275	-.00219	.02921	.06298	.08987	-.01152	-.08496	-.16990	-.27918	-.44069
14	-.03275	-.00219	.02921	.06298	.08987	-.00846	-.08182	-.16603	-.27362	-.44425
13	-.03275	-.00219	.02921	.06298	.08987	-.00826	-.08133	-.16456	-.27014	-.44946
12	-.02366	.00210	.02921	.06298	.08987	-.01116	-.08370	-.16568	-.26890	-.45643

DEALER SHOWS	2	3	4	5	6	7	8	9	10	A
PLAYER					STAND WITH SOFT HAND					
21	.88201	.88530	.88877	.89175	.90284	.92593	.93061	.93918	.81165	.33075
20	.63999	.65027	.66105	.67036	.70396	.77323	.79182	.75836	.43496	.14609
19	.38630	.40436	.42318	.43951	.49598	.61598	.59385	.28760	-.01866	-.11548
18	.12174	.14830	.17585	.19956	.28344	.39955	.10595	-.18316	-.24151	-.37706
17	-.15297	-.11722	-.08057	-.04494	.01174	-.10681	-.38195	-.42315	-.46436	-.63864
16	-.29278	-.25225	-.21106	-.16719	-.15370	-.47538	-.51052	-.54315	-.57578	-.76943
15	-.29278	-.25225	-.21106	-.16719	-.15370	-.47538	-.51052	-.54315	-.57578	-.76943
14	-.29278	-.25225	-.21106	-.16719	-.15370	-.47538	-.51052	-.54315	-.57578	-.76943
13	-.29278	-.25225	-.21106	-.16719	-.15370	-.47538	-.51052	-.54315	-.57578	-.76943
12	-.29278	-.25225	-.21106	-.16719	-.15370	-.47538	-.51052	-.54315	-.57578	-.76943

Zahlentafel 2d

PLAYERS EXPECTATIONS

DEALER SHOWS	2	3	4	5	6	7	8	9	10	A
PLAYER	DRAW AND STAND WITH SOFT HAND									
BLACK JACK	1.50000	1.50000	1.50000	1.50000	1.50000	1.50000	1.50000	1.50000	1.38462	1.03846
21	.88201	.88530	.88877	.89175	.90284	.92593	.93061	.93918	.81165	.33075
20	.63999	.65027	.66105	.67036	.70396	.77323	.79182	.75836	.43496	.14609
19	.38630	.40436	.42318	.43951	.49598	.61598	.59385	.28760	-.01866	-.11548
18	.12174	.14830	.17585	.19956	.28344	.39955	.10595	-.10074	-.20967	-.37203
17	-.00049	.02898	.05933	.09119	.12805	.05382	-.07292	-.14979	-.25865	-.43201
16	-.02103	.00906	.03997	.07345	.09882	-.00489	-.06679	-.14864	-.26841	-.42236
15	-.00012	.02916	.05929	.09196	.11825	.03703	-.02705	-.11219	-.23727	-.39771
14	.02239	.05081	.08008	.11189	.13916	.07951	.01328	-.07516	-.20566	-.37268
13	.04664	.07412	.10248	.13336	.16169	.12239	.05406	-.03769	-.17371	-.34737
12	.08184	.10351	.12660	.15648	.18595	.16547	.09512	.00007	-.14154	-.32187

Zahlentafel 2e

PLAYERS EXPECTATIONS

DEALER SHOWS	2	3	4	5	6	7	8	9	10	A
PLAYER					DOUBLE DOWN					
11	.47064	.51780	.56604	.61470	.66738	.46289	.35069	.22778	.01202	-.53988
10	.35894	.40932	.46094	.51252	.57559	.39241	.28664	.14433	-.16184	-.62511
9	.06112	.12082	.18195	.24306	.31705	.10425	-.02644	-.30100	-.58465	-.91509

DEALER SHOWS	2	3	4	5	6	7	8	9	10	A
PLAYER					NO DOUBLE DOWN					
11	.23835	.26033	.28302	.30735	.33369	.29215	.22998	.15826	.03337	-.20869
10	.18250	.20609	.23047	.25626	.28780	.25691	.19795	.11653	-.05356	-.25130
9	.07445	.10126	.12898	.15803	.19602	.17187	.09838	-.05218	-.21811	-.35316

Zahlentafel 2f

PLAYERS EXPECTATIONS

DEALER SHOWS	2	3	4	5	6	7	8	9	10	A
PLAYER				SPLIT PAIRS VERSUS EXTENDED RULES						
A,A	.54133	.59311	.64593	.69800	.75490	.51696	.39716	.26918	.03994	-.57952
10,10	-.03615	.06484	.16902	.28226	.38833	.13539	-.18164	-.53324	-.89791	-1.44893
9,9	.19606	.25920	.32435	.39313	.47245	.36463	.23521	-.07739	-.47162	-.76619
8,8	.07602	.14854	.22340	.30022	.41266	.32539	-.02016	-.38651	-.62132	-.92864
7,7	-.13052	-.04783	.03968	.13114	.23193	-.04854	-.39210	-.57845	-.78569	-1.12333
6,6	-.21232	-.12379	-.03098	.06580	.13220	-.26473	-.42603	-.61218	-.84078	-1.12489
5,5	-.29399	-.21237	-.12612	-.03192	.02755	-.29799	-.45862	-.63872	-.85588	-1.13742
4,4	-.19333	-.10940	-.02075	.07580	.14041	-.16792	-.32764	-.51293	-.75695	-1.06065
3,3	-.13769	-.05597	.03054	.12468	.19521	-.05246	-.23193	-.43746	-.69004	-1.00603
2,2	-.08416	-.01525	.05973	.15263	.22488	.00730	-.17680	-.38775	-.64729	-.97223

DEALER SHOWS	2	3	4	5	6	7	8	9	10	A
PLAYER				NO SPLIT PAIRS VERSUS EXTENDED RULES						
12	.08184	.10351	.12660	.15648	.18595	.16547	.09512	.00007	-.14154	-.32187
20	.63999	.65027	.66105	.67036	.70396	.77323	.79182	.75836	.43496	.14609
18	.12174	.14830	.17585	.19956	.28344	.39955	.10595	-.18316	-.24151	-.37706
16	-.29278	-.25225	-.21106	-.16719	-.15370	-.41478	-.45844	-.50932	-.57522	-.66572
14	-.29278	-.25225	-.21106	-.16719	-.15370	-.32128	-.37192	-.43093	-.50736	-.61231
12	-.25339	-.23369	-.21106	-.16719	-.15370	-.21285	-.27157	-.34001	-.42866	-.55037
10	.35894	.40932	.46094	.51252	.57559	.39241	.28664	.14433	-.05356	-.25130
8	-.02180	.00801	.03878	.07080	.11496	.08221	-.05990	-.21019	-.30712	-.44410
6	-.14076	-.10729	-.07292	-.03492	-.01301	-.15193	-.21724	-.29264	-.38869	-.51826
4	-.11491	-.08261	-.04937	-.01238	.01113	-.08828	-.15933	-.24067	-.34387	-.48290

Zahlentafel 2g

PLAYERS EXPECTATIONS

DEALER SHOWS	2	3	4	5	6	7	8	9	10	A
PLAYER				SPLIT PAIRS VERSUS RESPLIT RULES						
A,A	.54133	.59311	.64593	.69800	.75490	.51696	.39716	.26918	.03994	-.57952
10,10	-.03615	.06484	.16902	.28226	.38833	.13539	-.18164	-.53324	-.89791	-1.44893
9,9	.15383	.21239	.27289	.33724	.41178	.33359	.21326	-.09003	-.47162	-.76619
8,8	.00171	.06478	.13004	.19775	.29966	.26971	-.05823	-.40420	-.62132	-.92864
7,7	-.20484	-.13515	-.06331	.01321	.09693	-.10422	-.43017	-.59615	-.78569	-1.12333
6,6	-.28663	-.21111	-.13398	-.05213	-.00280	-.32041	-.46410	-.62987	-.84078	-1.12489
5,5	-.36831	-.29969	-.22911	-.14985	-.10745	-.35367	-.49669	-.65641	-.85588	-1.13742
4,4	-.26765	-.19672	-.12374	-.04213	.00541	-.22360	-.36571	-.53063	-.75695	-1.06065
3,3	-.21201	-.14329	-.07245	.00675	.06020	-.10814	-.27000	-.45515	-.69004	-1.00603
2,2	-.15847	-.10257	-.04326	.03470	.08988	-.04838	-.21487	-.40544	-.64729	-.97223

DEALER SHOWS	2	3	4	5	6	7	8	9	10	A
PLAYER				NO SPLIT PAIRS VERSUS RESPLIT RULES						
12	.08184	.10351	.12660	.15648	.18595	.16547	.09512	.00007	-.14154	-.32187
20	.63999	.65027	.66105	.67036	.70396	.77323	.79182	.75836	.43496	.14609
18	.12174	.14830	.17585	.19956	.28344	.39955	.10595	-.18316	-.24151	-.37706
16	-.29278	-.25225	-.21106	-.16719	-.15370	-.41478	-.45844	-.50932	-.57522	-.66572
14	-.29278	-.25225	-.21106	-.16719	-.15370	-.32128	-.37192	-.43093	-.50736	-.61231
12	-.25339	-.23369	-.21106	-.16719	-.15370	-.21285	-.27157	-.34001	-.42866	-.55037
10	.35894	.40932	.46094	.51252	.57559	.39241	.28664	.14433	-.05356	-.25130
8	-.02180	.00801	.03878	.07080	.11496	.08221	-.05990	-.21019	-.30712	-.44410
6	-.14076	-.10729	-.07292	-.03492	-.01301	-.15193	-.21724	-.29264	-.38869	-.51826
4	-.11491	-.08261	-.04937	-.01238	.01113	-.08828	-.15933	-.24067	-.34387	-.48290

Zahlentafel 2h

PLAYERS EXPECTATIONS

SPLIT PAIRS VERSUS RESTRICTIVE RULES

DEALER SHOWS / PLAYER	2	3	4	5	6	7	8	9	10	A
A,A	.47064	.51780	.56604	.61470	.66738	.46289	.35069	.22778	.01202	-.53988
10,10	.36500	.41218	.46094	.51252	.57559	.51382	.39591	.23306	-.10712	-.50261
9,9	.14889	.20253	.25796	.31606	.39204	.34374	.19675	-.10436	-.43622	-.70633
8,8	-.04360	.01601	.07757	.14161	.22992	.16441	-.11980	-.42037	-.61423	-.88819
7,7	-.21837	-.15317	-.08604	-.01454	.05837	-.13762	-.42121	-.57073	-.74287	-1.04471
6,6	-.28152	-.21458	-.14583	-.06983	-.02601	-.30387	-.43448	-.58528	-.77738	-1.03651
5,5	-.25643	-.19062	-.12296	-.04796	-.00237	-.23889	-.37619	-.53323	-.73245	-1.00110
4,4	-.22983	-.16523	-.09873	-.02476	.02226	-.17656	-.31867	-.48133	-.68775	-.96580
3,3	-.20105	-.13775	-.07252	.00034	.04894	-.11488	-.26188	-.43015	-.64368	-.93099
2,2	-.15177	-.09950	-.04420	.02746	.07777	-.05451	-.20632	-.38009	-.60061	-.89695

NO SPLIT PAIRS VERSUS RESTRICTIVE RULES

DEALER SHOWS / PLAYER	2	3	4	5	6	7	8	9	10	A
12	.08184	.10351	.12660	.15648	.18595	.16547	.09512	.00007	-.14154	-.32187
20	.63999	.65027	.66105	.67036	.70396	.77323	.79182	.75836	.43496	.14609
18	.12174	.14830	.17585	.19956	.28344	.39955	.10595	-.18316	-.24151	-.37706
16	-.29278	-.25225	-.21106	-.16719	-.15370	-.41478	-.45844	-.50932	-.57522	-.66572
14	-.29278	-.25225	-.21106	-.16719	-.15370	-.32128	-.37192	-.43093	-.50736	-.61231
12	-.25339	-.23369	-.21106	-.16719	-.15370	-.21285	-.27157	-.34001	-.42866	-.55037
10	.35894	.40932	.46094	.51252	.57559	.39241	.28664	.14433	-.05356	-.25130
8	-.02180	.00801	.03878	.07080	.11496	.08221	-.05990	-.21019	-.30712	-.44410
6	-.14076	-.10729	-.07292	-.03492	-.01301	-.15193	-.21724	-.29264	-.38869	-.51826
4	-.11491	-.08261	-.04937	-.01238	.01113	-.08828	-.15933	-.24067	-.34387	-.48290

Zahlentafel 3

The stake dependent on the rules

Restrictive rules

Stake bets	Frequency %	Average stake
1	91,397	
2	8,603	
	100,000	108,603%

Resplit rules

Stake bets	Frequency %	Average stake
1	91,397	
2	8,300	
3	0,248	
4	0,026	
5	0,029	
	100,000	108,990%

Extended rules

Stake bets	Frequency %	Average stake
1	91,079	
2	8,045	
3	0,650	
4	0,158	
5	0,049	
6	0,015	
7	0,003	
8	0,001	
	100,000	110,118%

Zahlentafel 4a

Probabilities of 1 game roulette on plein

Expectation	−2,7027 %
Dispersion	34,0804

	Probabilities	
Players gain bets	Frequency %	Sum %
−1,0	97,2973	97,2973
–	–	–
–	–	–
–	–	–
+35,0	2,7027	100,0000

Zahlentafel 4b

Probabilities of 1 game roulette on simple chances

Expectation	−1,3514 %
Dispersion	0,9795

	Probabilities	
Players gain bets	Frequency %	Sum %
−1,0	48,6486	48,6486
−0,5	2,7027	51,3513
+1,0	48,6486	100,0000

Zahlentafel 5a

Probabilities of 1 game BLACK JACK
Extended rules

Expectation	−0,4502 %
Dispersion	1,2356

	Probabilities	
Players gain bets	Frequency %	Sum %
−7,0	0,0001	0,0001
−6,0	0,0003	0,0004
−5,0	0,0040	0,0044
−4,0	0,0308	0,0352
−3,0	0,1828	0,2180
−2,0	2,9440	3,1620
−1,0	44,5754	47,7374
0,0	8,8107	56,5481
+1,0	34,2984	90,8465
+1,5	4,5178	95,3643
+2,0	4,3388	99,7031
+3,0	0,2415	99,9446
+4,0	0,0487	99,9933
+5,0	0,0054	99,9987
+6,0	0,0010	99,9997
+7,0	0,0002	99,9999
+8,0	0,0000	99,9999
+9,0	0,0001	100,0000

Zahlentafel 5b

Probabilities of 1 Game BLACK JACK
Resplit rules

Expectation	−0,6095 %
Dispersion	1,1982

Players gain bets	Probabilities Frequency %	Sum %
−5,0	0,0002	0,0002
−4,0	0,0023	0,0025
−3,0	0,0408	0,0433
−2,0	2,9649	3,0082
−1,0	44,7379	47,7461
0,0	8,8723	56,6184
+1,0	34,3769	90,9953
+1,5	4,5179	95,5132
+2,0	4,4282	99,9414
+3,0	0,0541	99,9995
+4,0	0,0041	99,9996
+5,0	0,0004	100,0000

Zahlentafel 5c

Probabilities of 1 game BLACK JACK
Restrictive rules

Expectation	−0,7253 %
Dispersion	1,1926

Players gain bets	Probabilities Frequency %	Sum %
−2,0	3,0295	3,0295
−1,0	44,7409	47,7704
0,0	8,8873	56,6577
+1,0	34,3505	91,0082
+1,5	4,5190	95,5272
+2,0	4,4728	100,0000

Zahlentafel 6a

DISTRIBUTION OF PROBABILITIES FOR ROULETTE ON PLEIN

EXACTLY CALCULATION

ADVANTAGE OF PLAYER OVER ALL GAMES -2.7027 %

100 GAMES				200 GAMES				400 GAMES			
PLAYERS GAIN		PROBABILITIES		PLAYERS GAIN		PROBABILITIES		PLAYERS GAIN		PROBABILITIES	
FROM BETS	TO	FREQUENCY %	SUM %	FROM BETS	TO	FREQUENCY %	SUM %	FROM BETS	TO	FREQUENCY %	SUM %
****	-30	24.396	24.396	****	-60	20.876	20.876	****	-120	15.224	15.224
-30	-27	24.665	49.061	-60	-54	16.060	36.937	-120	-108	9.338	24.562
-27	-24	0.000	49.061	-54	-48	0.000	36.937	-108	-96	0.000	24.562
-24	-21	0.000	49.061	-48	-42	0.000	36.937	-96	-84	0.000	24.562
-21	-18	0.000	49.061	-42	-36	0.000	36.937	-84	-72	11.298	35.860
-18	-15	0.000	49.061	-36	-30	0.000	36.937	-72	-60	0.000	35.860
-15	-12	0.000	49.061	-30	-24	0.000	36.937	-60	-48	0.000	35.860
-12	-9	0.000	49.061	-24	-18	17.488	54.424	-48	-36	12.271	48.131
-9	-6	0.000	49.061	-18	-12	0.000	54.424	-36	-24	0.000	48.131
-6	-3	0.000	49.061	-12	-6	0.000	54.424	-24	-12	0.000	48.131
-3	0	0.000	49.061	-6	0	0.000	54.424	-12	0	12.085	60.216
0	3	0.000	49.061	0	6	0.000	54.424	0	12	0.000	60.216
3	6	0.000	49.061	6	12	0.000	54.424	12	24	0.000	60.216
6	9	22.381	71.442	12	18	15.787	70.212	24	36	10.882	71.098
9	12	0.000	71.442	18	24	0.000	70.212	36	48	0.000	71.098
12	15	0.000	71.442	24	30	0.000	70.212	48	60	0.000	71.098
15	18	0.000	71.442	30	36	0.000	70.212	60	72	9.022	80.120
18	21	0.000	71.442	36	42	0.000	70.212	72	84	0.000	80.120
21	24	0.000	71.442	42	48	0.000	70.212	84	96	0.000	80.120
24	27	0.000	71.442	48	54	12.154	82.366	96	108	6.927	87.047
27	30	0.000	71.442	54	60	0.000	82.366	108	120	0.000	87.047
30	****	28.558	100.000	60	****	17.634	100.000	120	****	12.953	100.000

	100 GAMES	200 GAMES	400 GAMES
EXPECTATION	-2.7027 BETS	-5.4054 BETS	-10.8108 BETS
DISPERSION	3408.0351 BET**2	6816.0701 BET**2	13632.1402 BET**2

Zahlentafel 6b

DISTRIBUTION OF PROBABILITIES FOR ROULETTE ON SIMPLE CHANCES

EXACTLY CALCULATION

ADVANTAGE OF PLAYER OVER ALL GAMES -1.3514 %

100 GAMES				200 GAMES				400 GAMES			
PLAYERS GAIN		PROBABILITIES		PLAYERS GAIN		PROBABILITIES		PLAYERS GAIN		PROBABILITIES	
FROM	TO	FREQUENCY	SUM	FROM	TO	FREQUENCY	SUM	FROM	TO	FREQUENCY	SUM
BETS		%	%	BETS		%	%	BETS		%	%
****	-30	.166	.166	****	-60	.002	.002	****	-120	.000	.000
-30	-27	.259	.425	-60	-54	.009	.011	-120	-108	.000	.000
-27	-24	.595	1.020	-54	-48	.043	.054	-108	-96	.000	.000
-24	-21	1.167	2.186	-48	-42	.175	.229	-96	-84	.003	.003
-21	-18	2.209	4.396	-42	-36	.586	.816	-84	-72	.032	.035
-18	-15	3.589	7.984	-36	-30	1.625	2.440	-72	-60	.240	.276
-15	-12	5.633	13.617	-30	-24	3.740	6.181	-60	-48	1.238	1.514
-12	-9	7.609	21.226	-24	-18	7.166	13.346	-48	-36	4.441	5.955
-9	-6	9.932	31.159	-18	-12	11.440	24.786	-36	-24	11.110	17.065
-6	-3	11.191	42.350	-12	-6	15.236	40.023	-24	-12	19.428	36.493
-3	0	12.171	54.520	-6	0	16.941	56.963	-12	0	23.787	60.279
0	3	11.460	65.981	0	6	15.730	72.693	0	12	20.406	80.686
3	6	10.386	76.367	6	12	12.198	84.892	12	24	12.268	92.953
6	9	8.180	84.547	12	18	7.899	92.790	24	36	5.164	98.118
9	12	6.170	90.717	18	24	4.268	97.058	36	48	1.520	99.638
12	15	4.064	94.780	24	30	1.923	98.981	48	60	.312	99.951
15	18	2.543	97.324	30	36	.721	99.702	60	72	.045	99.995
18	21	1.400	98.724	36	42	.225	99.927	72	84	.004	100.000
21	24	.723	99.447	42	48	.058	99.985	84	96	.000	100.000
24	27	.332	99.779	48	54	.012	99.997	96	108	.000	100.000
27	30	.141	99.920	54	60	.002	100.000	108	120	.000	100.000
30	****	.080	100.000	60	****	.000	100.000	120	****	0.000	100.000

	100 GAMES	200 GAMES	400 GAMES
EXPECTATION	-1.3514 BETS	-2.7027 BETS	-5.4054 BETS
DISPERSION	97.9547 BET**2	195.9094 BET**2	391.8188 BET**2

Zahlentafel 7a

DISTRIBUTION OF PROBABILITIES FOR BLACK JACK

COMPUTER-RUN EXTENDED   RANDOM-NUMBER 12345678   NUMBER OF GAMES 1000000

EXTENDED RULES

ADVANTAGE OF PLAYER OVER ALL GAMES   -.4502 %

PLAYERS		PROBABILITIES		PLAYERS		PROBABILITIES		PLAYERS		PROBABILITIES	
100 GAMES				200 GAMES				400 GAMES			
GAIN FROM	TO BETS	FREQUENCY %	SUM %	GAIN FROM	TO BETS	FREQUENCY %	SUM %	GAIN FROM	TO BETS	FREQUENCY %	SUM %
****	-30	.370	.370	****	-60	0.000	0.000	****	-120	0.000	0.000
-30	-27	.410	.780	-60	-54	.080	.080	-120	-108	0.000	0.000
-27	-24	.700	1.480	-54	-48	.100	.180	-108	-96	0.000	0.000
-24	-21	1.350	2.830	-48	-42	.300	.480	-96	-84	.040	.040
-21	-18	2.310	5.140	-42	-36	.920	1.400	-84	-72	.040	.080
-18	-15	3.690	8.830	-36	-30	1.820	3.220	-72	-60	.400	.480
-15	-12	5.370	14.200	-30	-24	3.360	6.580	-60	-48	1.480	1.960
-12	-9	7.280	21.480	-24	-18	6.560	13.140	-48	-36	4.120	6.080
-9	-6	8.800	30.280	-18	-12	10.060	23.200	-36	-24	9.400	15.480
-6	-3	9.890	40.170	-12	-6	13.440	36.640	-24	-12	15.520	31.000
-3	0	10.860	51.030	-6	0	14.560	51.200	-12	0	20.720	51.720
0	3	10.790	61.820	0	6	14.780	65.980	0	12	21.560	73.280
3	6	9.860	71.680	6	12	13.580	79.560	12	24	14.160	87.440
6	9	8.240	79.920	12	18	9.100	88.660	24	36	8.320	95.760
9	12	6.420	86.340	18	24	5.700	94.360	36	48	3.080	98.840
12	15	4.720	91.060	24	30	3.060	97.420	48	60	.960	99.800
15	18	3.660	94.720	30	36	1.620	99.040	60	72	.200	100.000
18	21	2.180	96.900	36	42	.660	99.700	72	84	0.000	100.000
21	24	1.560	98.460	42	48	.200	99.900	84	96	0.000	100.000
24	27	.780	99.240	48	54	.100	100.000	96	108	0.000	100.000
27	30	.430	99.670	54	60	0.000	100.000	108	120	0.000	100.000
30	****	.330	100.000	60	****	0.000	100.000	120	****	0.000	100.000

	100 GAMES	200 GAMES	400 GAMES
ADVANTAGE	-.4502 BETS	-.9004 BETS	-1.8008 BETS
DISPERSION	123.3345 BET**2	245.3351 BET**2	485.2433 BET**2

Zahlentafel 7b

DISTRIBUTION OF PROBABILITIES FOR BLACK JACK

COMPUTER-RUN RESPLIT   RANDOM-NUMBER 12345678   NUMBER OF GAMES 1000000

RESPLIT RULES

ADVANTAGE OF PLAYER OVER ALL GAMES   -.6095 %

PLAYERS		PROBABILITIES 100 GAMES		PLAYERS		PROBABILITIES 200 GAMES		PLAYERS		PROBABILITIES 400 GAMES	
GAIN FROM BETS	TO	FREQUENCY %	SUM %	GAIN FROM BETS	TO	FREQUENCY %	SUM %	GAIN FROM BETS	TO	FREQUENCY %	SUM %
****	-30	.270	.270	****	-60	.020	.020	****	-120	0.000	0.000
-30	-27	.420	.690	-60	-54	.020	.040	-120	-108	0.000	0.000
-27	-24	.710	1.400	-54	-48	.080	.120	-108	-96	0.000	0.000
-24	-21	1.380	2.780	-48	-42	.260	.380	-96	-84	0.000	0.000
-21	-18	2.230	5.010	-42	-36	.900	1.280	-84	-72	.120	.120
-18	-15	3.780	8.790	-36	-30	1.680	2.960	-72	-60	.440	.560
-15	-12	5.660	14.450	-30	-24	4.420	7.380	-60	-48	1.600	2.160
-12	-9	7.140	21.590	-24	-18	6.200	13.580	-48	-36	4.120	6.280
-9	-6	8.900	30.490	-18	-12	9.740	23.320	-36	-24	9.200	15.480
-6	-3	10.140	40.630	-12	-6	13.020	36.340	-24	-12	17.160	32.640
-3	0	10.810	51.440	-6	0	15.720	52.060	-12	0	22.080	54.720
0	3	10.620	62.060	0	6	15.560	67.620	0	12	18.520	73.240
3	6	9.880	71.940	6	12	12.680	80.300	12	24	14.960	88.200
6	9	8.580	80.520	12	18	9.000	89.300	24	36	7.160	95.360
9	12	6.460	86.980	18	24	5.400	94.700	36	48	3.640	99.000
12	15	5.050	92.030	24	30	3.000	97.700	48	60	.840	99.840
15	18	3.230	95.260	30	36	1.400	99.100	60	72	.120	99.960
18	21	2.360	97.620	36	42	.680	99.780	72	84	.040	100.000
21	24	1.040	98.660	42	48	.180	99.960	84	96	0.000	100.000
24	27	.720	99.380	48	54	.020	99.980	96	108	0.000	100.000
27	30	.350	99.730	54	60	0.000	99.980	108	120	0.000	100.000
30	****	.270	100.000	60	****	.020	100.000	120	****	0.000	100.000

	100 GAMES	200 GAMES	400 GAMES
ADVANTAGE	-.6095 BETS	-1.2189 BETS	-2.4378 BETS
DISPERSION	118.5657 BET**2	238.0626 BET**2	486.6184 BET**2

Zahlentafel 7c

DISTRIBUTION OF PROBABILITIES FOR BLACK JACK

COMPUTER-RUN RESTRICT.   RANDOM-NUMBER 12345678   NUMBER OF GAMES 1000000

RESTRICTIVE RULES

ADVANTAGE OF PLAYER OVER ALL GAMES   -.7253 %

PLAYERS		PROBABILITIES		PLAYERS		PROBABILITIES		PLAYERS		PROBABILITIES	
100 GAMES				200 GAMES				400 GAMES			
GAIN FROM (BETS)	TO	FREQUENCY %	SUM %	GAIN FROM (BETS)	TO	FREQUENCY %	SUM %	GAIN FROM (BETS)	TO	FREQUENCY %	SUM %
****	-30	.330	.330	****	-60	.020	.020	****	-120	0.000	0.000
-30	-27	.240	.570	-60	-54	.020	.040	-120	-108	0.000	0.000
-27	-24	.300	1.370	-54	-48	.020	.060	-108	-96	0.000	0.000
-24	-21	1.340	2.710	-48	-42	.240	.300	-96	-84	0.000	0.000
-21	-13	2.280	4.990	-42	-36	.960	1.260	-84	-72	.120	.120
-18	-15	3.810	8.800	-36	-30	1.760	3.020	-72	-60	.240	.360
-15	-12	5.590	14.390	-30	-24	4.260	7.280	-60	-48	1.520	1.880
-12	-9	7.780	22.170	-24	-18	6.720	14.000	-48	-36	4.320	6.200
-9	-6	8.770	30.940	-18	-12	10.360	24.360	-36	-24	9.840	16.040
-6	-3	10.110	41.050	-12	-6	12.920	37.280	-24	-12	17.360	33.400
-3	0	11.240	52.290	-6	0	15.000	52.280	-12	0	22.120	55.520
0	3	10.500	62.790	0	6	15.680	67.960	0	12	19.640	75.160
3	6	9.590	72.380	6	12	12.740	80.700	12	24	13.680	88.840
6	9	8.500	80.880	12	18	9.060	89.760	24	36	7.320	96.160
9	12	6.420	87.300	18	24	5.360	95.120	36	48	3.040	99.200
12	15	4.600	91.900	24	30	2.600	97.720	48	60	.520	99.720
15	18	3.460	95.360	30	36	1.520	99.240	60	72	.280	100.000
18	21	2.180	97.540	36	42	.480	99.720	72	84	0.000	100.000
21	24	1.240	98.780	42	48	.240	99.960	84	96	0.000	100.000
24	27	.650	99.430	48	54	.020	99.980	96	108	0.000	100.000
27	30	.300	99.730	54	60	.020	100.000	108	120	0.000	100.000
30	****	.270	100.000	60	****	0.000	100.000	120	****	0.000	100.000

	100 GAMES	200 GAMES	400 GAMES
ADVANTAGE	-.7253 BETS	-1.4506 BETS	-2.9012 BETS
DISPERSION	118.0912 BET**2	237.5391 BET**2	470.5444 BET**2

Zahlentafel 8a

DISTRIBUTION OF PROBABILITIES FOR BLACK JACK

COMPUTER-RUN EXTENDED RANDOM-NUMBER 12345678 NUMBER OF GAMES 1000000

EXTENDED RULES

BETTING STRATEGY WITH BANKROLL 30 BETS AND TERMINAL GAIN 10 BETS

PLAYERS		PROBABILITIES		PLAYERS		PROBABILITIES		PLAYERS		PROBABILITIES	
MAX. 100 GAMES				MAX. 200 GAMES				MAX. 400 GAMES			
GAIN FROM BETS	TO	FREQUENCY %	SUM %	GAIN FROM BETS	TO	FREQUENCY %	SUM %	GAIN FROM BETS	TO	FREQUENCY %	SUM %
****	-40	0.000	0.000	****	-40	0.000	0.000	****	-40	0.000	0.000
-40	-38	0.000	0.000	-40	-38	0.000	0.000	-40	-38	0.000	0.000
-38	-36	0.000	0.000	-38	-36	0.000	0.000	-38	-36	0.000	0.000
-36	-34	0.000	0.000	-36	-34	0.000	0.000	-36	-34	0.000	0.000
-34	-32	0.000	0.000	-34	-32	.020	.020	-34	-32	.041	.041
-32	-30	.630	.630	-32	-30	5.638	5.658	-32	-30	16.439	16.480
-30	-28	.170	.800	-30	-28	.240	5.898	-30	-28	.163	16.643
-28	-26	.340	1.140	-28	-26	.720	6.618	-28	-26	.245	16.887
-26	-24	.570	1.710	-26	-24	.860	7.477	-26	-24	.734	17.622
-24	-22	.810	2.520	-24	-22	1.719	9.197	-24	-22	.816	18.438
-22	-20	1.230	3.800	-22	-20	1.799	10.996	-22	-20	.775	19.213
-20	-18	1.760	5.559	-20	-18	2.259	13.255	-20	-18	1.183	20.395
-18	-16	2.630	8.189	-18	-16	2.779	16.034	-18	-16	1.265	21.660
-16	-14	3.010	11.199	-16	-14	2.659	18.693	-16	-14	1.142	22.802
-14	-12	3.860	15.059	-14	-12	2.919	21.612	-14	-12	1.183	23.985
-12	-10	4.750	19.808	-12	-10	3.199	24.811	-12	-10	1.101	25.086
-10	-8	5.440	25.248	-10	-8	3.679	28.490	-10	-8	1.142	26.229
-8	-6	5.609	30.857	-8	-6	3.279	31.769	-8	-6	1.142	27.371
-6	-4	6.129	36.987	-6	-4	3.019	34.788	-6	-4	.693	28.064
-4	-2	6.009	42.996	-4	-2	2.799	37.587	-4	-2	.857	28.921
-2	0	6.540	49.536	-2	0	4.800	42.387	-2	0	6.874	35.795
0	2	5.690	55.226	0	2	4.521	46.908	0	2	7.222	43.017
2	4	4.640	59.867	2	4	1.780	48.688	2	4	.317	43.334
4	6	3.370	63.237	4	6	1.380	50.068	4	6	.238	43.572
6	8	2.160	65.397	6	8	.860	50.929	6	8	0.000	43.572
8	10	17.091	82.489	8	10	24.006	74.934	8	10	27.539	71.112
10	12	17.341	99.830	10	12	24.886	99.820	10	12	28.690	99.802
12	14	.170	100.000	12	14	.180	100.000	12	14	.198	100.000
14	16	0.000	100.000	14	16	0.000	100.000	14	16	0.000	100.000
16	18	0.000	100.000	16	18	0.000	100.000	16	18	0.000	100.000
18	20	0.000	100.000	18	20	0.000	100.000	18	20	0.000	100.000
20	****	.000	100.000	20	****	.000	100.000	20	****	.000	100.000

	MAX. 100 GAMES	MAX. 200 GAMES	MAX. 400 GAMES
ADVANTAGE	-.3729 BETS	-.4238 BETS	-.8310 BETS
DISPERSION	102.5910 BET**2	169.6052 BET**2	241.4310 BET**2

Zahlentafel 8b

DISTRIBUTION OF PROBABILITIES FOR BLACK JACK

COMPUTER-RUN RESPPLIT RANDOM-NUMBER 12345678 NUMBER OF GAMES 1000000

RESPLIT RULES

BETTING STRATEGY WITH BANKROLL 30 BETS AND TERMINAL GAIN 10 BETS

PLAYERS PROBABILITIES MAX. 100 GAMES				PLAYERS PROBABILITIES MAX. 200 GAMES				PLAYERS PROBABILITIES MAX. 400 GAMES			
GAIN FROM BETS	TO	FREQUENCY %	SUM %	GAIN FROM BETS	TO	FREQUENCY %	SUM %	GAIN FROM BETS	TO	FREQUENCY %	SUM %
****	-40	0.000	0.000	****	-40	0.000	0.000	****	-40	0.000	0.000
-40	-38	0.000	0.000	-40	-38	0.000	0.000	-40	-38	0.000	0.000
-38	-36	0.000	0.000	-38	-36	0.000	0.000	-38	-36	0.000	0.000
-36	-34	0.000	0.000	-36	-34	0.000	0.000	-36	-34	0.000	0.000
-34	-32	0.000	0.000	-34	-32	0.000	0.000	-34	-32	0.000	0.000
-32	-30	.491	.491	-32	-30	5.414	5.414	-32	-30	16.298	16.298
-30	-28	.150	.641	-30	-28	.472	5.886	-30	-28	.158	16.456
-28	-26	.391	1.032	-28	-26	.787	6.674	-28	-26	.475	16.931
-26	-24	.431	1.512	-26	-24	1.378	8.052	-26	-24	.633	17.564
-24	-22	.962	2.474	-24	-22	1.437	9.489	-24	-22	1.187	18.751
-22	-20	1.302	3.776	-22	-20	1.988	11.477	-22	-20	.791	19.542
-20	-18	1.783	5.559	-20	-18	2.047	13.525	-20	-18	1.108	20.650
-18	-16	2.394	7.953	-18	-16	2.264	15.789	-18	-16	1.464	22.113
-16	-14	3.295	11.248	-16	-14	3.032	18.821	-16	-14	1.464	23.577
-14	-12	4.116	15.364	-14	-12	3.485	22.305	-14	-12	1.305	24.882
-12	-10	4.918	20.282	-12	-10	3.170	25.475	-12	-10	1.464	26.346
-10	-8	4.928	25.210	-10	-8	2.973	28.447	-10	-8	1.108	27.454
-8	-6	6.140	31.349	-8	-6	3.642	32.090	-8	-6	1.147	28.601
-6	-4	6.009	37.359	-6	-4	3.150	35.239	-6	-4	.949	29.550
-4	-2	6.580	43.939	-4	-2	3.051	38.291	-4	-2	.870	30.421
-2	0	6.121	50.060	-2	0	4.557	42.848	-2	0	7.153	37.573
0	2	5.782	55.842	0	2	4.628	47.476	0	2	6.633	44.206
2	4	4.963	60.805	2	4	1.738	49.214	2	4	.161	44.367
4	6	3.565	64.370	4	6	1.455	50.669	4	6	.241	44.608
6	8	2.197	66.567	6	8	.950	51.619	6	8	.040	44.648
8	10	16.537	83.104	8	10	24.292	75.911	8	10	27.575	72.224
10	12	16.886	99.990	10	12	24.089	100.000	10	12	27.776	100.000
12	14	.010	100.000	12	14	0.000	100.000	12	14	0.000	100.000
14	16	0.000	100.000	14	16	0.000	100.000	14	16	0.000	100.000
16	18	0.000	100.000	16	18	0.000	100.000	16	18	0.000	100.000
18	20	0.000	100.000	18	20	0.000	100.000	18	20	0.000	100.000
20	****	.000	100.000	20	****	.000	100.000	20	****	.000	100.000

	MAX. 100 GAMES	MAX. 200 GAMES	MAX. 400 GAMES
ADVANTAGE	-.5097 BETS	-.5817 BETS	-1.1576 BETS
DISPERSION	100.9294 BET**2	170.3454 BET**2	242.4034 BET**2

Zahlentafel 8c

DISTRIBUTION OF PROBABILITIES FOR BLACK JACK

COMPUTER-RUN RESTRICT. RANDOM-NUMBER 12345678 NUMBER OF GAMES 1000000

RESTRICTIVE RULES

BETTING STRATEGY WITH BANKROLL 30 BETS AND TERMINAL GAIN 10 BETS

PLAYERS		PROBABILITIES		PLAYERS		PROBABILITIES		PLAYERS		PROBABILITIES	
MAX. 100 GAMES				MAX. 200 GAMES				MAX. 400 GAMES			
GAIN FROM BETS	TO	FREQUENCY %	SUM %	GAIN FROM BETS	TO	FREQUENCY %	SUM %	GAIN FROM BETS	TO	FREQUENCY %	SUM %
****	-40	0.000	0.000	****	-40	0.000	0.000	****	-40	0.000	0.000
-40	-38	0.000	0.000	-40	-38	0.000	0.000	-40	-38	0.000	0.000
-38	-36	0.000	0.000	-38	-36	0.000	0.000	-38	-36	0.000	0.000
-36	-34	0.000	0.000	-36	-34	0.000	0.000	-36	-34	0.000	0.000
-34	-32	0.000	0.000	-34	-32	0.000	0.000	-34	-32	0.000	0.000
-32	-30	.559	.559	-32	-30	6.028	6.028	-32	-30	17.315	17.315
-30	-28	.110	.668	-30	-28	.288	6.316	-30	-28	.155	17.470
-28	-26	.349	1.018	-28	-26	.691	7.007	-28	-26	.349	17.819
-26	-24	.579	1.596	-26	-24	1.209	8.216	-26	-24	.776	18.595
-24	-22	.798	2.394	-24	-22	1.536	9.752	-24	-22	.621	19.217
-22	-20	1.327	3.721	-22	-20	1.996	11.748	-22	-20	.815	20.032
-20	-18	1.826	5.547	-20	-18	1.939	13.687	-20	-18	1.126	21.158
-18	-16	2.284	7.831	-18	-16	2.611	16.298	-18	-16	1.048	22.206
-16	-14	3.272	11.103	-16	-14	3.052	19.350	-16	-14	1.475	23.681
-14	-12	4.330	15.433	-14	-12	3.187	22.536	-14	-12	1.669	25.351
-12	-10	5.058	20.490	-12	-10	3.110	25.646	-12	-10	1.165	26.515
-10	-8	5.467	25.957	-10	-8	3.071	28.717	-10	-8	1.514	28.029
-8	-6	5.646	31.603	-8	-6	3.321	32.038	-8	-6	1.165	29.194
-6	-4	6.005	37.609	-6	-4	3.225	35.263	-6	-4	.971	30.165
-4	-2	6.853	44.462	-4	-2	2.841	38.104	-4	-2	.660	30.825
-2	0	5.999	50.461	-2	0	4.708	42.812	-2	0	6.723	37.548
0	2	5.893	56.354	0	2	4.687	47.499	0	2	7.137	44.685
2	4	4.740	61.094	2	4	2.282	49.781	2	4	.487	45.172
4	6	3.819	64.913	4	6	1.850	51.631	4	6	.365	45.537
6	8	2.345	67.258	6	8	.966	52.597	6	8	.324	45.861
8	10	16.276	83.534	8	10	23.270	75.867	8	10	26.846	72.708
10	12	16.466	100.000	10	12	24.133	100.000	10	12	27.292	100.000
12	14	0.000	100.000	12	14	0.000	100.000	12	14	0.000	100.000
14	16	0.000	100.000	14	16	0.000	100.000	14	16	0.000	100.000
16	18	0.000	100.000	16	18	0.000	100.000	16	18	0.000	100.000
18	20	0.000	100.000	18	20	0.000	100.000	18	20	0.000	100.000
20	****	.000	100.000	20	****	.000	100.000	20	****	.000	100.000

	MAX. 100 GAMES	MAX. 200 GAMES	MAX. 400 GAMES
ADVANTAGE	-.6108 BETS	-.7005 BETS	-1.4181 BETS
DISPERSION	100.6320 BET**2	172.0659 BET**2	246.5889 BET**2

DISTRIBUTION OF PROBABILITIES FOR BLACK JACK

BETTING STRATEGIES DIFFERENT IN KIND - EXTENDED RULES

MAX. GAMES	TERMINAL GAIN	BANK-ROLL	ADVANTAGE	AVERAGE GAIN	P R O B A B I L I T I E S: LE.-BANKROLL	LT.ZERO	EQ.ZERO	LT.TERM.GAIN	GE.TERM.GAIN
	BETS	BETS	BETS	%	%	%	%	%	%
100	5	10	-.1527	-.4502	26.3177	1.9753	23.7922	.1201	47.7947
100	5	20	-.2459	-.4502	6.3860	25.4744	7.7292	.6015	59.8088
100	5	30	-.2582	-.4502	.6208	33.4311	3.7976	.7895	61.3610
100	5	40	-.2590	-.4502	.0400	34.1918	3.4099	.8300	61.5283
100	10	10	-.2400	-.4502	31.1614	6.8110	30.1357	3.9639	27.9280
100	10	20	-.3585	-.4502	6.9991	38.0423	12.8364	8.7014	33.4208
100	10	30	-.3729	-.4502	.6299	47.0057	8.7707	9.8008	33.7928
100	10	40	-.3739	-.4502	.0499	47.7859	8.4087	9.9003	33.8552
100	15	10	-.2830	-.4502	31.5759	8.8258	32.1640	13.3958	14.0385
100	15	20	-.4073	-.4502	7.0005	40.7304	15.0273	21.4202	15.8214
100	15	30	-.4221	-.4502	.6290	49.7211	10.9376	22.8067	15.9056
100	15	40	-.4230	-.4502	.0499	50.5001	10.5778	22.9503	15.9219
100	20	10	-.3005	-.4502	31.6863	9.1330	32.3259	20.7824	6.0724
100	20	20	-.4261	-.4502	7.0124	41.1080	15.2558	30.1402	6.4837
100	20	30	-.4410	-.4502	.6299	50.1014	11.1820	31.5956	6.4911
100	20	40	-.4419	-.4502	.0499	50.8811	10.8230	31.7481	6.4978
200	5	10	-.1530	-.4502	27.5464	0.0000	23.8136	.0397	48.6003
200	5	20	-.2549	-.4502	15.0671	7.1855	13.3122	.0397	64.3954
200	5	30	-.2820	-.4502	4.8919	19.4453	4.7115	.2386	70.7127
200	5	40	-.2917	-.4502	1.1889	24.1005	1.8553	.3391	72.5161
200	10	10	-.2429	-.4502	35.5908	.5599	31.5646	.4201	31.8647
200	10	20	-.3830	-.4502	18.9504	15.8385	18.2655	2.1430	44.8026
200	10	30	-.4238	-.4502	5.6580	33.6680	8.0018	3.7609	48.9113
200	10	40	-.4381	-.4502	1.3120	39.5202	4.7800	4.3582	50.0295
200	15	10	-.2925	-.4502	37.8172	2.0384	35.4295	3.4082	21.3067
200	15	20	-.4500	-.4502	19.5233	21.0930	21.0782	9.3838	28.9217
200	15	30	-.4975	-.4502	5.6800	40.2527	10.1819	12.9956	30.8898
200	15	40	-.5140	-.4502	1.3150	46.1968	6.9551	14.1948	31.3384
200	20	10	-.3177	-.4502	38.7564	2.6033	36.3379	8.5107	13.7917
200	20	20	-.4841	-.4502	19.6833	22.6269	22.1915	18.1143	17.3840
200	20	30	-.5351	-.4502	5.6977	41.9995	11.2627	22.9508	18.0892
200	20	40	-.5522	-.4502	1.3161	47.9852	8.0565	24.2711	18.3712
400	5	10	-.1560	-.4502	27.6927	0.0000	23.3633	0.0000	48.9440
400	5	20	-.3262	-.4502	18.6340	.5082	16.1084	0.0000	64.7494
400	5	30	-.4728	-.4502	11.9230	5.7530	8.5258	0.0000	73.7982
400	5	40	-.5527	-.4502	5.3224	13.2605	4.4020	.0397	76.9755
400	10	10	-.2662	-.4502	36.0467	0.0000	31.7773	0.0000	32.1760
400	10	20	-.5787	-.4502	26.8473	1.8644	23.2762	.0789	47.9332
400	10	30	-.8310	-.4502	16.4796	12.9660	13.7299	.3968	56.4277
400	10	40	-.9518	-.4502	7.0658	25.1284	7.2706	1.0668	59.4684
400	15	10	-.3685	-.4502	39.8112	.1961	36.4415	.1216	23.4296
400	15	20	-.7918	-.4502	30.4336	4.7927	27.0519	1.2296	36.4923
400	15	30	-1.1009	-.4502	18.3397	19.3008	16.2867	2.7476	43.3251
400	15	40	-1.2418	-.4502	7.7318	33.4219	9.1265	4.6823	45.0375
400	20	10	-.4553	-.4502	41.6819	.5469	38.5141	1.8321	17.4250
400	20	20	-.9477	-.4502	31.4855	7.1786	29.4300	5.3909	26.5150
400	20	30	-1.2879	-.4502	18.5095	23.7787	17.8345	8.9373	30.9399
400	20	40	-1.4349	-.4502	7.7177	38.3385	10.3983	11.5935	31.9519

Zahlentafel 9a

Zahlentafel 9b

DISTRIBUTION OF PROBABILITIES FOR BLACK JACK

BETTING STRATEGIES DIFFERENT IN KIND - RESPLIT RULES

MAX. GAMES	TERMINAL GAIN	BANK-ROLL	ADVANTAGE	AVERAGE GAIN	PROBABILITIES LE.-BANKROLL	LT.ZERO	EQ.ZERO	LT.TERM.GAIN	GE.TERM.GAIN
	BETS	BETS	BETS	%	%	%	%	%	%
100	5	10	-.2111	-.6095	26.6494	2.3276	23.0869	.0693	47.8668
100	5	20	-.3366	-.6095	6.0612	26.9860	7.0278	.6254	59.2997
100	5	30	-.3520	-.6095	.4860	34.4382	3.4867	.8344	60.7546
100	5	40	-.3530	-.6095	.0202	35.0639	3.1414	.8450	60.9295
100	10	10	-.3338	-.6095	31.1767	7.4748	29.8972	4.4532	26.9981
100	10	20	-.4920	-.6095	6.5295	39.7487	12.4280	9.0657	32.2271
100	10	30	-.5097	-.6095	.4908	47.9915	8.7977	9.9950	32.7241
100	10	40	-.5107	-.6095	.0300	48.6413	8.4565	10.0958	32.7764
100	15	10	-.3909	-.6095	31.5354	9.2698	31.7859	14.3176	13.0913
100	15	20	-.5571	-.6095	6.5621	42.1925	14.3364	22.1535	14.7557
100	15	30	-.5752	-.6095	.4903	50.4975	10.6939	23.4467	14.8716
100	15	40	-.5762	-.6095	.0300	51.1511	10.3540	23.5792	14.8858
100	20	10	-.4125	-.6095	31.6214	9.5005	31.9877	21.5143	5.3761
100	20	20	-.5804	-.6095	6.5751	42.5115	14.5595	30.5440	5.8098
100	20	30	-.5986	-.6095	.4912	50.8300	10.9228	31.9105	5.8454
100	20	40	-.5996	-.6095	.0300	51.4843	10.5838	32.0509	5.8510
200	5	10	-.2116	-.6095	27.6298	.0619	24.3598	.0198	47.9287
200	5	20	-.3520	-.6095	14.9356	8.3899	12.3906	.0199	64.2640
200	5	30	-.3984	-.6095	4.5731	20.5787	4.5222	.1005	70.2255
200	5	40	-.4015	-.6095	1.0177	25.1301	1.7737	.1612	71.9172
200	10	10	-.3378	-.6095	35.9374	.6712	31.6165	.3556	31.4184
200	10	20	-.5271	-.6095	18.8064	17.0131	17.6476	2.2435	44.2893
200	10	30	-.5317	-.6095	5.4139	34.5645	7.9220	4.0216	48.0779
200	10	40	-.6007	-.6095	1.0989	40.4623	4.7635	4.8040	48.8713
200	15	10	-.4043	-.6095	38.3594	2.2695	34.7108	3.6872	20.9732
200	15	20	-.6158	-.6095	19.3879	22.4859	20.1284	9.5398	28.4580
200	15	30	-.6790	-.6095	5.4726	40.9679	10.2387	13.1961	30.1247
200	15	40	-.7011	-.6095	1.0926	47.0523	6.9754	14.4826	30.3971
200	20	10	-.4362	-.6095	38.8173	3.1337	35.7026	9.1092	13.2372
200	20	20	-.6587	-.6095	19.3636	24.1519	21.1817	18.3898	16.9130
200	20	30	-.7259	-.6095	5.4615	42.7067	11.2544	22.8363	17.7411
200	20	40	-.7494	-.6095	1.0904	48.8175	7.9860	24.2249	17.8312
400	5	10	-.2158	-.6095	27.8484	0.0000	23.8120	0.0000	48.3396
400	5	20	-.4752	-.6095	19.1350	.5980	16.1335	0.0000	64.1336
400	5	30	-.6797	-.6095	11.9417	6.4153	9.1118	0.0000	72.5313
400	5	40	-.7899	-.6095	5.9104	13.5610	3.6310	0.0000	76.8975
400	10	10	-.3696	-.6095	36.8197	0.0000	31.2694	0.0000	31.9108
400	10	20	-.8081	-.6095	27.5574	2.0142	23.2884	.0402	47.0997
400	10	30	-1.1576	-.6095	16.2982	14.6425	13.3456	.4422	55.2715
400	10	40	-1.3208	-.6095	7.9408	25.9668	5.9974	.7648	59.3302
400	15	10	-.5116	-.6095	41.3615	.0791	34.8747	.3153	23.3684
400	15	20	-1.0854	-.6095	31.2187	4.9335	26.9678	1.4447	35.4353
400	15	30	-1.5095	-.6095	17.9770	21.6007	15.6993	3.1399	41.5831
400	15	40	-1.7003	-.6095	8.3489	35.2425	7.7944	4.6204	43.9939
400	20	10	-.6254	-.6095	43.9383	.3253	36.4144	1.3690	17.9530
400	20	20	-1.2852	-.6095	32.6860	7.3737	28.7021	4.7099	26.5283
400	20	30	-1.7450	-.6095	18.4152	26.0590	17.2531	7.8166	30.4562
400	20	40	-1.9472	-.6095	8.3028	40.6167	9.0926	10.2242	31.7636

Zahlentafel 9c

DISTRIBUTION OF PROBABILITIES FOR BLACK JACK

BETTING STRATEGIES DIFFERENT IN KIND – RESTRICTIVE RULES

MAX. GAMES	TERMINAL GAIN	BANK-ROLL	ADVANTAGE	AVERAGE GAIN	P R O B A B I L I T I E S: LE.-BANKROLL	LT.ZERO	EQ.ZERO	LT.TERM.GAIN	GE.TERM.GAIN
	BETS	BETS	BETS	%	%	%	%	%	%
100	5	10	-.2520	-.7253	26.7591	2.3073	23.5611	.0600	47.3124
100	5	20	-.4043	-.7253	6.1816	27.2693	6.9222	.5286	59.0983
100	5	30	-.4224	-.7253	.5431	34.8973	3.3097	.7477	60.5022
100	5	40	-.4234	-.7253	.0402	35.5613	3.0106	.7676	60.6203
100	10	10	-.3970	-.7253	31.4047	7.3998	30.0449	4.5535	26.5971
100	10	20	-.5898	-.7253	6.6431	40.0839	12.4063	9.3198	31.5469
100	10	30	-.6108	-.7253	.5586	48.4894	8.7593	10.2325	31.9602
100	10	40	-.6119	-.7253	.0399	49.1785	8.4569	10.3407	31.9840
100	15	10	-.4647	-.7253	31.7774	9.3957	31.9179	14.0390	12.8700
100	15	20	-.6657	-.7253	6.6607	42.8343	14.2180	21.7682	14.5188
100	15	30	-.6871	-.7253	.5581	51.2681	10.5760	22.9982	14.5996
100	15	40	-.6882	-.7253	.0399	51.9560	10.2730	23.1243	14.6069
100	20	10	-.4886	-.7253	31.9187	9.5637	32.0475	21.3650	5.1051
100	20	20	-.6918	-.7253	6.6879	43.1371	14.3942	30.1869	5.5939
100	20	30	-.7133	-.7253	.5603	51.5917	10.7651	31.4756	5.6074
100	20	40	-.7143	-.7253	.0400	52.2811	10.4632	31.6093	5.6063
200	5	10	-.2527	-.7253	27.9536	.0197	24.3640	0.0000	47.6626
200	5	20	-.4227	-.7253	15.2834	7.7300	13.2167	.0201	63.7498
200	5	30	-.4667	-.7253	5.1185	19.8222	4.8091	.2232	70.0269
200	5	40	-.4837	-.7253	.9073	25.3666	1.9247	.4052	71.3962
200	10	10	-.4022	-.7253	36.5118	.5568	31.1848	.4013	31.3453
200	10	20	-.6347	-.7253	18.8650	16.9713	18.2338	2.6803	43.2495
200	10	30	-.7005	-.7253	6.0276	33.9686	8.1608	4.6868	47.1561
200	10	40	-.7251	-.7253	1.0780	40.8469	4.9338	5.4066	47.7346
200	15	10	-.4807	-.7253	38.7121	1.9747	35.0515	3.3934	20.8683
200	15	20	-.7387	-.7253	19.4042	22.0215	21.0130	9.9740	27.5873
200	15	30	-.8137	-.7253	6.1095	40.1337	10.5271	13.6417	29.5881
200	15	40	-.8418	-.7253	1.0753	47.1993	7.2291	14.6659	29.8304
200	20	10	-.5160	-.7253	39.5462	2.3862	36.0015	9.1015	12.9646
200	20	20	-.7866	-.7253	19.6200	23.3586	21.9219	18.7143	16.3852
200	20	30	-.8661	-.7253	6.1640	41.6907	11.4476	23.5368	17.1610
200	20	40	-.8953	-.7253	1.0810	48.8166	8.1605	24.6887	17.2531
400	5	10	-.2582	-.7253	28.1864	0.0000	23.7893	0.0000	48.0243
400	5	20	-.5700	-.7253	19.4188	.5582	16.1727	0.0000	63.8502
400	5	30	-.8210	-.7253	12.5093	6.1366	9.1955	0.0000	72.1586
400	5	40	-.9667	-.7253	5.3957	14.9790	3.9533	0.0000	75.6720
400	10	10	-.4434	-.7253	37.3487	0.0000	30.8201	0.0000	31.8312
400	10	20	-.9934	-.7253	27.7133	2.4476	23.2529	.2414	46.3448
400	10	30	-1.4181	-.7253	17.3146	13.9069	13.5043	1.1355	54.1387
400	10	40	-1.6308	-.7253	7.5987	27.0049	6.1938	1.8099	57.3928
400	15	10	-.6084	-.7253	41.8365	0.0000	34.7690	.2420	23.1525
400	15	20	-1.3225	-.7253	31.4948	5.3958	26.6524	1.5207	34.9363
400	15	30	-1.8266	-.7253	18.9356	20.7653	16.2064	3.3544	40.7383
400	15	40	-2.0710	-.7253	7.9252	36.4133	8.0262	5.2170	42.4183
400	20	10	-.7354	-.7253	43.9880	.5975	36.7021	1.1244	17.5881
400	20	20	-1.5454	-.7253	32.8415	8.0999	28.2822	4.7875	25.9890
400	20	30	-2.0889	-.7253	19.3466	25.1739	17.3449	8.4698	29.6647
400	20	40	-2.3432	-.7253	7.9500	41.4471	8.9702	11.1021	30.5307

Zahlentafel 10a

VALUES OF THE PROBABILITY-DISTRIBUTIONS

100 GAMES

	ADVANTAGE	AVERAGE GAIN	UTILITY
	BETS	%	%
G A I N = 0	0.0000	0.0000	40.0000
ROULETTE ON PLEIN	-2.7027	-2.7027	35.5205
ROULETTE ON SIMPLE CHANCES	-1.3514	-1.3514	41.8619
BLACK JACK EXTENDED RULES	-.4502	-.4502	42.3353
BLACK JACK RESPLIT RULES	-.6095	-.6095	42.2776
BLACK JACK RESTRICT. RULES	-.7253	-.7253	42.2218

200 GAMES

	ADVANTAGE	AVERAGE GAIN	UTILITY
	BETS	%	%
G A I N = 0	0.0000	0.0000	40.0000
ROULETTE ON PLEIN	-5.4054	-2.7027	33.5079
ROULETTE ON SIMPLE CHANCES	-2.7027	-1.3514	41.3205
BLACK JACK EXTENDED RULES	-.9004	-.4502	42.1373
BLACK JACK RESPLIT RULES	-1.2189	-.6095	41.9655
BLACK JACK RESTRICT. RULES	-1.4506	-.7253	41.8862

400 GAMES

	ADVANTAGE	AVERAGE GAIN	UTILITY
	BETS	%	%
G A I N = 0	0.0000	0.0000	40.0000
ROULETTE ON PLEIN	-10.8108	-2.7027	31.9798
ROULETTE ON SIMPLE CHANCES	-5.4054	-1.3514	39.5472
BLACK JACK EXTENDED RULES	-1.8008	-.4502	41.1074
BLACK JACK RESPLIT RULES	-2.4378	-.6095	40.8325
BLACK JACK RESTRICT. RULES	-2.9012	-.7253	40.6425

Zahlentafel 10b

VALUES OF THE PROBABILITY-DISTRIBUTIONS

BLACK JACK BETTING STRATEGY VERSUS EXTENDED RULES

MAX. GAMES	TERMINAL GAIN BETS	BANK-ROLL BETS	ADVANTAGE BETS	AVERAGE GAIN %	UTILITY %
100	5	10	-.1527	-.4502	42.2744
100	5	20	-.2459	-.4502	42.5191
100	5	30	-.2582	-.4502	42.5536
100	5	40	-.2590	-.4502	42.5563
100	10	10	-.2400	-.4502	42.2440
100	10	20	-.3585	-.4502	42.4969
100	10	30	-.3729	-.4502	42.5301
100	10	40	-.3739	-.4502	42.5320
100	15	10	-.2830	-.4502	42.1257
100	15	20	-.4073	-.4502	42.3620
100	15	30	-.4221	-.4502	42.3945
100	15	40	-.4230	-.4502	42.3962
100	20	10	-.3005	-.4502	42.0850
100	20	20	-.4261	-.4502	42.3166
100	20	30	-.4410	-.4502	42.3487
100	20	40	-.4419	-.4502	42.3504
200	5	10	-.1530	-.4502	42.3036
200	5	20	-.2549	-.4502	42.4797
200	5	30	-.2820	-.4502	42.4987
200	5	40	-.2917	-.4502	42.5034
200	10	10	-.2429	-.4502	42.3260
200	10	20	-.3830	-.4502	42.5990
200	10	30	-.4238	-.4502	42.6370
200	10	40	-.4381	-.4502	42.6478
200	15	10	-.2925	-.4502	42.1813
200	15	20	-.4500	-.4502	42.4446
200	15	30	-.4975	-.4502	42.4852
200	15	40	-.5140	-.4502	42.4913
200	20	10	-.3177	-.4502	42.0923
200	20	20	-.4841	-.4502	42.3237
200	20	30	-.5351	-.4502	42.3576
200	20	40	-.5522	-.4502	42.3626
400	5	10	-.1560	-.4502	42.3120
400	5	20	-.3262	-.4502	42.4086
400	5	30	-.4728	-.4502	42.1659
400	5	40	-.5527	-.4502	42.0286
400	10	10	-.2662	-.4502	42.3132
400	10	20	-.5787	-.4502	42.4839
400	10	30	-.8310	-.4502	42.1609
400	10	40	-.9518	-.4502	42.0039
400	15	10	-.3685	-.4502	42.1470
400	15	20	-.7918	-.4502	42.2958
400	15	30	-1.1009	-.4502	41.9194
400	15	40	-1.2418	-.4502	41.7406
400	20	10	-.4553	-.4502	41.9968
400	20	20	-.9477	-.4502	42.0635
400	20	30	-1.2879	-.4502	41.6596
400	20	40	-1.4349	-.4502	41.4811

Zahlentafel 10c

VALUES OF THE PROBABILITY-DISTRIBUTIONS

BLACK JACK BETTING STRATEGY VERSUS RESPLIT RULES

MAX. GAMES	TERMINAL GAIN	BANK-ROLL	ADVANTAGE	AVERAGE GAIN	UTILITY
	BETS	BETS	BETS	%	%
100	5	10	-.2111	-.6095	42.2571
100	5	20	-.3366	-.6095	42.4805
100	5	30	-.3520	-.6095	42.5158
100	5	40	-.3530	-.6095	42.5177
100	10	10	-.3338	-.6095	42.1933
100	10	20	-.4920	-.6095	42.4293
100	10	30	-.5097	-.6095	42.4660
100	10	40	-.5107	-.6095	42.4672
100	15	10	-.3909	-.6095	42.0727
100	15	20	-.5571	-.6095	42.2972
100	15	30	-.5752	-.6095	42.3332
100	15	40	-.5762	-.6095	42.3344
100	20	10	-.4125	-.6095	42.0320
100	20	20	-.5804	-.6095	42.2526
100	20	30	-.5986	-.6095	42.2883
100	20	40	-.5996	-.6095	42.2894
200	5	10	-.2116	-.6095	42.2533
200	5	20	-.3520	-.6095	42.4443
200	5	30	-.3884	-.6095	42.4485
200	5	40	-.4015	-.6095	42.4554
200	10	10	-.3378	-.6095	42.2634
200	10	20	-.5271	-.6095	42.5339
200	10	30	-.5817	-.6095	42.5578
200	10	40	-.6007	-.6095	42.5696
200	15	10	-.4043	-.6095	42.1253
200	15	20	-.6158	-.6095	42.3566
200	15	30	-.6790	-.6095	42.3690
200	15	40	-.7011	-.6095	42.3810
200	20	10	-.4362	-.6095	42.0269
200	20	20	-.6587	-.6095	42.2308
200	20	30	-.7259	-.6095	42.2385
200	20	40	-.7494	-.6095	42.2486
400	5	10	-.2158	-.6095	42.2678
400	5	20	-.4752	-.6095	42.3237
400	5	30	-.6797	-.6095	42.0569
400	5	40	-.7899	-.6095	41.9121
400	10	10	-.3696	-.6095	42.2779
400	10	20	-.8081	-.6095	42.3635
400	10	30	-1.1576	-.6095	42.0096
400	10	40	-1.3208	-.6095	41.8234
400	15	10	-.5116	-.6095	42.1255
400	15	20	-1.0854	-.6095	42.1442
400	15	30	-1.5095	-.6095	41.7220
400	15	40	-1.7003	-.6095	41.5162
400	20	10	-.6254	-.6095	41.9834
400	20	20	-1.2852	-.6095	41.9207
400	20	30	-1.7450	-.6095	41.4477
400	20	40	-1.9472	-.6095	41.2378

Zahlentafel 10d

VALUES OF THE PROBABILITY-DISTRIBUTIONS

BLACK JACK BETTING STRATEGY VERSUS RESTRICT. RULES

MAX. GAMES	TERMINAL GAIN	BANK-ROLL	ADVANTAGE	AVERAGE GAIN	UTILITY
	BETS	BETS	BETS	%	%
100	5	10	-.2520	-.7253	42.2305
100	5	20	-.4043	-.7253	42.4563
100	5	30	-.4224	-.7253	42.4864
100	5	40	-.4234	-.7253	42.4888
100	10	10	-.3970	-.7253	42.1630
100	10	20	-.5898	-.7253	42.3894
100	10	30	-.6108	-.7253	42.4169
100	10	40	-.6119	-.7253	42.4195
100	15	10	-.4647	-.7253	42.0346
100	15	20	-.6657	-.7253	42.2498
100	15	30	-.6871	-.7253	42.2759
100	15	40	-.6882	-.7253	42.2784
100	20	10	-.4886	-.7253	41.9971
100	20	20	-.6918	-.7253	42.2076
100	20	30	-.7133	-.7253	42.2330
100	20	40	-.7143	-.7253	42.2355
200	5	10	-.2527	-.7253	42.2419
200	5	20	-.4227	-.7253	42.4074
200	5	30	-.4667	-.7253	42.4025
200	5	40	-.4837	-.7253	42.4237
200	10	10	-.4022	-.7253	42.2520
200	10	20	-.6347	-.7253	42.4810
200	10	30	-.7005	-.7253	42.4838
200	10	40	-.7251	-.7253	42.5027
200	15	10	-.4807	-.7253	42.0941
200	15	20	-.7387	-.7253	42.3122
200	15	30	-.8137	-.7253	42.3082
200	15	40	-.8418	-.7253	42.3266
200	20	10	-.5160	-.7253	42.0030
200	20	20	-.7866	-.7253	42.1978
200	20	30	-.8661	-.7253	42.1862
200	20	40	-.8953	-.7253	42.2030
400	5	10	-.2582	-.7253	42.2556
400	5	20	-.5700	-.7253	42.2879
400	5	30	-.8210	-.7253	41.9763
400	5	40	-.9667	-.7253	41.8484
400	10	10	-.4434	-.7253	42.2590
400	10	20	-.9934	-.7253	42.2836
400	10	30	-1.4181	-.7253	41.8668
400	10	40	-1.6308	-.7253	41.6749
400	15	10	-.6084	-.7253	42.0885
400	15	20	-1.3225	-.7253	42.0548
400	15	30	-1.8266	-.7253	41.5641
400	15	40	-2.0710	-.7253	41.3621
400	20	10	-.7354	-.7253	41.9214
400	20	20	-1.5454	-.7253	41.8137
400	20	30	-2.0889	-.7253	41.2877
400	20	40	-2.3432	-.7253	41.0818

Zahlentafel 11

PLAYERS EXPECTATIONS

DEALER SHOWS	2	3	4	5	6	7
PLAYER	DOUBLE DOWN WITH SOFT HAND					
(A7)	.11975	.17764	.23700	.29523	.38150	.21994
(A6)	-.00704	.05509	.11866	.18238	.25610	-.01376
(A5)	-.07156	-.00723	.05843	.12596	.17975	-.18387
(A4)	-.07156	-.00723	.05843	.12596	.17975	-.18387
(A3)	-.07156	-.00723	.05843	.12596	.17975	-.18387
(A2)	-.07156	-.00723	.05843	.12596	.17975	-.18387

DEALER SHOWS	2	3	4	5	6	7
PLAYER	NO DOUBLE DOWN WITH SOFT HAND					
(A7)	.12174	.14830	.17585	.19956	.28344	.39955
(A6)	-.00049	.02898	.05993	.09119	.12805	.05382
(A5)	-.02103	.00906	.03997	.07345	.09882	-.07292
(A4)	-.00012	.02916	.05929	.09196	.11825	.03703
(A3)	.02239	.05081	.08008	.11189	.13916	.07951
(A2)	.04664	.07412	.10248	.13336	.16169	.12239

Fragen und Antworten

Nachfolgend eine kleine Sammlung häufig gestellter Fragen, die vereinzelt auch über den bisherigen Buchtext hinausgehen und ihn ergänzen. Die Fragen sind in loser Form in Rubriken (A, B, C und D) eingeteilt; A: Allgemeines; B: Basic Strategy; C: Card Counting; D: Diverses.

Die letzte Rubrik (D) befaßt sich vorwiegend mit betting strategies und money management, die Beschränkung der Spielfolgen sowie mit weiteren Aspekten des persönlichen Wohlbefindens.

A: Allgemeines

Haben die englischsprachigen Black Jack-Ausdrücke keine deutschen Entsprechungen?

Manche Ausdrücke haben naheliegende Entsprechungen, wie z.B. Kaufen oder Ziehen für draw. Zur Beschreibung dieser amerikanischen Version von »Siebzehn und vier« werden jedoch in den Casinos weltweit die aus dem Ursprungsland stammenden englischsprachigen Fachausdrücke verwendet. Und diese sind sehr einprägsam. Niemand käme ernsthaft auf die Idee, »Black Jack« in »Schwarzer Jakob« umzutaufen.

Eine Zusammenstellung und Erläuterung der wichtigsten Fachausdrücke in Kapitel 3 erleichtert Ihnen deren richtigen Gebrauch.

Wie finde ich die spezifischen Spielregeln eines Casinos heraus?

Den Spielbeschreibungen der Casinos sind die detaillierten Regeln fast nie zu ersehen. Wenn Sie in einem Casino sind, dessen Regeln Sie noch nicht kennen, fragen Sie den dealer oder eine Aufsichtsperson,

a) ob mehrfaches »split pairs« erlaubt ist,

b) ob »double down after split pairs« zugelassen wird.

Werden beide Fragen mit »ja« beantwortet, so gelten die »extended rules«.

Werden beide Fragen verneint, herrschen die »restrictive rules«.

Die dritte Möglichkeit, nämlich »ja« für mehrfaches »split pairs« und »nein« für »double down after split pairs«, beschert Ihnen die »resplit rules«.

Welche Spielregeln sollte ich vorziehen, wenn ich die Wahl habe?

Besteht die Möglichkeit des alternativen Besuchs mehrerer Casinos mit verschiedenen Spielregeln, so gilt für diese die Vorzugsrangfolge:

1. extended rules
2. resplit rules
3. restrictive rules

Spielt es eine Rolle, welchen Platz ich am Spieltisch einnehme?

Prinzipiell spielt es keine Rolle. Zur Wahrung des persönlichen Wohlbefindens ist es jedoch nicht ratsam, den letzten Platz, the third base, einzunehmen. Damit vermeiden Sie, sich durch wiederholte kritische Bemerkungen der Mitspieler gestört zu fühlen. Viele Mitspieler glauben nämlich, daß der player on the third base durch »geschicktes Taktieren« dafür Sorge tragen könnte, daß der dealer eine busting hand erhält: ein blanker Unsinn, der aber leider zur Folge hat, daß ein player, der on the third base die optimale Strategie spielt, von den anderen Spielern oft kritisiert wird, wenn der dealer keine busting hand erhält.

Solche Kritiker scheinen nicht begreifen zu wollen, daß auch jede frühere Entscheidung oder Aktion – bis zum Mischvorgang zurück – einen Anteil an der hand number des dealer hat... wie sie auch niemals zu überzeugen sein werden, daß wenige Einzelereignisse keine Gesetzmäßigkeit beweisen.

Darf ich bei einem Boxinhaber mitsetzen?

Ja – sofern in der Regel das box-Maximum nicht überschritten wird. Ich rate Ihnen jedoch davon ab, in der box eines fremden player, dessen Spielweise Sie nicht kennen, mitzumachen. Denn als uneigentlicher player haben Sie kein Entscheidungsrecht. Und damit wird Ihr Spiel *ungewiß*. Diese und noch andere Spielarten in Ungewißheit werden im Buch ausführlich behandelt (z.B. im Kapitel 6.4).

B: Basic Strategy

Warum lehnen manche Spieler bei einer hard hand von 12 gegen 10 oder gar As in dealer shows jede weitere Karte ab?

Das ist ein Merkmal der ängstlichen Pseudostrategie des »player, who never busts«. Der player, der sich nie überkauft und dadurch bis zum Vergleich der hand numbers stets im Spiel bleibt, kann bei einem stiff nur hoffen, daß der dealer busts – was bei 10 bzw. As in dealer shows eher unwahrscheinlich ist (21,2 bzw. 11,5%). Seine Ängstlichkeit kommt einem derartigen player teuer zu stehen: zwischen 5 und 8% seiner Gesamteinsätze.

Führt die dealer-mimic strategy nicht zu einem fairen, d.h. ausgeglichenen »fifty-fifty-Spiel« mit Erwartungswert null?

Nein – und zwar aus dem einfachen Grund, weil die Positionen player busts und dealer busts in einem play nicht zu einer stand off-Situation führen. Der player busts stets zuerst und damit verliert er sein bet, auch dann, wenn der dealer ebenfalls busts. Die dealer-mimic strategy beschert dem player eindeutig einen negativen Erwartungswert, den Wissenschaftler wie Thorp oder Griffin auf 5,5 bis 5,7% des Einsatzes während einer langen Spielfolge veranschlagen.

Zudem beachte man, daß die dealer-mimic strategy eine Menge günstiger Situationen, vornehmlich split pairs und double down ausläßt. Gerade auch diese Situationen sind es, die dem player bei optimaler Strategie spürbar helfen, den Nachteil beidseitiger bust-Situation auszugleichen.

Ist ein fehlerhaftes Spiel wirklich verhängnisvoll?

Wenn der player gelegentlich eine fehlerhafte Entscheidung trifft – und dies nicht ständig wiederholt –, muß sich das noch nicht ruinös auswirken. Schlimm wird es erst, wenn systematisch fehlerhaft entschieden wird. Hierbei summieren sich die Auswirkungen schnell zu einem negativen Erwartungswert, der nach dem Gesetz der großen Zahlen leider auch als Verlustsumme realisiert wird.

Besonders gravierend im Black Jack-Spiel ist die Tatsache, daß es in einer gegebenen Situation zwar meistens mehrere fehlerhafte Strategieentscheidungen gibt, aber nur eine einzige, die richtig ist. Nur ganz wenige Entscheidungsalternativen sind weitgehend indifferent.

Warum ist die »2« oder auch die »3« als upcard in dealer shows ziemlich gefährlich?

Als upcard in dealer shows sind diese Karten so gefährlich, weil sie »ausbaufähig« sind, d.h. sie eröffnen für dealer's hand eine große Anzahl von Kartenkombinationen und bescheren dem dealer mit relativ großer Wahrscheinlichkeit eine hohe hand number – oft unerwartet und blitzschnell, weshalb ich die 2 in dealer shows die »Kobra« nenne und die 3 die »Mamba«.

Darauf beruht auch die optimale Entscheidung bei draw or stand: Gegen 2 oder 3 in dealer shows ist nicht 12, sondern 13 die hard standing number.

Ist die Zweiwertigkeit des Asses, 1 bzw. 11, nicht verwirrend?

Vielleicht verwirrt das einen Neuling ganz zu Beginn. Der dealer sagt aber meistens beide hand numbers einer soft hand an, z.B. »neun / neunzehn« für die hand (A, 8) oder »fünf / fünfzehn« für die hand (A, 3, A).

Gerade die Zweiwertigkeit des Asses macht einen Teil des Reizes bei diesem Spiel aus. Der player hat die Chance, durch optimales draw or stand seine soft hand number zu verbessern – vorerst ohne player busts zu riskieren.

Schließlich ist (A, 10) mit den ersten beiden Karten eine soft hand, die Ihnen die Auszahlung 3:2 beschert (»Black Jack«) – falls der dealer nicht ebenfalls die Punktezahl 21 mit zwei Karten erreicht.

Gibt es nicht Fälle im Spielverlauf, bei denen die insurance, die Versicherung, sinnvoll oder gar vorteilhaft ist?

Nein – die insurance gegen einen Black Jack bei As in dealer shows ist im Rahmen der optimalen Strategie nie sinnvoll bzw. vorteilhaft. Von der Möglichkeit dieser im Grunde genommen separaten Wette mit relativ großem negativem Erwartungswert sollte in keinem Falle Gebrauch gemacht werden – unabhängig davon, welche hand Sie für das reguläre Spiel haben.

Warum ist die Basis-Strategie, d.h. die optimale Black Jack-strategy, so grundlegend wichtig?

Die Basis-Strategie ist die einzige Menge potentieller Aktionen des player, die den systemimmanenten Nachteil der beidseitigen bust-Situation auszugleichen vermag. Alle card counting strategies gehen von der basic strategy aus, die in diesem erweiterten Rahmen am häufigsten zur Anwendung kommt.

Wie kann ich die optimale Black Jack-strategy am besten lernen?

Zu diesem Zweck habe ich ein Übungsbildbuch kreiert, das der printul Verlag innerhalb seiner Spiele-Bibliothek anbietet:

Black Jack für Anfänger:
60 Strategie-Beispiele in Wort und Bild

Die darin geübten Strategie-Beispiele erstrecken sich nicht nur auf die gängigen, sondern auch auf Entscheidungsfälle, die a priori nicht so selbstverständlich sind.

Sie können sich aber auch kleine, handliche Strategietafeln gemäß den Abbildungen 4a und 4b dieses Buches für draw or stand, double down und split pairs anfertigen. Im Zweifelsfall können Sie auf diese Tafeln im Casino einen diskreten Blick werfen. Im Laufe der Zeit werden Sie sich die Strategieempfehlungen fehlerfrei und vollständig ins Gedächtnis einprägen.

Können nicht auch Computer als Trainingshilfe benutzt werden?

Richtig, auch der Computer kann Ihnen als Trainingshilfe dienen. Für viele PC gibt es Spielprogramme mit Black Jack. Diese Programme können Sie dazu benutzen, um am Bildschirm Ihre strategischen Spielentscheidungen einzuüben. Das enthebt Sie davon, später im Casino auf die Verwendung von Strategietafeln zurückgreifen zu müssen.

Ein PC ist für rechnergestütztes Training aber nicht unbedingt erforderlich: Eine Erweiterung des von Hewlett Packard standardmäßig angebotenen Programms erlaubt auf den Taschenrechnern 41CV und 41CX die Simulation der extended rules.

Wirkt sich der »ewige Schlitten« auf die optimale Black Jack-strategy aus?

Nein! Ich empfehle ohne Einschränkung, auch dann die in diesem Buch vorgestellte optimale Black Jack-strategy anzuwenden, wenn der dealer die Karten statt aus dem klassischen Kartenschlitten (Abschnitt 2.2) neuerdings (seit Frühjahr 1997 in den Casinos Austria und in einigen Casinos der Westdeutschen Spielbanken) aus einem automatischen Kartenmischer zieht. Der wirkt durch seine permanente Mischung eines aus sechs Kartendecks bestehenden Kartenpacks so, wie wenn die einzelnen Spielrunden aus einem Kartenstapel von unendlich vielen Kartendecks ausgegeben würden. Das erbringt nunmehr für die gezogene Kartenfolge nahezu ohne abweichende Schwankungen nach oben und unten die in Abschnitt 4.1 unterstellte wahrscheinlichkeitstheoretische Binomialverteilung der einem player zufallenden Kartenwerte. Sie wurde in den Kapiteln 7 bis 10 der stufenweisen Entwicklung der optimalen Black Jack-strategy zugrunde gelegt. Im Gegensatz zum klassischen Ablauf der Black Jack-Spielfolge gibt es bei dealing aus dem »ewigen Schlitten« keine Phasen, in denen der player wegen einer vom idealen Mischzustand abweichenden Verteilung der ins Spiel gelangenden Karten zeitweise bessere und zeitweise schlechtere Spielergebnisse erzielt, als es die optimale Spielstrategie ihm im Durchschnitt verspricht.

Bleibt die Strategie für »hard 16 against 10 in dealer shows« auch beim ewigen Schlitten bestehen?

Ja! Während einer Spielrunde, die mit dem ersten step des dealing (Abschnitt 2.3) beginnt und mit dem Auszahlen (Abschnitt 2.11) endet, bleibt es bei der hypergeometrischen Verteilung der Karten; d.h., ihr Erscheinen aus einem begrenzten Pack von sechs Kartendecks beeinflußt die Wahrscheinlichkeiten der Folgekarten, weil der dealer erst nach Ablauf der Spielrunde den hierfür gebrauchten kleinen Kartenpack (etwa 20 Karten) zur permanenten Mischung aus dem discard tray in den Mischer gibt. Die Konfrontation »hard 16 against 10 in dealer shows« führt in Abschnitt 8.2 zu einer knappen rechnerischen Differenz zugunsten von draw. Im Hinblick darauf, daß die dieser Empfehlung zugrunde liegende Binomialverteilung lediglich eine Näherung der hypergeometrischen Verteilung darstellt, wurde in den Abschnitten 8.2 und 8.4 die Strategieempfehlung dahingehend gesplittet, im Falle der mit zwei Karten gebildeten hard number 16 für draw zu optieren und sich für stand zu entscheiden, wenn die hard number 16 sich aus drei oder mehr Karten ergibt. Ausschlaggebend für diese Überlegung ist: Die hard number 16 wird mit zwei Karten nur dann erreicht, wenn keine der beiden Karten der betreffenden hand dem Wertebereich »1 bis 5« angehört. Eine solche Karte muß Bestandteil der hand sein, wenn drei oder mehr Karten die hard number 16 ergeben. Von der hard number 16 wird bei der Option »draw« die Verlustsituation »player busts« nur dann vermieden, wenn bei diesem Schritt dem player eine Karte des Bereichs »1 bis 5« zufällt. Unter Zugrundelegung der hypergeometrischen Verteilung ist die Wahrscheinlichkeit hierfür stark rückläufig, falls kurz vorher eine Karte desselben Bereichs gezogen worden ist. Eine aus drei oder mehr Karten bestehende hand 16 beinhaltet deshalb mit draw eine sehr viel größere Gefahr von »player busts« als derselbe risikotragbare Spielzug auf die hand number 16 aus zwei Karten.

Wem kommt der ewige Schlitten zugute?

Es gibt verschiedene denkbare Gründe für die Entscheidung der Casinos, den ewigen Schlitten einzusetzen. Daß durch diese Mischmaschine das nachfolgend behandelte card counting nahezu völlig ineffektiv gemacht wird, sollte den player, welcher sich der in diesem Buch empfohlenen basic strategy bedient, schon deshalb nicht stören, weil er in dieser Hinsicht durch den ewigen Schlitten nicht benachteiligt wird. Sollte aber ein Grund für den Einsatz des automatischen Mischers seitens der Casinos darin bestehen, daß sie damit Mischmanipulationen der dealer, also ihrer eigenen Angestellten, verhindern wollen, so entsteht zwangsläufig die Frage des player nach seinem Schutz! Der player sieht während des ganzen Spielabends nicht, welche Karten wie gemischt werden. Das geschieht in dem optisch geschlossenen elektronischmechanischem Mischer. Der selbst mag den Regeln der Technik entsprechend beanstandungslos sein; wie wird aber gewährleistet, daß sämtliche Karten lückenlos aus dem discard tray in den geschlossenen Mischer gelangen?

C: Card counting

Was ist die Motivation des card counting?

Das card counting wird durch die Feststellung begründet, daß eine relativ größere Anzahl höherer Karten im Restpack dem player einen Vorteil gegenüber dem dealer verschafft. Entsprechend nachteilig für den player wirkt sich im Restpack eine relativ größere Anzahl von Karten mit den Werten 4, 5 oder 6 aus. Die Wahrscheinlichkeit für das Auftreten der höheren Karten steigt folglich um so mehr, je größer die relative Anzahl bereits niedriger ausgespielter Karten beträgt.

Was muß ein card counter tun?

Der card counter hat zu registrieren, wieviele hohe und wieviele niedrige Karten laufend aus dem shoe über den Spieltisch gegangen sind. Er muß all diese Karten mit strategischen Zahlengewichten belegen. Und er sollte möglichst genau über die Anzahl der noch im Restpack liegenden Kartendecks im Bilde sein. Das ist allerdings nur eine sehr grobe, summarische Beschreibung.

Es gibt verschiedene Zählsysteme, von denen einige charakteristische Aspekte im vorliegenden Buch im Kapitel 17 beschrieben werden. Jedenfalls bedingt das card counting ein langwieriges Training, das nicht jedermanns Sache ist.

Gibt es heute noch optimale Voraussetzungen für das card counting?

Wirklich optimale Voraussetzungen für das card counting herrschten in den U.S.A. (und zum Teil auch in einigen Londoner Clubs) noch vor fünfzehn bis zwanzig Jahren: allein gegen den dealer (head on) bei einem single-deck game ohne gesperrte Karten. Doch diese Zeiten sind längst vorbei. Die meisten europäischen Casinos führten von Anfang an das multi-deck game mit vier, fünf oder sechs Kartendecks ein, wobei ein erheblicher Kartenanteil nach jedem Mischen gesperrt wird. Außerdem wird das Spielangebot so knapp gehalten, daß fast immer alle sieben boxes besetzt sind. Das alles schwächt die Wirksamkeit auch eines fehlerfreien card counting spürbar.

Könnte beim card counting nicht ein Computer bzw. Taschenrechner wirksame Hilfe leisten?

Im Prinzip ja. Aber abgesehen davon, daß immer mehr Casinos die Verwendung jeglicher elektronischer Hilfsmittel ausdrücklich untersagen, kann ich Ihnen nicht raten, eine solche Hilfe im praktischen Casinospiel einzusetzen.

Dagegen können PC oder Taschenrechner zu Hause eine nützliche Lernhilfe sein. Eine Kombination von PC und hp-Taschenrechner (Hewlett Packard 41CV und 41CX) bietet Ihnen sogar die Möglichkeit, am PC-Bildschirm Black Jack mit card counting zu spielen. Sie haben dazu Ihren hp-Taschenrechner mit einer card counting Strategie zu programmieren. Sie erfahren dann im Trockenkurs den harten Job eines (multideck game) card counter und sehen, zu welchen großen Streuungen im Gewinnen und Verlieren das zum card counting gehörende bet spreading führt.

Gibt es nicht eine einfachere, leichtere card counting-Methode?

Es gibt nur scheinbar einfachere, leichtere Methoden – die aber einer genauen Analyse nicht standhalten. Manche Spieler, die das card counting bei weitem nicht beherrschen, versuchen den schlechten Abklatsch einer solchen Spielstrategie dadurch zu vollziehen, daß sie auf der third base sitzend die zehnwertigen Karten zählen, die in einer Spielrunde fallen. Sie meinen irrtümlich, daß nach einer partiellen Häufung der 10er-Karten sich die Wahrscheinlichkeit für das Auftreten einer weiteren 10er-Karte so verringert, daß sie hiernach ihre Spielentscheidung ausrichten können. Um aufzuzeigen, wie falsch die Einschätzung dieser Spieler ist, bringe ich auf Seite 107 unten ein desillusionierendes, einfaches Beispiel.

Könnte ein Spielerteam sich nicht das schwierige card counting wirksam teilen?

Ja, das ist denkbar. Die Ergebnisse der verteilten Aufgaben müssen aber wirksam koordiniert werden. Patterson befürwortet diesen Spielstil und offeriert die Schulung solcher player-teams als höchste Stufe des card counting. Allerdings besteht dann das erhöhte Risiko, mit der Begründung des »Bandenspiels« vom Casinobesuch ausgesperrt zu werden.

D: Diverses

Was sollte ein player vor dem Spiel festgelegt haben?

Vor dem Spiel hat sich der player für die Regeln, die Einsätze und die Aufgabezeit zu entscheiden, also im speziellen für

- seine potentiellen Aktionen (optimale Strategie),
- die bankroll und die betsize,
- die Beschränkung seiner Spielfolge.

In dieser Rubrik werden vorwiegend Fragen zu den letzten beiden Punkten behandelt.

Macht es Sinn, die betsize im Laufe einer Spielfolge zu variieren?

Im Zusammenwirken mit der optimalen Spielstrategie sollten Sie Ihre betsize während einer Spielfolge nicht ändern (flat betting). Das Variieren der betsize im Laufe einer Spielfolge erbringt die Deformation der Verteilung Ihrer Spielergebnisse, jedoch keine Veränderung des relativen Erwartungswertes. So bewirkt ein »progressive betting« – z.B. die Erhöhung der betsize nach einem gewonnenen Spiel und deren Senkung nach einem Spielverlust –, daß die in relativ wenigen Spielen erreichbaren Gewinnsummen gesteigert werden, daß sie dafür aber sehr viel seltener auftreten, und daß zugleich die allgemeine Verlustwahrscheinlichkeit zunimmt. Eine solche Verteilung ist, wie theoretische Untersuchungen und praktische Beobachtungen belegen, in euphorischen Stimmungslagen erwünscht. Solche entstehen z.B. mit Spielgewinnen nach voraufgegangenem »overbetting«. Dem Risikospiel folgt häufig ein resigniertes flat betting mit stark reduzierter betsize. Beachten Sie demgegenüber: Summengewinne bei Anwendung der optimalen Spielstrategie sind bei der Wahl einer wohldosierten betsize innerhalb des flat betting keine »windfall profits«, sondern Ergebnis einer rationalen Spielführung. Im Interesse Ihres persönlichen Wohlbefindens rate ich deshalb zum konsequenten flat betting. Nichtsdestotrotz wird Ihr stake bei Wahrnehmung der optimalen Strategie (double down und split pairs) häufig ein Vielfaches der betsize ausmachen.

Bet spreading macht nur Sinn im Rahmen eines fehlerfreien card counting, das über die laufende Änderung des Erwartungswertes Auskunft gibt. Dadurch, daß der card counter seine betsize nur nach Maßgabe der statistisch begründeten erhöhten Gewinnerwartung steigert, kommt es dann außer zu einer Dehnung auch zu einer Verschiebung der Ergebnisverteilung in Richtung der Gewinne. Allerdings berücksichtigt die einschlägige Literatur über card counting mit dem bloßen Hinweis auf die mehr oder weniger große Ruinwahrscheinlichkeit meiner Meinung nach nicht hinreichend die durch bet spreading hervorgerufenen Verformungen der Ergebnisverteilung und deren Wertungen durch einen player. Es werden zu vorbehaltlos Anwendungen der Risikotheorie, die für große Versicherungskonzerne mit millionenfach kleinerer Ruinwahrscheinlichkeit gut geeignet sind, auf den player am Black Jack-Tisch übertragen.

Mit der Kurzformel »zu Ihrem persönlichen Wohlbefinden« möchte ich Ihnen in diesem Buch Empfehlungen für ein rational geprägtes Black Jack-Spiel geben, die in von Neumann/Morgenstern's »Theory of Games and Economic Behavior« ihren Ursprung haben. Auf dieser Grundlage wurde die moderne Entscheidungstheorie entwickelt. Sie hat gezeigt, daß die Berücksichtigung des statistischen Erwartungswertes und der Streuung einer Ergebnisverteilung zur Beurteilung von Risikosituationen im allgemeinen nicht ausreicht.

Welche bankroll sollte ich zu Beginn einer Spielfolge zur Verfügung haben?

Ich empfehle eine bankroll von 40 bets bei striktem flat betting. Vermeiden Sie unter allen Umständen das overbetting, eine im Verhältnis zur bankroll zu hohe Wahl der betsize – oder gleichwertig, eine bankroll aus relativ wenigen bets. Dieser Fehler birgt das Risiko schwerwiegender nachteiliger Konsequenzen für Ihr persönliches Wohlbefinden, die ich in Kapitel 6.6 ausführlich erörterte. Bedenken Sie, daß Sie durch zufällige Schwankungen sehr schnell auch aus einem Spiel mit positivem Erwartungswert gefegt werden können, wenn Sie nur ein geringes Durchhaltevermögen mit zu wenigen bets besitzen.

Ganz allgemein kommt dem budget bzw. dem money management hinsichtlich Ihres persönlichen Wohlbefindens eine eminent wichtige Rolle zu: Die optimale Spielstrategie justiert den Erwartungswert Ihrer Spielergebnisse. Das budget management formt durch betting strategy die diesen Schwerpunkt beidseitig umgebende Verteilung Ihrer Spielergebnisfolge zu einem von Ihnen als optimal empfundenen komplexen Ereignis. Dabei liegt den Empfehlungen dieses Buches der »Normalfall« zugrunde. Ich schließe nicht aus, daß es abweichende Ausgangssituationen gibt, die ein anderes Spielverhalten, z.B. das »bold play« (»Alles auf eine Karte setzen«) oder ein auf Großgewinne ausgerichtetes card counting durchaus begründen.

Wie groß sollte das bet in Geldeinheiten sein?

Jedes bet muß sich zwischen Minimum und Maximum bewegen – und ein Vielfaches des Minimums betragen. Diese Größen sind am Tisch ausgewiesen und gelten pro box.

Sie sollten eine betsize wählen, die Sie einerseits nicht in Aufregung versetzt – selbst dann nicht, wenn Sie zur Wahrnehmung der optimalen Strategie nach den extended rules ein Vielfaches Ihrer betsize in einer Spielrunde konsequent riskieren müssen –, die Ihnen aber andererseits eine gewisse Befriedigung verschafft, wenn Sie einen terminal gain von 10 bets realisiert haben.

Sollte ich meine Black Jack-Spielfolge limitieren?

Ja, unbedingt. Ich empfehle eine Spielfolge bis zu 200 Spiele, die etwa 3,5 Stunden dauert. Sollte der terminal gain von 10 bets erreicht werden oder – selten! – ein Verlust der bankroll vorher eintreten, so wäre das in Befolgung der betting strategy Grund dafür, die Spielfolge zu beenden. Lesen Sie dazu die Abschnitte 14.4 und 15.3 sowie die zugehörigen Zahlentafeln 9 und 10.

Wie kann ich unter optimalen psychologischen Bedingungen spielen?

Indem Sie sich vor dem Spiel Fragen der folgenden Art beantworten:
- Wieviele bets sollte meine bankroll für ein risikotragbares Spiel umfassen?
- Ist die Wahrscheinlichkeit, die bankroll zu verlieren, klein genug?
- Wäre mein Bedauern, die bankroll zu verlieren, übermäßig groß?

- Welcher terminal gain hätte eine ausreichende Wahrscheinlichkeit?
- Würde mir dieser terminal gain ein adäquates Erfolgserlebnis bescheren?

Sie sehen: Es geht um die Beantwortung einer Mischung aus objektiven und subjektiven Fragen.

Das Für und Wider verschiedener Bedingungen habe ich in den Abschnitten 14.3 und 14.4 ausführlich diskutiert.

Was am Ende all dieser Abwägungen herauskommt, nämlich ein angenehmer, farbiger Spielverlauf, der sich mit einem *surfing against the waves of the Pacific* vergleichen läßt, habe ich dann im Abschnitt 15.3 zusammengefaßt.

Black Jack und Roulette: Was unterscheidet beide Herausforderungen?

Svetlana, der ich meine ersten Spielversuche am Black Jack-Tisch verdanke, meinte: Bei Roulette setzt man und wartet, bis die Kugel gerollt ist. Das ist langweilig. Bei Black Jack bleibt dagegen nach dem Setzen einiges zu tun, was den eigentlichen Reiz des Spiels ausmacht – und genau das ist ja der Gegenstand des vorliegenden Buches.

Abgesehen davon, daß es auch Black Jack-Spieler gibt, die eine ähnliche Haltung einnehmen wie die meisten Roulette-Spieler – man denke nur an die never bust-Strategie –, kann offenbar auch im Roulette nach dem Wurf der Kugel einiges beobachtet werden, bevor man seinen Einsatz noch vor dem rien ne va plus anbringt. Wie das Standardwerk *Roulette – Die Zähmung des Zufalls* von Pierre Basieux zeigt, hat man in der Vergangenheit immer wieder Abweichungen von der reinen Zufälligkeit entdeckt, und einige haben zu Strategien mit positiver Erwartung geführt. In solchen Fällen ist allerdings das Casino bestrebt, schnell wieder den vollen Zufall herzustellen – und dann geht wirklich nichts mehr.

Ich vermute, daß die praktische Umsetzung einer Methode mit positiver Erwartung im Roulette genau so schwierig ist wie diejenige einer guten card counting-Methode. Womit die Feststellung übrigbleibt, daß es einen reizvollen, farbigen Spielverlauf *(surfing against the waves of the Pacific)* viel eher bei Befolgung meiner Strategieempfehlungen im Black Jack-Spiel gibt.

Literaturverzeichnis

(1) Casino Baden Baden, BLACK JACK
(2) Casinos Austria, Black Jack, Spielerklärung
(3) Spielbank Bad Homburg, Black Jack, Regeln und Chancen
(4) Humble/Cooper, The World Greatest Blackjack Book, New York 1980, S. 28
(5) Vgl. (4) S. 102-122
(6) E.O.Thorp, Beat the Dealer, New York 1966, S. 141-172
(7) C.Ionescu Tulcea, A book on Casino Blackjack, New York 1982, S. 44-49
(8) Stanford Wong, Professional Blackjack, La Jolla 1981, S. 73-77
(9) Vgl. (4) S.128
(10) Vgl. (8) S. 82
(11) Vgl. (4) S. 128 und S. 40
(12) Casino-Index, Verlag E.N.Telatzky, A-2731 Urschendorf, Niederösterreich
(13) Vgl. (6) S. 48
(14) Jerry L. Patterson, Blackjack, A Winners Handbook, New York 1981, S. 141
(15) Arnold Snyder, Blackjack for Profit, Berkely 1981, S. 74
(16) Vgl. (15) S. 58
(17) Vgl. (15) S. 53ff.
(18) Vgl. (4) S. 80
(19) Vgl. (4) S. 80
(20) Günter Menges, Grundmodelle wirtschaftlicher Entscheidungen, Einführung in moderne Entscheidungstheorien, 2.Aufl., Düsseldorf 1974, S. 21-27
(21) Günter Bamberg / Franz Baur, Statistik, 2.Aufl., München/Wien, S. 89-92
(22) Kolmogoroff, Grundbegriffe der Wahrscheinlichkeitsrechnung, Berlin 1933, S. 2
(23) Vgl. (20) S. 24
(24) Vgl. (21) S. 80
(25) Vgl. (21) S. 80 und S. 89-92
(26) Vgl. (21) S. 101, 102
(27) Vgl. (21) S. 99-101
(28) Vgl. (21) S. 101 und S. 103
(29) Karl-Walter Gaede, Zuverlässigkeit, Mathematische Modelle, München/Wien 1977, S. 222 ff.
(30) Vgl. (29) S. 223
(31) Vgl. (29) S. 232 und S. 236
(32) Vgl. (29) S. 228
(33) Vgl. (29) S. 229/230
(35) Vgl. (8) S. 93
(36) Dietrich Morgenstern, Einführung in die Wahrscheinlichkeitsrechnung und mathematische Statistik, 2.Aufl., Berlin, Heidelberg, New York 1968, S. 28/29
(37) Vgl. (29) S. 86ff.
(37a) Vgl. (20) S. 246ff.

(37b) Vgl. (29) S. 94
(37c) Vgl. (29) S. 94
(38) Hans Schneeweiß, Entscheidungskriterien bei Risiko, Berlin, Heidelberg, New York 1967, S. 11
(39) Vgl. (20) S. 48
(40) Vgl. (38) S. 11 und S. 14
(41) Vgl. (20) S. 39
(42) Vgl. (38) S. 36
(43) Vgl. (38) S. 48ff
(44) Vgl. (38) S. 48ff und S. 64ff
(45) Vgl. (38) S. 173ff.
(46) Vgl. (39) S. 52ff. und S. 98
(47) Vgl. (39) S. 57ff
(48) Vgl. (39) S. 58
(49) Vgl. (4) S. 170 und S. 250
(50) Vgl. (14) S. 125
(51) Vgl. (8) S. 87/88
(52) Vgl. (15) S. 38, 43, 48, 50, 51, 54, 57, 63, 65 und 69
(53) Vgl. (4) S. 201-203
(54) Vgl. (8) S. 97
(55) Vgl. (15) S. 23
(56) Peter A. Griffin, The theory of Blackjack, 2. Aufl., Las Vegas 1981, S. 140
(57) J. V. Neumann / O. Morgenstern, Theory of Games and economic Behavior, Princeton 1953, S. 26/27
(57a) Vgl. (38) S. 73ff.
(58) Vgl. (38) S. 77ff.
(59) Vgl. (38) S. 67ff.
(60) Vgl. (38) S. 29
(61) Vgl. (38) S. 61
(62) Vgl. (38) S. 61
(63) Vgl. (38) S. 66/67
(63a) Vgl. (38) S. 67
(63b) Vgl. (20) S. 243
(64) Vgl. (4) S. 132
(65) Vgl. (38) S. 65
(66) Vgl. (38) S. 65
(67) Vgl. (4) S. 160-162
(68) Vgl. (4) S. 162
(69) Vgl. (4) S. 162
(70) Vgl. (4) S. 194
(70a) Vgl. (4) S. 194
(71) Vgl. (4) S. 47
(72) Vgl. (4) S. 81/82

(73) Jerry L. Patterson, Blackjack`s winning Formula, New York 1982, S. 47
(74) Vgl. (38) S. 12
(75) Vgl. (73) S. 85
(75a) Vgl. (73) S. 88
(75b) Pierre Basieux, Roulette - Die Zähmung des Zufalls, 4.Aufl., printul Spielebibliothek, München 1996, S. 104, 122, 345
(76) Vgl. (8) S. 103/104
(76a) Vgl. (56) S. 173-176
(76b) Vgl. (56) S. 176-177
(76c) Vgl. (56) S. 177
(77) Vgl. (8) S. 26
(78) Vgl. (73) S. 67
(79) Vgl. (4) S. 174/175
(80) Vgl. (21) S. 129/130
(81) Charles Einstein, Basic Blackjack Betting, Las Vegas 1980
(82) Vgl. (81) S. 32
(83) Vgl. (73) S. 97/98
(84) Vgl. (14) S. 77
(84a) David S. Popik, Winning Blackjack Without Counting Cards, Secaucus 1985
(85) Vgl. (38) S. 57, Fußnote 3
(86) Vgl. (38) S. 57
(87) Vgl. (38) S. 74, Fußnote 2
(88) Vgl. (38) S. 68/69
(89) Vgl. (8) S. 104
(90) Vgl. (4) S. 132/133
(91) Vgl. (73) S. 95
(92) Vgl. (14) S. 70ff.
(93) Vgl. (8) S. 16
(93a) Vgl. (7) S. 43
(94) Vgl. (73) S. 62
(95) Vgl. (8) S. 27-29
(95a) Vgl. (7) S. 42
(95b) Vgl. (4) S. 179
(96) Vgl. (4) S. 183
(97) Vgl. (14) S. 71/72
(97a) Vgl. (7) S. 40
(97b) Vgl. (56) S. 173ff.
(97c) Vgl. (56) S. 173-176
(97d) Vgl. (8) S. 41
(98) Vgl. (4) S. 182
(98a) Vgl. (73) S. 143
(99) Vgl. (7) S. 58
(100) Vgl. (4) S. 203ff.

(101) Vgl. (6)
(102) Vgl. (14) S. 149ff.
(103) Vgl. (56)
(104) Vgl. (6) S. 102ff.
(105) Vgl. (15) S. 18-19
(106) Vgl. (8) S. 47-48
(107) Vgl. (14) S. 106ff.
(108) Vgl. (14) S. 136
(109) Vgl. (14) S. 138
(110) Vgl. (8) S. 68-69
(111) Vgl. (8) S. 100
(112) Vgl. (4) S. 221-222
(113) Vgl. (14) S. 112
(114) Vgl. (8) S. 52
(115) Vgl. (15) S. 14
(116) Vgl. (14) S. 144ff. und (73) S. 228
(117) Vgl. (14) S. 125 und S. 138
(118) Vgl. (15) S. 23
(119) Vgl. (8) S. 90ff.
(120) Vgl. (15) S. 47ff. und S. 53ff.
(121) Vgl. (15) Rückseite des Buches
(122) Vgl. (15) S. 71ff.
(123) Vgl. (56) S. 96ff.
(124) Capital, Das deutsche Wirtschaftsmagazin, herausgegeben von Johannes Gross, Beilage „Guide Capital", Hamburg April 1982
(125) Michael Dalton, BLACK JACK, A PROFESSIONAL REFERENCE, Las Vegas 1991

Charles Cordonnier:

1943 Abitur, Studium der Mathematik; Dr. rer. nat. (magna cum laude). Studium der Betriebswirtschaftslehre. Mehrjährige Tätigkeit als leitender Angestellter in renommierten Großunternehmen. Seit den siebziger Jahren selbständiger Unternehmensberater mit Schwerpunkt auf dem Gebiet der mehrstufigen Entscheidungsprozesse bei unsicheren Erwartungen. Sein Hobby, das mit seinem Arbeitsgebiet unmittelbar in Zusammenhang steht: BLACK JACK.

Register